ERIC STANDOP
MIT HANNAH PANIDIS

AF645376

ICH LESE DEINE **LEBENSAUFGABE**

Wie wir Talente und Berufung im Gesicht erkennen und gewinnend leben

INHALT

PROLOG

Wir fühlen eine Sehnsucht nach dem,
was wir schon im Stillen besitzen.
JOHANN WOLFGANG VON GOETHE

Wie kann ich meine Karriere voranbringen und noch erfolgreicher werden? Wenn ich ehrlich bin: Das war lange Jahre die zentrale Frage in meinem Leben. Ich strebte nach Führungspositionen, Einfluss und Geld. Bis ich all das hatte und dann doch nicht wusste, was ich damit anfangen sollte. Ein Gefühl von tiefer innerer Freude und Erfüllung blieben mir trotz meines großen äußeren Erfolgs verwehrt.

Stattdessen meldete sich meine Gesundheit zu Wort. Die war mir bei all dem Streben nach Status und Ruhm nämlich ganz nebenbei abhandengekommen. Der rastlose Einsatz, das pausenlose Engagement und der nie endende Wettbewerb mit mir selbst und anderen – das war anstrengend und kräftezehrend gewesen. Körperlich und psychisch. Trotzdem hatte ich mir nie eine richtige Pause zur Erholung gegönnt. Wenn mein Körper nach einer kurzen Auszeit wieder einigermaßen »funktionierte«, ging ich zurück in mein altbekanntes System. Es als Komfortzone zu bezeichnen, wäre unpassend, denn dort war kein Komfort, es war ein Hamsterrad, eine selbst auferlegte Folter. Für meinen Erfolg, so glaubte ich, musste ich eben Opfer bringen. Das akzeptierte ich. Es gehörte für mich einfach dazu.

Dass ich in diesem Leben eine ganz individuelle Aufgabe haben könnte, eine die Gesundheit, Erfolg und persönliches Glück miteinander verbindet, das wäre mir lange Zeit nicht in den Sinn gekommen. So dauerte es eine ganze Weile, bis diese

Erkenntnis zu mir durchdrang. Es war im dritten von sechs Lehrjahren bei meinem chinesischen Meister, als ich eine Gesichtlesung verfolgte, die er mit einem Geschäftsmann aus Manila hatte.

»Du lebst wie ein Warlord, wie ein Kriegsfürst!«, sagte mein Lehrmeister zu dem Mann. »Du willst erobern. Damit bist du sehr erfolgreich. Zwar hinterlässt du auch verbrannte Erde, aber dein Tun gibt dir trotzdem ein gutes Gefühl, weil du so viel Materielles auf deine Seite reißt.«

Der Geschäftsmann nickte zustimmend und auch mir selbst kam diese Einstellung bekannt vor.

»Aber höre mir zu«, sprach der Meister weiter, »dies ist nicht deine wahre Berufung. Deshalb fühlst du dich krank und bist nicht glücklich mit dem, was du tust. Deine Lebensaufgabe ist die eines People's King, eines ›Königs des Volkes‹. Du bist ein Mensch, der gerne Macht hat, anführt und für andere entscheidet, der sich aber nur dann wohlfühlt, wenn er wirklich für andere da sein kann. Ein König, der den Menschen seines Reichs helfen und sie unterstützen möchte, der geht nicht auf Raubzüge. Er ist nahbar. Er führt und leitet. Und: Er hat ein großes Herz! Diesen König spürst du zwar schon in dir, aber auf Beutezug zu gehen, war deinem Ego bisher wichtiger, als für Schwächere zu sorgen. Doch wenn du Ruhe in dir selbst finden, wenn du glücklich sein willst, dann wende dich nun deiner Lebensaufgabe zu und denk daran, dass du ein König des Volkes bist!«

Ich war von dem, was mein Meister inhaltlich sagte, ebenso fasziniert wie von den Begrifflichkeiten, die er verwendete. Er beschrieb fast märchenhaft und gleichzeitig treffend die Situation dieses erfolgreichen und doch orientierungslosen Geschäftsmannes. Ich konnte beobachten, wie diesem beim Zuhören Tränen in die Augen schossen. Unter anderen Umständen wäre ihm das wohl peinlich gewesen, doch tief ergriffen von den Worten dieses weisen Mannes ließ er seinen Gefühlen freien Lauf. Es handelte sich offenbar um eine Aufgabe, die er schon immer in sich getragen, bisher aber ignoriert oder gar nicht erkannt hatte.

In den Tagen nach dem Treffen war ich aufgewühlt. Was mich während des Face Reading – so werden Lesungen genannt, bei denen anhand des Gesichts eines Menschen Aussagen über seine Persönlichkeit, seine Begabungen, seine Gesundheit und einiges mehr getroffen werden – begeistert und fasziniert hatte, machte mich nun unruhig. Wenn dieser Mann eine bestimmte Lebensaufgabe hatte, die ihm Ruhe und Glück bringen würde, dann … Ich traute mich kaum, diesen Gedanken weiterzudenken. Die Möglichkeit, dass auch ich so eine individuelle Lebensaufgabe besaß, ohne etwas davon zu ahnen, geschweige denn, ohne sie bis jetzt zu leben, war angsteinflößend. Ich fühlte mich ein wenig hilflos, offenbar fehlten mir grundlegendes Wissen und Orientierung auf diesem Gebiet. Vor allem anderen aber machte mich diese Vorstellung neugierig.

LERNE, DEN MUND ZU HALTEN

Tage später auf einer Parkbank im Hongkonger Stadtteil Kowloon sitzend – ich war seinerzeit Anfang 40 – fasste ich einen Entschluss: Ich wollte meinen Meister nach meiner Lebensaufgabe fragen. Ich hatte genug von einer Karriere, die mir trotz großer Anstrengung nicht dieses Gefühl von Erfüllung und Zufriedenheit brachte, nach dem ich mich so sehnte.

Das Streben nach Materiellem gibt dem Leben keinen Sinn. Das war mir mittlerweile klar. Die eigene Lebensaufgabe zu kennen und zu leben – das konnte den Weg zum Glück bedeuten, da war ich mir sicher. Zumindest sah ich die strahlenden Augen des Geschäftsmanns aus Manila noch deutlich vor mir; ich konnte spüren, was das Erkennen seiner ureigenen Berufung mit einem Menschen macht.

In den nächsten Tagen war ich ungewöhnlich nervös, bis an einem Sonntag (ich durfte nur sonntags Fragen stellen) endlich der große Moment kam.

»Meister, was ist eigentlich meine Lebensaufgabe?« Es kostete mich Überwindung, meinem Shifu, so wird ein chinesischer Lehrmeister genannt, diese Frage zu stellen. Seit drei Jahren war ich inzwischen bei ihm in der Ausbildung und hatte viel von seiner Weisheit und seiner unermesslichen Lebenserfahrung lernen dürfen. Entsprechend groß waren daher meine Erwartungen an seine Antwort. In meiner Vorstellung würde sie erkenntnisreich, ja wegweisend für mich sein. Sie würde mir meinen Lebensweg aufzeigen und alle Fragen, die ich in dieser Hinsicht noch in mir trug, beantworten. Ich saß dem Meister gegenüber und blickte nervös und gespannt in seine alten, aber wachen Augen.

»Das willst du wirklich wissen?«, fragte er gespielt verwundert, ganz so, als ob ich sie doch längst kennen müsste. »Deine Lebensaufgabe lautet: Lerne, den Mund zu halten!«

»Den Mund halten? Bitte? Das ist doch keine Lebensaufgabe und kann doch nicht alles sein?«, hörte ich mich enttäuscht antworten. Womöglich lag hier ein Missverständnis vor. Er verwechselte mich oder war wütend. Vielleicht machte er sich sogar lustig über mich.

»Stimmt, Eric«, fuhr er fort, so als könne er nicht nur mein Gesicht, sondern auch meine Gedanken lesen. »Das war noch nicht alles. Du solltest wissen, dass es ein Leben lang dauern wird, ehe du diese Fähigkeit erlernst.«

Ich spürte, wie sich Enttäuschung in mir breitmachte. Eine Lebensaufgabe stellte ich mir positiv, bestärkend und vor allem richtungsweisend vor. So wie ich es in dem Gespräch mit dem philippinischen Geschäftsmann erlebt hatte. Erst Wochen später ging mir auf, was mein Meister mir mit seiner Antwort hatte geben wollen: Er hatte mir nicht meine Lebensaufgabe selbst offenbart, sondern den Weg dorthin.

DER LEBENSAUFGABE AUF DIE SPUR KOMMEN

Um zu verstehen, wie Gesichtleser die Lebensaufgabe eines Menschen erkennen und zuordnen können, ist es wichtig, sich mit ihrer Vorgehensweise vertraut zu machen. Zunächst lesen sie – dies gelingt ausschließlich erfahrenen Shifus – mithilfe der Gesichtsmerkmale und teilweise der Mimik den Kern eines Menschen, sein Wesen. Für Gesichtleser ist dies die »Persönlichkeit«. Aus der Persönlichkeit leiten sie dann die individuellen Talente einer Person ab. Das sind Fähigkeiten, die diese schon von Geburt an in sich trägt. Die Kombination aus Persönlichkeit und Talenten ergibt einen sogenannten »Archetyp«, also einen Begriff, der die Lebensaufgabe metaphorisch abbildet. Jeder Archetyp hat wiederum bestimmt Lernsätze, die ihm zugeordnet werden. Mit der Kenntnis unseres Archetyps und den zugehörigen Lernsätzen sind wir in der Lage, unserer Lebensaufgabe auf die Spur zu kommen. »Lerne, den Mund zu halten« war einer meiner persönlichen Lernsätze. Wenn ich ihn und viele weitere, die mir mein Meister im Laufe der Zeit ebenfalls mitteilte, beherzigte, würde ich eines schönen Tages, so lehrte mich mein Meister, meine Lebensaufgabe finden und leben können.

Und tatsächlich: Es hat funktioniert. Ich lernte zuzuhören, statt immer nur selbst zu reden. Das war ein weiter Weg. Mein Meister verbrachte viele, viele Stunden damit, schweigend neben mir zu sitzen. Durch diese gefühlt endlosen Momente der Stille und nicht enden wollende Langeweile, die ich währenddessen empfand, lernte ich, mich selbst zurückzunehmen und zu beobachten. Ich übte, meinen Lernsatz zimmer wieder zu beherzigen und umzusetzen. Dadurch lernte ich, die Welt um mich herum und meine Mitmenschen wirklich zu sehen und kennenzulernen. Und nach und nach begegnete ich auf diesem Weg schließlich auch meiner Lebensaufgabe.

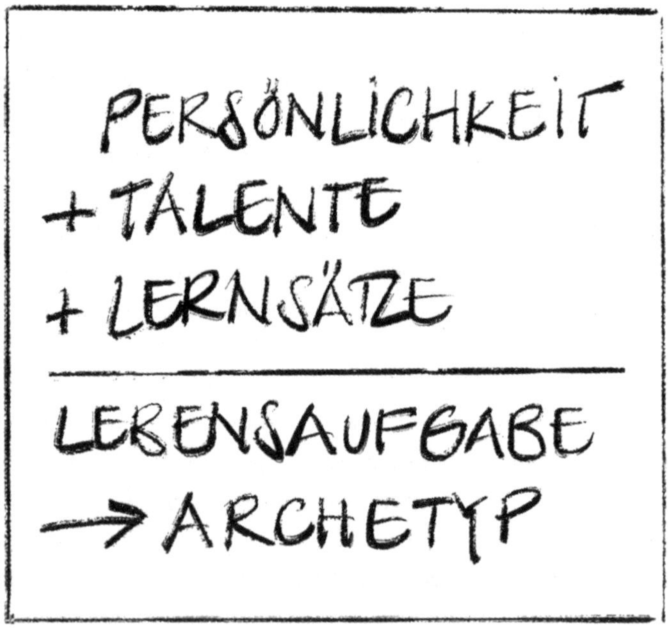

WIE ICH DIR BEIM FINDEN HELFEN KANN

Wie ist es bei dir: »Was glaubst du, ist deine Lebensaufgabe?« Wozu bist du berufen? In welchen Momenten hast du das Gefühl, authentisch zu sein und Dinge zu tun, die zu deiner Persönlichkeit passen?

Klarheit über all diese Fragen zu bekommen, ist nicht leicht. Vielleicht hast du das selbst schon festgestellt. Aber ich möchte dir Mut machen. Die Antworten sind da und du kannst sie finden. Ich möchte dich motivieren und begeistern. Der Weg hin zu deiner Lebensaufgabe ist ein Weg, den es sich zu gehen lohnt. Und es ist ein Weg, auf dem ich einige Antworten für dich habe.

Mein Name ist Eric Standop und ich lese Gesichter. Genau genommen lese ich aus Gesichtern vor wie aus einem Buch. Ich lese, was darin ganz offensichtlich geschrieben steht und ich lese Stellen, die manchmal nicht so leicht zu entschlüsseln sind. Vieles ist »zwischen den Zeilen« verborgen. Ein Gesicht ist eine unendliche Informationsquelle.

Wenn Menschen mich für ein Face Reading buchen, bringen sie meist eine Frage mit. Sie suchen beispielsweise Ratschläge für ihr Studium oder ihre Karriere, wünschen sich Informationen über ihre Gesundheit, wollen ihre Ernährung optimieren, brauchen Unterstützung in der Liebe, ihrer Beziehung oder möchten etwas über ihre Lebensaufgabe wissen. Seit nunmehr 17 Jahren lebe ich meine Berufung, indem ich ihnen helfe, diese Fragen zu beantworten. Lernen durfte ich dies von verschiedenen Lehrern. Erst war ich Schüler eines deutschen Lehrers, dann eines kolumbianischen und schließlich habe ich sechs Jahre an der Seite eines chinesischen Großmeisters verbringen dürfen. Danach war ich dann so weit, meine eigene Akademie gründen zu können.

Die Themen meiner Readings hielten sich über Jahre stets die Waage, bis sich vor etwa drei Jahren eine erstaunliche Entwicklung in Gang setzte. Immer mehr Menschen erkundigen sich nun nach ihrem Daseinszweck, nach dem Sinn ihres Lebens.

»Ich möchte wissen, wofür ich hier bin, was meine Berufung ist« ist ein Satz, den ich mittlerweile sehr häufig höre. Natürlich gab es diese Suche nach einem Sinn schon immer, doch heute, wir schreiben das Jahr 2022, ist fast jedes zweite meiner Readings eines über die Lebensaufgabe.

Menschen machen sich verstärkt auf die Suche nach ihren Stärken und Potenzialen, nach dem, was sie zum großen Ganzen beitragen können. Sie wünschen sich einem Kompass, der sie von innen heraus ausrichtet.

Wir alle haben das gleiche Ziel

Was sich hinter der Suche nach der eigenen Lebensaufgabe verbirgt ist das Streben nach einem glücklichen, erfüllten Leben, nach Selbstverwirklichung und nach Authentizität. Wir verstehen immer mehr, dass Erfüllung dann entsteht, wenn unsere Lebensweise zu unserer Persönlichkeit und zu unseren Talenten und Stärken passt. Ein Leben mit uns selbst und mit der Welt im Einklang, ein Lebensstil, bei dem wir unsere Berufung leben.

Es sind Menschen in den unterschiedlichsten Lebensphasen, die auf der Suche nach ihrer Lebensaufgabe zu mir kommen. Manche befinden sich in einer persönlichen Krise oder erleben gerade einschneidende Veränderungen. Andere spüren eher unterschwellig, dass der Weg, den sie eingeschlagen haben, nicht glücklich macht. Es gibt aber auch Menschen, die sich schon lange mit ihrer Berufung befassen und sich an einer Weggabelung an mich wenden.

Die Co-Autorin dieses Buches, Hannah Panidis, ist so jemand. Sie hatte sich bereits allein auf den Weg begeben, ihre Berufung zu erkunden und bat mich an einer Weggabelung um Rat. Über sie und viele weitere Menschen, die ihre Lebensaufgabe gefunden haben und leben, werden wir in diesem Buch sprechen. Ich werde dir nicht nur ihre Geschichten erzählen, sondern auch ihre Gesichter beschreiben, damit du immer mehr ein

Gespür dafür bekommst, wie und wo sich die Lebensaufgabe eines Menschen in seinem Gesicht finden lässt. Das wird dich hoffentlich inspirieren, dir Mut machen und dir die zahlreichen Möglichkeiten aufzeigen, wie du auf deinem individuellen Weg weiterkommen kannst.

Wenn du nun weiterliest, wird sich Seite für Seite ein Bild deiner Berufung formen. Du wirst lernen, wie du deine Persönlichkeit im Gesicht ablesen und ihr konkrete Talente, die Werkzeuge auf deinem Lebensweg, zuordnen kannst. Du wirst Einflüsse, Hindernisse und wiederkehrende Muster kennenlernen, die vielleicht auch dich auf deinem bisherigen Weg begleitet haben. Du wirst, so meine Hoffnung, dich in einige der Menschen hineinversetzen können, von denen du hier liest. In ihren Geschichten geht es um Irrtümer, persönliche Schicksale und Erkenntnisse, die lehrreich für uns sein können. Alle Informationen sind kleine Puzzleteile, die dich zu deiner Lebensaufgabe, zu deiner persönlichen Berufung führen. Viel Freude bei dieser besonderen Unternehmung: deinem ganz persönlichen Weg der Selbsterkenntnis und Selbstverwirklichung.

BERUFUNG, LEBENSAUFGABE ODER BESTIMMUNG?

Durch meine Reisen auf allen fünf Kontinenten habe ich viele Kulturen kennengelernt. Sie alle geben – je nach ihren kulturellen und philosophischen Konzepten – andere Antworten auf die Frage nach unserem Daseinszweck. Doch gemein scheinen sie alle zu haben, dass es dabei um Selbsterkenntnis geht. Im Gesichtlesen ist der Schlüssel zur Selbsterkenntnis die Authentizität.

AUTHENTISCH LEBEN

Höhepunkt des Glückes ist es, wenn der Mensch bereit ist, das zu sein, was er ist.

ERASMUS VON ROTTERDAM

Wohl nicht nur für Gesichtleser ist es eines der größten und lohnendsten Ideale überhaupt: Das Streben nach einem authentischen Leben. Durch Zehntausende Readings verstehe ich inzwischen noch besser, warum das so ist. Bei meinen Begegnungen strahlten immer *die* Menschen Glück und Erfüllung aus, die authentisch lebten. Damit wir uns nicht missverstehen: Auch diese Menschen waren nicht ständig zufrieden oder lebten in dauerhafter Glückseligkeit. Das kann es in meinen Augen gar nicht geben. Jeder Mensch hat Sorgen und Herausforderungen zu bewältigen. Doch sie alle hatten ein besonderes Strahlen in den Augen, das sich bei den weniger authentisch Lebenden nicht fand.

Aber was heißt das eigentlich »authentisch leben«? Unter Psychologen und Philosophen gibt es keinen Konsens darüber. Ist es authentisch, wenn unsere Taten unseren Worten folgen und wir dadurch sozusagen »kongruent« sind? Ist es authentisch, wenn wir uns frei davon machen, gesellschaftliche Normen erfüllen zu wollen oder zu sollen? Oder bedeutet Authentizität, dass wir entsprechend unserer Werte und Überzeugungen handeln? Benötigen wir überhaupt Werte, um authentisch zu leben oder sind sie nicht vielleicht eher hinderlich?

Da die Interpretation dieses Begriffes viel Spielraum bietet, erlaube ich mir, eine dem Gesichtlesen und der Philosophie meines Shifu entsprechende Definition zu wagen. An dieser wollen wir uns im Rahmen dieses Buches orientieren.

WER LEBT AUTHENTISCH?

Wem es gelingt, seine eigene, ihm von Geburt an innewohnende Persönlichkeit zu fördern und ohne große Einschränkungen auszuleben, wer den Großteil seiner Talente nutzt – sei es beruflich oder im Privatleben –, wer sich nicht über eine Gruppenzugehörigkeit definiert, sondern über seine ureigene Individualität und diese gewinnbringend für sich und andere einsetzt – der lebt authentisch.

Authentisch zu leben setzt demnach voraus, dass ich ein Bewusstsein für mich selbst habe, dass ich weiß, wo meine Stärken liegen und was mich als Mensch ausmacht. Dieses »Selbst-Bewusstsein« wird allerdings oft missverstanden. Gemeint ist nämlich nicht, dass wir unser Ego aufblähen und unsere Ellenbogen einsetzen, um das zu bekommen, was wir wollen, sondern dass wir verstehen, wie und warum wir auf eine bestimmte Art denken und handeln. Oder auf das Gesichtlesen übertragen: dass wir unsere Persönlichkeit kennen und fördern.

Nun neigen viele von uns zur Ungeduld, ich selbst nehme mich da nicht aus. Wir wollen am liebsten sofort verstehen, wer wir sind und was wir konkret tun oder ändern können, um möglichst schnell unsere Berufung zu finden und dann erfüllt durchs Leben zu gehen. In China habe ich gelernt, dass es keinen Sinn hat, derart linear zu denken. Mein Meister erinnerte mich immer wieder daran, dass alles mit allem verbunden ist und dass wir ein kleines Puzzleteil von etwas Größerem sind.

Nietzsche sagte einmal: »Werde, der du bist.« Selbstfindung ist ein Entwicklungsprozess und geschieht nicht von heute auf morgen. Die Betonung in Nietzsches Satz liegt auf dem *Werden*, nicht auf dem *Sein*. Selbstfindung ist ein Weg, eine Reise. Dabei hat das Leben kein festgeschriebenes Drehbuch, das wir einfach, so gut es geht, befolgen müssen, um Erfüllung zu finden. Auch wenn wir uns das manchmal wünschen.

Das Leben ist ein Abenteuer, das immer wieder die Richtung ändern kann. In dem wir selbst die Richtung ändern können. So lohnenswert und bereichernd es sein mag, die eigene Lebensaufgabe zu kennen und ihr zu folgen, besteht der Zauber des Lebens doch auch darin, immer wieder neue Antworten auf die Fragen »Wer bin ich?« und »Warum bin ich hier?« zu finden.

Dies bringt mich zu einer begrifflichen Differenzierung. Die Liste der Begriffe, mit denen wir im weitesten Sinne ein authentisches Leben beschreiben, ist lang. In der deutschen Sprache sind es vor allem die Berufung, die Bestimmung und die Lebensaufgabe. Wenn wir das Englische hinzunehmen, wird der Fundus an Begriffen noch größer. Hier sprechen wir von *Life Purpose* und vom *Calling*. Bei den Japanern bezeichnet *Ikigai* einen übergeordneten Lebenssinn. Das Wort setzt sich zusammen aus *Iki* = Leben und *Gai* = Wert. Es beschreibt damit etwas, das dem Leben Wert verleiht beziehungweise etwas, das das Leben für einen Menschen lebenswert macht.

Aber zurück zum Deutschen. Schauen wir uns ein paar dieser Begriffe im Folgenden einmal näher an.

LEBENSAUFGABE

Im Gesichtlesen, und das ist ja unser Fokus im Rahmen dieses Buches, sprechen wir von der Lebensaufgabe. Gesichtleser definieren diese Aufgabe als eine Art Frage, die uns das Leben stellt und die wir mit unserem Leben beantworten können. Die Antwort ist hochindividuell und richtet sich nach unserer Persönlichkeit und unseren damit verbundenen Talenten. Der berühmte Wiener Neurologe und Psychiater Viktor Frankl weist in seinen Werken immer wieder auf seine Beobachtung hin, dass

Menschen viel zu viele Fragen an das Leben richten. Sie wollen wissen, wofür sie da sind, wie sie ein bestimmtes Ereignis interpretieren sollen oder eben, was ihre (Lebens-)Aufgabe ist. Dabei ist es genau andersrum. Du und ich, jeder von uns ist nicht die Frage, sondern die Antwort. Die Lebensaufgabe ist unsere ganz individuelle Antwort auf die vom Leben gestellten Fragen. Für Gesichtleser unterschiedlicher Kulturen ist sie damit nicht eine Belastung oder Mühsal, sondern eine Entlastung und Erleichterung. Sie zu leben, macht das Leben leichter. Denn: Wer im Einklang mit den Fähigkeiten agiert, die ihm das Leben mitgegeben hat, wer sie nutzt und so bestmöglich authentisch lebt, der erfüllt bereits seine Lebensaufgabe.

BERUFUNG

Der Begriff Berufung hat einen prominenten Platz in unserer Gegenwartssprache. Viele Menschen verbinden ihn wegen der Nähe zum Beruf mit Arbeit, sie meinen also, mit Berufung sei ein bestimmter Job gemeint, den wir finden und ausüben müssen, um glücklich zu sein. Diese Vorstellung hat jedoch einen Haken. Wir separieren damit unseren Beruf von unserem restlichen Leben. Aus diesem Verständnis entstehen dann weitere irreführende Begriffe wie »Work-Life-Balance«, also die anzustrebende Balance zwischen der Arbeit und dem Leben.

Dieser vermeintliche Gegensatz spiegelt in gewisser Weise unser Denken wider: Auf der einen Seite steht der Beruf und auf der anderen Seite das Leben, das Schöne, die Freizeit. Ich weiß nicht, wie das bei dir ist, aber meine Arbeit war und ist Teil meines Lebens. Sie ist nicht losgelöst von meinem Leben und kann deshalb auch nicht mit ihm in Balance stehen.

Wenn wir einen Beruf ausüben, der uns erfüllt, brauchen wir zum Ausgleich und zur Balance keine freie Zeit. Denn das Ausüben unseres Berufes ist Teil des Schönen und des Selbstgestalteten. Nach meiner Erfahrung hat nur, wer einen Beruf ausübt, der nicht zu ihm passt, das Bedürfnis nach Ausgleich, nach freier Zeit, die er nach eigenen Vorstellungen gestalten kann.

Den Begriff Berufung möchte ich aus zweierlei Gründen dennoch in diesem Buch verwenden. Erstens ist er im Sprachgebrauch der Menschen fest verankert und eröffnet über seine Vertrautheit einen Zugang zu unserem Thema. Zweitens, und das erscheint mir noch wichtiger, hat das Wort auch noch eine andere etymologische Komponente: In ihm steckt nämlich der Ruf. Also ein Auftrag, der nach mir ruft und darauf wartet, angenommen zu werden. Wir kennen den Satz: »Jemand fühlt sich dazu berufen, etwas zu tun.« Genau dieses Gefühl des Berufenseins ist in unserem Kontext passend und ausdrucksstark.

BESTIMMUNG

Der Begriff Bestimmung ist in seinem ureigenen Sinn nicht mit der Lehre des Gesichtlesens vereinbar. Gesichtleser gehen nämlich davon aus, dass wir alle »Meister unseres Schicksals« sind, also nicht fremdbestimmt von einer höheren Macht. Wenn wir lebensverändernde Entscheidungen treffen, gilt das ebenso, wie wenn wir uns einer Entscheidung verweigern oder sie delegieren.

Für Gesichtleser ist der Mensch bei seiner Geburt zwar mit einem Bauplan oder einem Grundriss versehen, doch wie wir diesen ausgestalten, wie das Haus unseres Lebens dann schließlich aussieht, das ist von niemandem vorgegeben, das entscheiden wir selbst. Mein deutscher Lehrmeister hatte ein anderes Bild dafür. Er sprach vom Drehbuch unseres Lebens, das wir jederzeit ändern oder umgestalten können.

Wie ist es bei dir? Spielst du die Hauptrolle in deinem Film des Lebens? Hat dein Film ein Happy End? Nichts davon ist vorbestimmt. Denn du führst die Regie. Es liegt in deinen Händen und ist die Folge deiner Entscheidungen.

Bestimmung geht davon aus, dass es eine fixe, endgültige Antwort auf die Frage gibt, wer wir sind und warum wir hier sind. Meiner Erfahrung als Gesichtleser nach kann es *die* eine Antwort darauf nicht geben, deshalb nutze ich das Wort kaum und auch bei meinen Kunden ist es sehr selten in Gebrauch.

WIR SIND NICHT ZUFÄLLIG HIER

Trotz der Unterschiede in den Begrifflichkeiten wird klar, dass alle Ansätze, sich dem Sinn des Lebens zu nähern, etwas gemeinsam haben: Sie gehen davon aus, dass wir nicht zufällig auf dieser Welt sind. Es gibt einen Grund für unser individuelles Dasein. Unsere Existenz hat einen einzigartigen, nicht austauschbaren Sinn, den es sich lohnt herauszufinden und zu leben.

DAS JAHR DES RESÜMEES

Während wir aufschieben, hastet das Leben vorbei.

SENECA

Häufig werde ich gefragt, ob viele Kunden zu mir kommen, die gerade ihre Midlife-Crisis erleben. Die Annahme, die hinter dieser Frage steht, lautet, dass gerade die Menschen zwischen 35 und 50 Jahren oft verunsichert, unzufrieden, oder ganz aus der Bahn geworfen sind und ihnen der Rat eines Gesichtlesers guttun könnte.

Auch wenn sich hier in den letzten Jahren einiges geändert hat – mittlerweile kommen immer häufiger auch junge Menschen in ein Reading –, macht diese Altersgruppe tatsächlich einen Großteil meiner Klienten aus.

So fragte ich auch einmal meinen chinesischen Lehrmeister, was er denn von der Midlife-Crisis halte, ob diese für ihn existiere oder ob sie nur eine neuartige Mode sei.

»Nein, diese Phase gab es schon immer«, lautete die Antwort meines Meisters. »Im menschlichen Leben ist es ein Zeitabschnitt, der sich mit der Sinnsuche beschäftigt. Aber dafür braucht es freie Zeit und materielle Sicherheit. Ein Luxus also. Auch das war schon immer so.«

Die Midlife-Crisis also nur ein Problem von Privilegierten? Ein Phänomen, das nur auftaucht, wenn die materiellen Bedürfnisse befriedigt sind? So hatte ich es bisher nicht gesehen. Doch noch bevor ich mich tiefer mit seiner Aussage beschäftigen konnte, wies mich mein Meister auf ein anderes, seiner Ansicht nach wichtigeres Lebensalter hin:

»Krisen kommen und gehen, aber ein Resümee deines Lebens, das ziehst du mit 60 Jahren!«

»Na, da ist das Leben aber doch hoffentlich noch nicht zu Ende«, entgegnete ich damals.

»Nein, zu Ende ist es nicht«, erklärte er. »Aber vieles von dem, was man sich jenseits der 60 vornimmt, können wir nicht mehr umsetzen, weil wir in unserem Leben davor nicht darauf eingezahlt haben.«

Wieder so eine leicht philosophische Aussage, dachte ich. In vielen Situationen mit meinem Lehrmeister hätte ich mir gewünscht, auf eine einfache Frage eine klare Antwort zu erhalten. »Warum gerade das 60. Lebensjahr?« hätte ich in diesem Zusammenhang dann gefragt. Doch nicht nur, dass mein Meister mir oft solche interpretationsbedürftigen Antworten gab, das Fragenstellen überhaupt war mir nur in Ausnahmefällen erlaubt. Daher habe ich es bis heute nicht von ihm erfahren. Stattdessen habe ich selbst nach Antworten gesucht und meine eigene gefunden. Sie orientiert sich am traditionellen chinesischen System zur Messung der Jahre.

Kombiniert man die fünf chinesischen Elemente (Holz, Feuer, Erde, Metall, Wasser) mit den zwölf Tierkreiszeichen der Chinesen, lässt sich errechnen, dass die Grundenergie, die man in seinem Geburtsjahr hatte und das Tierkreiszeichen, das sich alle zwölf Jahre wiederholt, im 60. Lebensjahr zurückkehrt. Denn fünf mal zwölf ist sechzig. Mit 60 Jahren also, im sogenannten Jahr des Resümees, lebt man in der gleichen Energie wie im Geburtsjahr.

Nehmen wir an, jemand ist im Jahr 1974 geboren. Das entspricht dem Element Holz und dem Tierkreiszeichen Tiger. Es dauert fünfmal zwölf Jahre, also 60 Jahre, bis das Element Holz und das Tierkreiszeichen Tiger wieder in gleicher Konstellation zusammenkommen. Das wäre im Jahre 2034 der Fall.

Vielleicht findet sich aber auch ein Zusammenhang mit dem Ganzhi, dem 60-Jahre-Zyklus der Chinesen und anderer ostasiatischer Völker. Der Zyklus beschreibt 60 Begriffe, die in ihrer Aussagekraft und Energie kennzeichnend für ein Jahr stehen und sich danach wiederholen.

Unabhängig von den Elementen und dem von mir vermuteten Zusammenhang mit den Tierkreiszeichen blicken Gesichtleser im Jahr des Resümees auf ihr eigenes beziehungsweise das Leben ihres Kunden zurück. Der Blick wird dabei auf ein paar zentrale Fragen gerichtet:

- ◇ Wie viele meiner Talente habe ich genutzt, trainiert und ausgebaut?
- ◇ Wie viel von dem, was mich erfreut, habe ich in mein Leben gelassen?
- ◇ Wie oft bin ich aus meiner Routine ausgestiegen und habe neue Erfahrungen gesammelt?
- ◇ Wie viele Entscheidungen, die mein Leben betreffen, habe ich selbst getroffen?
- ◇ In welchem Ausmaß habe ich meine Lebensaufgabe gelebt?

Die Idee dahinter ist, dass wir in den 60 Jahren bis zum Jahr des Resümees unsere Talente gut »trainieren« sollen, damit wir mit 60 Jahren »bereit« sind fürs Alter. Dann erfahren wir, wie es mein Meister nannte, »die Weisheit und das Glück des Alters«. Wir sind dann getragen von Erfüllung und Zufriedenheit und spüren, dass unser Leben einen Sinn hat(te).

Wenn wir dagegen »untrainiert« sind, unsere Talente vernachlässigt haben, wenn wir die verschiedenen Aspekte unserer Persönlichkeit nicht gefördert und auch sonst ungesund gelebt haben, werden uns der Herbst und der Winter unseres Lebens schwerfallen. Das Leben wird sich dann farblos, trist und kühl anfühlen. »Die große Mühsal ist die Folge«, sagt mein Shifu dazu. Dann gibt es im Alter wenig Hoffnung, die eigene Lebensaufgabe noch zu finden und zu erfüllen. Oder anders ausgedrückt: Wer bis zum 60. Lebensjahr seine Talente noch nicht gelebt hat, der kann nur ein mangelhaftes Resümee ziehen. Alle Versuche, den Sinn des eigenen Lebens zu finden, auf die Zeit nach dem beruflichen Wirken aufzuschieben, kann ein folgenschwerer Fehler sein. Wer weiß denn, wie viel Zeit ihm bleibt?

SCHLUSSSTRICH BEIM RENTENEINTRITT

Vor einigen Jahren war ein Bankangestellter aus Hessen bei mir im Reading. Er hat mich an die Bedeutung des Jahres des Resümees erinnert, das in Europa zeitlich fast mit dem Eintritt ins Rentenalter zusammenfällt.

Der Mann machte einen gewitzten, neugierigen Eindruck. Er hatte kleine, funkelnde Augen, die fast jugendlich wirkten – etwas, das ich bei jemandem, der gerade 60 wurde, nicht häufig sah. Seine Verspieltheit war ihm anzumerken und er schien sie auch zu leben. Sein Hobby, die Fotografie, forderte ihn immer wieder kreativ heraus. Beruflich hatte er einen solideren Weg gewählt und sein gesamtes Berufsleben in einer Bank verbracht, wo er vom Lehrling bis zum Filialleiter aufgestiegen war.

Das Reading, so sein Wunsch, sollte sich ganz um seine Gesundheit drehen. Er war interessiert an der Verbesserung seiner Fitness und an einer Justierung seiner Ernährung. Ein klassisches Thema, bei dem das Gesicht viele wertvolle Hinweise liefern kann. Seine Fragen und Anliegen zur Gesundheit waren schnell besprochen und so plauderten wir noch ein wenig über seine Pläne für die Zeit nach seinem Berufsleben.

»Wann ist es denn so weit?«, wollte ich wissen.

»Genau in fünf Jahren gehe ich in Rente«, sagte er »und ich habe mir einiges vorgenommen.«

»Was haben Sie denn vor?«, fragte ich neugierig.

Völlig nüchtern, als kommentiere er gerade das Wetter, meinte er: »Als Allererstes werde ich mich von meiner Frau trennen.«

Ich traute meinen Ohren nicht. »Sie wollen sich trennen? Wieso das denn?«

»Um ehrlich zu sein, ist das schon seit vielen Jahren mein Plan. Der Renteneintritt ist meine persönliche Unabhängigkeitserklärung von meinem Beruf, den ich nie so richtig gemocht habe. Leider ist das auch bei meiner Frau der Fall. Nach zwei, drei verliebten Jahren haben wir uns miteinander nur noch gelangweilt

und uns angegiftet. Ich kann es nicht erwarten, diesen Schlussstrich zu ziehen.«

Natürlich konnte ich nachvollziehen, dass er sich aus einer Beziehung lösen wollte, die ihn nicht erfüllte, aber sein Timing verstand ich beim besten Willen nicht.

»Warum aber warten Sie dann so lange mit der Trennung? Ist das fair Ihrer Frau gegenüber?«

»Ich möchte gerade meinen Alltag und die Gewohnheiten, die damit einhergehen, nicht auf den Kopf stellen. Im Moment habe ich noch viele Verpflichtungen und Aufgaben, die ich gut zu Ende bringen möchte. Wenn es dann so weit ist, bin ich vorbereitet und kann einen klaren Schnitt machen.«

Für mich kam diese Aussage überraschend, denn die neugierig funkelnden Augen des Mannes passten nicht zu seinen Plänen. Erst als ich mir sein Gesicht näher anschaute, konnte ich mir einen Reim darauf machen. Er hatte einen kleinen Mund. Auch wenn er mir gegenüber gesprächig war, so war er das anderen gegenüber vermutlich weniger. Er beobachtete lieber. Deshalb faszinierte ihn auch die Fotografie. Er konnte offenbar nicht gut über seine Gefühle sprechen – zu sehen an der extrem schmalen Oberlippe und der deutlich größeren Unterlippe. Noch dazu waren seine Lippen verkürzt. Man sagt: Ein solcher Mensch trägt Geheimnisse in sich und macht viel mit sich allein aus.

Der Mann hatte sein Leben und seine Ehe offensichtlich aus der Beobachterperspektive gelebt. Diese Beobachtergabe hat ihn zwar zu zahlreichen Erkenntnissen geführt, genutzt hat er sie aber (noch) nicht, um lebensverändernde Entscheidungen zu treffen.

»Mir ist bewusst, dass manch einer meinen Plan nicht wird nachvollziehen können«, fuhr er fort, »aber ich habe ihn eben so gefasst. Wenn ich in Rente bin, dann wird alles anders. Dann beginnt mein Leben neu.« Noch während er sprach, stand er auf und reichte mir freundlich die Hand. Er signalisierte, dass er für diesen Plan keinen Rat benötigte und verabschiedete sich.

Der Mann befand sich zum Zeitpunkt unseres Readings in jenem Jahr des Resümees. Seine Gesichtsform spricht dafür, dass sein Plan funktionieren könnte. Er hatte ein Berggesicht das auf seine Fähigkeit hinweist, einen langen Weg gehen zu können. Und sie besagt, dass er das Potenzial hat, alt zu werden. Menschen mit einem Berggesicht tendieren allerdings auch dazu, zu vereinsamen und zu rasten; Dinge beiseitezulegen, sie zu ignorieren und zu hoffen, dass sie sich von selbst erledigen. Genau das hatte er getan. Er hatte in seiner Ehe ebenso wie in seinem Beruf gerastet. Und auch sonst hatte er in den Jahren bis zu seinem 60. Lebensjahr nur wenig Dinge getan, die seiner Persönlichkeit entsprachen. Zwar hat er sich auf einen langen Weg begeben, aber ein Lernsatz für Berggesichter besagt, dass sie sich für diese lange Reise Weggefährten suchen sollen. Einen, besser mehrere Menschen, die sie an ihrer Seite wissen und, dies ein weiterer Lernsatz, mit denen sie über Gefühle, nicht nur Gedanken, sprechen können. Ich bezweifelte, dass er dazu bereit war.

Warte nicht mit deinen Plänen

Aus Sicht der Chinesen ist es keine gute Idee, so lange zu warten, um Pläne umzusetzen oder Träume zu verwirklichen. Für die Umsetzung der Träume, gerade mit Beginn der Rente, müssen, wie weiter oben schon gesagt, unsere entsprechenden Talente geschult sein, damit wir sie nutzen können. Haben wir das versäumt, wird die Zeit der Rente enorm anstrengend und erschöpfend. Du kannst dir deine Talente vorstellen wie einen Muskel. Wenn ein Muskel nicht trainiert wird, verkümmert er. Es braucht Geduld, Willensstärke und Zeit, bis dieser Muskel wieder aufgebaut ist. Diese Zeit haben und nehmen wir uns oft nicht, wenn es im Rentenalter dann plötzlich in eine ganz neue Richtung gehen soll. Die Vorstellung, in der Rente mit etwas ganz Neuem durchzustarten, ohne sich schon zuvor eingehender damit beschäftigt zu haben, ist nicht realistisch.

Ich habe leider keinen Kontakt mehr zu diesem Mann, deshalb kann ich nur vermuten, wie es ihm weiter ergangen ist: Es wird ihm schwerergefallen sein als gedacht, seine Träume zu verwirklichen, da bin ich mir sicher. Er hatte vor zu reisen, Menschen kennenzulernen, Fotos zu machen und seine Bilder auszustellen. Ihm schwebte vor, mit Menschen ins Gespräch zu kommen und große Veranstaltungen zu organisieren. Seine fehlende Kommunikationsfähigkeit und auch der fehlende Versuch, auf diesem Gebiet Fortschritte zu machen – er hat nie über das gesprochen, was ihn oder andere berührt, weder bei der Arbeit, noch im Zusammensein mit seiner Frau – wird ihm dies erschwert haben. Natürlich kann er diese Ziele als Herausforderung betrachten, aber er würde besser dastehen, wenn er sich vorbereitet hätte, das ist klar.

Je früher, desto weiter

Wenn du mich fragst, ist es eine gute Idee, auf das Jahr des Resümees hinzuarbeiten und nicht einfach abzuwarten und auf bessere Zeiten zu hoffen. Talente dürfen nicht verkümmern, sie müssen trainiert werden, damit wir sie einsetzen können und damit sie uns dienen. Je früher wir damit beginnen, desto weiter werden wir kommen.

IDENTITÄT FÜHRT NICHT ZU AUTHENTIZITÄT

Nur tote Fische schwimmen mit dem Strom.
VOLKSWEISHEIT

Es war im Herbst 2016, in einem Hamburger Hotel. Minuten bevor ich die Lebensaufgabe eines Mannes (ich habe den Namen geändert) lesen würde, las ich nochmals seine E-Mail durch, die er mir ein paar Wochen zuvor geschickt hatte:

»Sehr geehrter Herr Standop,

ich habe Sie gestern auf YouTube in einem Vortrag über Berufung gesehen. Vielleicht können Sie mir weiterhelfen, denn ich bin mit meinem Latein am Ende. Ich denke schon, dass ich weiß, wer ich bin. Ich kenne durch Bücher und zahlreiche Selbsterkenntnis-Seminare meine Stärken und Schwächen, und weiß auch, wo ich besonders talentiert bin. Meine Berufswahl habe ich bewusst getroffen und kann sagen, dass ich gut gewählt habe. Und doch finde ich keine Sinnhaftigkeit in meinem Tun, von Freude oder gar Glück im alltäglichen Leben mal ganz zu schweigen. Ich habe die Hoffnung, dass Sie mir in einem Gespräch, wofür ich Sie gerne buchen möchte, hier zu mehr Klarheit verhelfen. Wenn nicht ganz, dann doch zumindest richtungsweisend. Ich würde mich freuen, wenn Sie mir Terminvorschläge unterbreiten.

Hochachtungsvoll, Robert Hinzmann

Als ich im Besprechungsraum des Hotels auf Robert Hinzmann wartete, malte ich mir aus, wie das Reading ablaufen würde. Da er sich, wie er schrieb, schon intensiv mit sich selbst auseinandergesetzt hatte, würde es wohl keine große Sache werden. Ich wollte ihm seine Talente aufzeigen, auch wenn er die wahrscheinlich schon kannte. Dann konnte ich, so der Plan, daraus seine Lebensaufgabe ableiten. Vermutlich ein leichter Fall.

Plötzlich stand er vor mir und riss mich aus meinen Gedanken: »Hallo! Ich bin Robert Hinzmann!« Ruckartig streckte er mir die Hand entgegen.

»Hallo, Herr Hinzmann, schön, dass Sie da sind.« Ich fühlte mich ein wenig ertappt. Wir setzten uns an eine Ecke des überdimensionierten Besprechungstisches und kamen gleich zur Sache. Er schien wenig für Small Talk übrigzuhaben. Trotzdem bat ich ihn, sich kurz vorzustellen, auch um seine Stimme und seine Mimik zu erforschen. Beide, so werden wir später erfahren, spielen beim Gesichtlesen eine nicht unerhebliche Rolle.

»Wie gesagt, ich habe durch Bücher und Seminare schon viel über mich gelernt«, erzählte er stolz. »Ich habe ein ausgeprägtes Selbstbewusstsein und weiß, wer ich bin. Aber meine Lebensaufgabe, mein ureigener Sinn im Leben, den finde ich nicht.«

Ich wartete auf weitere Ausführungen und Informationen, aber es kam nichts mehr.

»Dann beschreiben Sie sich doch einmal, Herr Hinzmann. Wer sind Sie? Wer ist dieser Mann, der sich so gut kennt?«

Er setzte sich aufrecht hin, holte tief Luft und sprach, als hätte er einen Vortrag auswendig gelernt: »Ich bin Veganer, leidenschaftlicher Radfahrer, stolzer Besitzer von drei Katzen und Mitglied in einem Schachclub, in dem ich auch Turniere spiele. Leider bin ich seit einigen Jahren Single. So viel von meiner Seite. Alles andere werden Sie bestimmt aus meinem Gesicht herauslesen, oder nicht?«

»Ein Mann, der schon viel über sich weiß?«, dachte ich irritiert. Da war ich etwas anderer Meinung. Ich spiegelte ihm seine direkte Sprechweise und sagte:

»Sie definieren sich offensichtlich sehr über Identitäten. Sie begreifen und erklären sich über Begriffe, die aber nichts über Sie aussagen. Wir müssen erst Ihre Persönlichkeit kennenlernen, wenn wir Ihre Lebensaufgabe herausfinden wollen.«

Mit überraschtem und ein wenig vorwurfsvollem Blick entgegnete er: »Wenn ich Ihnen sage, dass ich Veganer bin, dann sagt das doch eine Menge über mich aus, oder nicht?«

»Wenn Sie gesagt hätten, ›ich achte auf meine Gesundheit und ernähre mich vegan‹ oder ›ich setze mich für weniger Tierleid ein und ernähre mich deshalb vegan‹, hätte das sicher mehr über Sie gesagt. ›Ich bin Veganer‹ ist ein Satz, der zwar Ihre Ernährungsweise beschreibt, aber nicht die zugrunde liegende Motivation, die etwas über Ihre Persönlichkeit verraten könnte.«

Ungläubig fragte er: »Wer bin ich denn dann, wenn ich kein Veganer, kein Radfahrer und kein Schachspieler bin?«

»Ich sage nicht, dass Sie das nicht sind. Ich sage, dass diese Begriffe wenig über Sie als Persönlichkeit aussagen und Sie schon gar nicht definieren. Stellen Sie sich einmal vor, wer Sie waren, bevor Sie Veganer, Radfahrer und Schachspieler waren. Waren Sie da niemand?«

Er schien ehrlich darüber nachzudenken. Dann sah er mich erwartungsvoll an.

»Wenn Sie mich fragen«, fuhr ich fort, »Ich sehe einen Mann, der sich gerne unterhält, der aber sehr schüchtern ist *(scheue Augen, die einen nicht ansehen bei einer Unterhaltung, großer Mund).*

Sie sind ein Mann, der gerne berührt, der aber nicht gerne berührt wird *(feingliedrige Hände, Gesichtsform Berg = nicht körperlich austauschbedürftig – deshalb auch die Katzen, die er streicheln kann, die ihn aber nicht streicheln).*

Sie sind ein Gourmet, ein Mann, der gerne gutes Essen und gute Getränke genießt. Und von beidem bitte sehr reichlich *(Knollennase, rundes Gesicht).*

Sie sind ein Mann der Strategie *(äußert sich nicht nur im Schachspielen, sichtbar auch an Stirnfalten – kreuzen sich bereits wie ein Spinnennetz, kleine Pupillen).*

Und Sie sind ein Mann, der sich sehr viel Zeit lässt, gründlich nachdenkt und vieles abwägt, bevor er etwas ausspricht. *(Er hält die Hand vor dem Mund, bis der Gedanke ausformuliert ist.)*

Das sind Sie, das ist Robert Hinzmann. Nun sehen wir uns mal an, welche Lebensaufgabe wir Ihnen zuordnen können.«

Seine anfangs kritische Haltung löste sich nun auf und Neugier machte sich breit. Er schien zu ahnen, dass er sich auf einer neuen, ganz anderen Ebene kennenlernen konnte.

Unsere Suche nach unserer Lebensaufgabe ist gleichzeitig eine Suche nach Sicherheit und Klarheit. Deshalb definieren wir uns über Rollen und Berufsbezeichnungen, kurz, über Identitäten: der Fußballfan, die Freizeitgärtnerin, der Vertriebsleiter. Identitäten geben uns Halt und Gewissheit. Sie sind, ähnlich wie Schablonen, schon vordefiniert. In der Hoffnung, sie nur noch ausfüllen zu müssen, halten wir uns an ihnen fest und denken damit im wahrsten Sinne des Wortes in Schubladen. Diese Schubladen beinhalten jedoch in den seltensten Fällen unsere Lebensaufgabe.

BERUF HEISST NICHT (IMMER) BERUFUNG

Ein Beruf kann zwar Berufung und zugleich Lebensaufgabe sein, doch bei den wenigsten Menschen, die ihre Lebensaufgabe suchen, ist das der Fall. In diesen und allen anderen Fällen gilt: Es ist unsere Persönlichkeit, die uns, in Kombination mit unseren Wesensmerkmalen und Talenten, einzigartig macht. Und diese Einzigartigkeit kommt in Form unserer Lebensaufgabe zum Ausdruck.

Denn Authentizität unterscheidet sich erheblich von Identität. Identität beschreibt eine Zugehörigkeit, Authentizität findet sich in individuellem Handeln, das, losgelöst von Gruppenvorgaben, auf unseren Talenten basiert; Talenten, die wir zu unserer Selbstverwirklichung und dem größtmöglichen Nutzen der Allgemeinheit einsetzen.

Robert Hinzmann hat übrigens die Lebensaufgabe eines »Puppeteers«, eines Puppenspielers. Er will nicht auf die Bühne, redet aber gerne. Er ist ein klassischer Drahtzieher, der strategisch im Hintergrund arbeitet und wohlüberlegte Entscheidungen trifft. Passionierten Regisseuren wird diese Lebensaufgabe beispielsweise zugeordnet. Weitere Erläuterungen dazu finden sich ab Seite 106, wenn es um die Lebensaufgaben im Überblick geht.

Als ich Herrn Hinzmann erzählte, welche Lebensaufgabe sein Gesicht erkennen ließ, entgegnete er: »Seit meiner Kindheit werde ich von meinen Freunden als Ideengeber und Drahtzieher bezeichnet. Sie fragen mich um Rat, wenn schwierige Entscheidungen anstehen und loben mich für meine ausgefuchsten, kreativen Ideen. Ich glaube es wird Zeit, dass ich diese Gabe für mich und meinen eigenen Lebensweg einsetze. Vielen Dank, dass Sie mir eine neue, erhellende Sichtweise auf die Frage eröffnet haben, wer ich wirklich bin.«

Die Begebenheit mit Herrn Hinzmann zeigt den Irrtum, dem viele Menschen erliegen, wenn es um ihre Selbstfindung geht. Sich selbst zu (er)kennen ist grundlegend, um den Weg der Lebensaufgabe und damit der Selbstverwirklichung beschreiten zu können. Zu häufig verwechseln wir das, was aus uns geworden ist (und ich meine ausdrücklich nicht den Beruf), mit dem, was wir glauben, was unsere Persönlichkeit ausmacht.

Doch aufgepasst: An dem, was aus uns wird, sind viele Menschen, Umstände und Faktoren beteiligt. Dieser Prozess ist deshalb nur bedingt unabhängig. Eine freie Entwicklung unserer Persönlichkeit ist keineswegs garantiert. Wir sind stattdessen aufgefordert, um die Verwirklichung, das Ausleben unserer Persönlichkeit zu ringen. Wie ein guter Wein reift die Persönlichkeit und erhält nach und nach ihren unverwechselbaren Charakter. Es ist allerdings nicht sicher, dass dieser Charakter dann auch tatsächlich mit unserer ureigenen Persönlichkeit übereinstimmt. Im nächsten Kapitel werden wir darauf noch mal genauer eingehen.

PERSÖNLICHKEIT, CHARAKTER, IDENTITÄT

Eine große Persönlichkeit bemerkt man nicht allein wenn sie gegenwärtig ist; man wird ihren Wert oft dann noch mehr inne, wenn die Stelle leer ist, die sie einnahm.

LEOPOLD VON RANKE

2018 wurde ich nach Boston, Massachusetts, eingeladen, um am John F. Kennedy Presidential Library & Museum einen Vortrag im Rahmen einer TED-Konferenz zu halten. Ich war für meine Verhältnisse ungewöhnlich nervös, denn vor vielen Hundert Zuhörern, darunter viele Harvard-Studenten und Professoren, wollte ich der Frage nach unserer wahren Persönlichkeit aus der Sicht eines Gesichtlesers nachgehen.

Wie heißt du? Wo kommst du her? Was machst du beruflich? – Auf der ganzen Welt stellen sich Menschen diese und ähnliche Fragen, wenn sie sich kennenlernen. Allesamt Fragen, die nicht auf die Persönlichkeit oder bestimmte Charaktereigenschaften abzielen, sondern auf die Identität. Die Antworten sind dann entsprechend: Ich bin Vater, ich arbeite seit 20 Jahren als Handwerker, ich habe drei Ehrenämter, ich bin Kraftsportler und so weiter. Alles Informationen, die nicht wirklich etwas über den Menschen aussagen.

Damit uns die Unterschiede dieser drei Begriffe – Charakter, Persönlichkeit, Identität – nochmals deutlich werden, hier eine kurze Definition, wie wir sie im Gesichtlesen verstehen. Hierüber Klarheit zu haben ist wichtig, wenn es um unsere Lebensaufgabe geht. Denn wer sich nur über seine Identität definiert oder wer sich zu einem Charakter entwickelt, der wenig mit der eigenen Persönlichkeit zu tun hat, zu ihr vielleicht sogar in Widerspruch steht, der wird niemals seine Lebensaufgabe leben, da bin ich mir heute sicher.

DIE PERSÖNLICHKEIT – UNSER KERN

Der Kern dessen, was einen Menschen ausmacht, ist seine Persönlichkeit. Gesichtleser glauben, dass sie bei der Geburt gegeben und insofern Veranlagung ist. Auch die Wissenschaft stimmt hier in gewisser Weise zu, zumindest ist klar, dass in unseren Genen weit mehr angelegt ist als nur die Haarfarbe oder die Disposition für bestimmte Krankheiten.

Unser Verstand hingegen ist nach Auffassung der Gesichtleser bei unserer Geburt leer, er füllt sich erst im Laufe unseres Lebens. Das heißt, wir haben schon zu Beginn unseres Lebens eine Persönlichkeit, ohne dass unser Verstand diese beeinflusst. Stattdessen leiten uns das Gefühlsleben, unsere Instinkte und unsere Intuition. Es ist wichtig, sich vor Augen zu halten, dass unser Verstand, wenn er sich dann langsam füllt, nicht von einem freien Willen bestimmt wird, sondern er unterliegt – gerade in den ersten Lebensjahren – dem Einfluss der Umgebung. Bezugspersonen, unserer Kultur oder sogar dem Zeitalter.

Wenn unser Verstand fremden Einflüssen unterliegt, so müssen wir der Tatsache ins Auge sehen, dass wir uns mit zunehmendem Alter wahrscheinlich nicht mehr mit den in uns ursprünglich veranlagten Wesenszügen zeigen. Unsere Persönlichkeit ist also nicht mit unserem Verstand gleichzusetzen. Das ist wichtig.

Die Persönlichkeit ist für Gesichtleser im Unterbewusstsein verankert, dass sich in unseren Träumen und unserem Gefühlsleben zeigt. Den Zugang zu unserer Persönlichkeit erlangen wir deshalb nur schwerlich über das verstandesmäßige Denken, sondern indem wir uns mit dem Unterbewusstsein verbinden.

In der Persönlichkeit liegen auch unsere Talente. Sie sind die Werkzeuge, die wir einsetzen sollten, um unsere Lebensaufgabe zu leben. Werden sie missachtet oder bleiben sie unentdeckt, wird es schwierig, authentisch zu leben. Insofern ist der Glaube, dass nur gut ist, was man sich hart erkämpft, nicht richtig. Wenn uns Dinge leichtfallen, ist das vielmehr ein Hinweis darauf, dass wir unsere Talente nutzen und auf dem richtigen Weg sind.

DER CHARAKTER – IM WANDEL LIEGT DIE KRAFT

Mit dem Moment unserer Geburt beginnt die Ausbildung unseres Charakters. Sie geht erst langsam vonstatten und verläuft dann immer schneller, je mehr soziale Kontakte wir haben und je mehr Autoritätspersonen in unser Leben treten. (Neben den Eltern sind das Trainer, Lehrer, aber auch Freunde und Geschwister.) Der Charakter ist – im Vergleich zur Persönlichkeit – das ganze Leben lang veränderbar und wird wie gesagt von unserem Umfeld, unserer Erziehung, aber auch von der Kultur oder dem Zeitalter, in dem wir leben, beeinflusst. Vieles von dem, was wir für eine selbstbestimmte, freie Entscheidung halten, ist in Wahrheit von anderen vorgegeben und wäre in einem anderen Umfeld wohl ganz anderes ausgefallen. Der Charakter ist also nicht unbedingt identisch mit unserer Persönlichkeit, auch wenn dies erstrebenswert ist. Denn als Faustformel gilt: Je ähnlicher er ihr ist, desto authentischer leben wir. Je stärker er sich von ihr unterscheidet, desto mehr leidet der Mensch an seiner Psyche.

Um den Charakter an einem Gesicht abzulesen, halte ich die Mimik für sehr geeignet. Sie verändert sich situativ und entspricht der aktuellen Gefühls- oder Gedankenlage. Daher lässt sich erklären, warum wir in der Mimik eines Menschen Hinweise auf seinen Charakter finden. Es gibt zwar auch mimische Hinweise auf die Persönlichkeit, allerdings sind diese eher unscheinbar. Persönlichkeitsmerkmale lassen sich hauptsächlich an den Augen, am Mund, an Muttermalen oder an der Gesichtsform ablesen. In Einzelfällen lässt sich der Charakter auch an statischen Merkmalen erkennen, hier vor allem an Veränderungen. Ändert sich beispielsweise die Gesichtsform eines Mannes vom Jadegesicht im Kindesalter zum Berggesicht als Erwachsener, dann hat sie sich charakterbedingt verändert. In diesem Falle wurde das ursprünglich feinfühlige, sensible und intuitive Wesen nach hinten gedrängt und einem robusten, widerstandsfähigen, aber weniger gefühlsbetonten Charakter Platz geschaffen. Doch es gilt zu differenzieren: Wenn sich beispielsweise eine Nase zu einer tiefporigen Knollennase entwickelt, deutet das auf eine Veränderung im Lebensstil hin, die nicht zwangsläufig mit einer charakterlichen Veränderung zusammenhängt. Auch wenn über Jahre gelebte Genusssucht durchaus etwas über den Charakter verrät.

DIE IDENTITÄT ÜBERSCHATTET DEIN WESEN

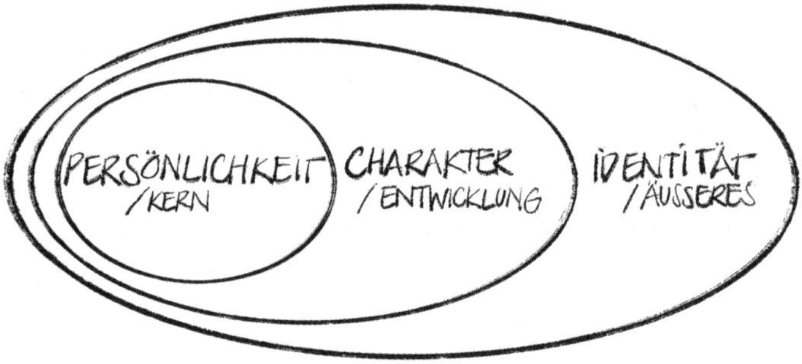

Die Persönlichkeit und der Charakter werden bei einigen Menschen von einer dritten Hülle überdeckt. Gesichtleser sprechen hier von der »Hülle der Identität« oder auch vom »äußeren Schein« (Anschein). Herr Hinzmann ist hierfür ein gutes Beispiel, weil er meinte, sich nur durch seine Identität begreifen und beschreiben zu können. Die Identität sagt allerdings, wie wir nun wissen, wenig bis gar nichts über einen Menschen aus. Man ordnet sich Gruppen und Themen zu, nimmt sich damit Flexibilität, unterwirft sich Wertvorstellungen, die leicht zum Dogma werden, und beraubt sich in vielen Fällen seiner Individualität. Ganz davon abgesehen sagt die Identität auch nichts über die in uns wohnenden Talente aus. Oder was glaubst du, welches Talent ein Vegetarier, ein Deutscher oder ein Fußballfan hat?

Aus eigener Erfahrung kann ich sagen, dass nicht jeder Fußballfan ein Talent zum Fußballspielen hat. Genauso wenig können wir einer Frau ein konkretes Talent zuordnen, nur weil sie sich als mehrfache Mutter, Musikliebhaberin oder gute Nachbarin beschreibt.

Die Wahrheit hinter der Identität

Wenn ich heute in Interviews gefragt werde, wer ich bin, gebe ich möglichst keine Antworten, die nur etwas über meine Identität aussagen. Dass ich Deutscher, unverheiratet und Gesichtleser bin, mag den einen oder anderen glauben lassen, mich zu kennen, doch was sagen diese Informationen in Wahrheit schon aus? Sehr viel aussagekräftiger wären doch Antworten wie: »Ich springe aus dem Flugzeug, aber habe große Angst vor tiefem Wasser«, »Ich stehe gerne auf der Bühne, bin aber schüchtern geblieben« oder »Ich kann unheimlich konsequent sein, aber es fällt mir so schwer, zu einem Cappuccino Nein zu sagen«. All dies sagt doch unendlich mehr über mich und meine Persönlichkeit aus als meine Rolle, eine bestimmte Funktion, die ich ausfülle oder eine Gruppe, der ich angehöre.

Überleg doch selbst einmal: Wie würdest du dich beschreiben, wenn du alle Identitätsmerkmale, die du auf so eine Frage für gewöhnlich aufzählst, wegließest? Wie lautet die Wahrheit hinter deiner Identität?

RAUM FÜR DIE PERSÖNLICHKEIT

Authentizität zeigt sich nie durch Identität. Wer sich bedingungslos einer Gruppe zuordnet, gibt womöglich seine Individualität auf. Wer mit seinen eigenen Rollen und Charaktereigenschaften nicht glücklich ist und sich damit nicht wohlfühlt, sollte einen Blick zurück auf den Menschen werfen, der er bei Geburt war. Dabei hilft es nicht, den Verstand zu bemühen. Es ergibt mehr Sinn, sich wieder mit dem einen Unterbewusstsein zu verbinden und so einen Raum für die eigene Persönlichkeit zu schaffen.

SUCHEN FÜHRT NICHT ZU FINDEN

Wer sucht, findet nicht, aber wer nicht sucht, wird gefunden.

FRANZ KAFKA

Es gibt zahlreiche Stolperfallen und Hindernisse, die uns davon abhalten, unsere Lebensaufgabe zu finden und zu leben. Im Beispiel von Herrn Hinzmann ist es das Festhalten an einer Identität. Wir glauben, etwas über uns selbst zu wissen und verwechseln das mit einer Gruppenzugehörigkeit oder mit anerzogenen Bildern über uns selbst.

In der Philosophie des Gesichtlesens werden viele weitere Hindernisse genannt, die sich uns auf der Suche nach unserer Lebensaufgabe in den Weg stellen können. Ab Seite 165 dieses Buches wirst du darüber noch mehr erfahren, wenn wir noch mal auf mögliche Schwierigkeiten und Herausforderungen dabei eingehen. Hier sei schon einmal darauf hingewiesen, dass uns neben der Identität auch unser Charakter davon abhalten kann, bei unserer Lebensaufgabe fündig zu werden. Wenn wir beispielsweise Intoleranz entwickelt und unsere kindliche Offenheit verloren haben, dann wird es uns mehr als schwerfallen, uns unseres Lebensaufgabe zu nähern und sie zu leben. Die gleichen Schwierigkeiten treten auf, wenn Ignoranz und Arroganz den Charakter dominieren. Auch wenn der Wunsch nach Kontrolle oder Perfektionismus die Oberhand gewinnt, wird es schwierig. All diese Facetten eines Charakters sind hinderlich und lassen uns die eigene Lebensaufgabe nur schwer erkennen.

Der Verstand hindert

Die größte Hürde von allem aber stellt häufig unser Verstand dar. Er soll uns bei der Suche nach der Lebensaufgabe helfen und ist doch zugleich ihr größtes Hindernis. Der Verstand wägt ab, sucht nach Problemen und ist bestimmt durch Ängste, die uns auf dem Weg zu dem, was unsere ureigene Aufgabe ist, aufhalten. Mach dir klar: Wenn du deinen Verstand befragst, was denn deine Lebensaufgabe ist, dann erkundigst du dich bei einer »Autorität«, die am Tag deiner Geburt gar nicht anwesend war.

Sicher, der Verstand kann dir helfen, deine Lebensaufgabe umzusetzen, wenn du ihr erst einmal begegnet bist. Du solltest aber nicht versuchen, sie aktiv mit seiner Hilfe zu finden. Sie findet dich! Wie das geht? Mithilfe deines Unterbewusstseins.

In unserem Unterbewusstsein können wir eine Atmosphäre und einen Raum schaffen, in dem die Lebensaufgabe in Erscheinung treten kann. Im ersten Moment klingt das natürlich sehr abstrakt und leicht esoterisch und man stellt sich die Frage, wie dies gelingen soll. Doch lass dich nicht entmutigen. Ich werde dir im Verlauf dieses Buch viele wertvolle Hinweise liefern, wie du die passenden Voraussetzungen für den »Auftritt« deiner Lebensaufgabe schaffst.

Der Auffassung, dass es keinen Sinn hat, unsere Lebensaufgabe aktiv zu suchen, stimmen übrigens auch namhafte Vertreter der Psychologie zu. Der bereits erwähnte Viktor Frankl beispielsweise weist auf diese Problematik bei unserer Sinnsuche hin. Auch er sieht den »Fehler« darin, dass wir suchen. Am Beispiel des Glücks erklärt Frankl seine Position. Und sagt sinngemäß, dass der Mensch, je mehr er Glück und Lust zu seinem Ziel macht, umso mehr an diesem Ziel vorbeischießt. Man kann also sagen: Wer verbissen nach etwas strebt, wird es nicht erreichen.

Das Streben nach Glück oder das Finden der Lebensaufgabe sind wunderbare Ziele, aber wir können sie nur als eine fast schon unbeabsichtigte Nebenwirkung erreichen. Eine Nebenwirkung von Sinnerfüllung, von Hingabe und vom Ausleben der eigenen Talente. »Happiness must happen« sagen die Amerikaner. Glück kann nicht herbeigeführt werden. Es muss sich einstellen. Das Glück ist meine Prämie, wenn ich das tue, was von mir im Augenblick gefordert wird, was meine Aufgabe ist.

Die Hingabe an das, womit wir uns beschäftigen, was immer es auch gerade sein mag, ist nach Frankl der zwanghaften Suche immer vorzuziehen. Denn in der Hingabe, im selbstvergessenen Tun, erkennen wir uns selbst und unsere einzigartige Aufgabe.

Als Gesichtleser muss ich allerdings hinzufügen, dass die Aufgabe, der wir uns widmen, talentbasiert sein sollte. Ansonsten stellen sich schnell Frustration, Erschöpfung oder zumindest eine große Leere ein. Sich selbst zum Werkzeug für eine große, vielleicht gar »heilige«, Aufgabe zu machen, hält nicht immer, was es verspricht. Dies liegt dann oft nicht an der Art der Aufgabe, sondern schlicht an der Tatsache, dass wir mit unserer Persönlichkeit nicht dafür geschaffen sind.

So ist zum Beispiel nicht jeder Mensch, der es sich zur Aufgabe gemacht hat, als Komiker, Schauspieler oder Clown andere zum Lachen zu bringen, fröhlich und glücklich. Wir kennen hier leider nicht wenige berühmte Beispiele. Der US-Schauspieler, Oscar-Preisträger und Komiker Robin Williams etwa litt an Depressionen und nahm sich 2014 das Leben. Vielleicht lebte er nicht seine Lebensaufgabe oder er lebte sie in verlierender Weise.

Die wichtige Fragestellung, ob ein Mensch seine Lebensaufgabe in gewinnender oder verlierender Weise lebt, behandeln wir im letzten Teil dieses Buches. Auch wird nicht jede Nonne oder jeder Mönch, die ihr Leben dem Thema Nächstenliebe gewidmet haben, von sich behaupten können, dass sie oder er glücklich ist. Möglicherweise wären sie mit ihren Talenten an anderer Stelle besser aufgehoben. Ich kann dies voller Überzeugung sagen, weil ich auch aus diesem Personenkreis bereits Kunden hatte. »Innere Einkehr und Gebet haben mich zu der Einsicht gebracht, dass ich wohl für etwas anderes bestimmt bin«, sagte mir noch vor wenigen Jahren ein kirchlicher Würdenträger.

WAS DEIN GESICHT ÜBER DEINE LEBENSAUFGABE VERRÄT

Das Gesicht ist eine sprudelnde Informationsquelle.
Bereitwillig gibt es Auskunft über
sämtliche Aspekte des menschlichen Daseins.
Nicht nur die offensichtlichen Themen wie Gesundheit,
Ernährung, Gefühlsleben und Charakter sind darin
erkennbar, sondern auch tiefer liegende Inhalte
wie die Lebensaufgabe. In der individuellen
Zusammenstellung der Gesichtsmerkmale
manifestiert sich unsere Berufung.

ALLE SINNE GEBEN AUSKUNFT

Wir können überhaupt nicht denken,
ohne unsere fünf Sinne zu gebrauchen.
ALBERT EINSTEIN

Je nach Thema ziehen wir in einem Reading unterschiedliche Gesichtspunkte in Betracht. So spielen neben einzelnen Gesichtsmerkmalen, auch die Hautbeschaffenheit und das Bindegewebe, Hautverfärbungen, Haare, Male, Warzen, Narben, Gesichtsschmuck (etwa Piercings), Bewegungen der Muskeln (Mimik), Falten, Äderchen, Schwellungen und Vertiefungen eine Rolle. Im Grunde gibt uns alles, was wir sehen, hilfreiche Informationen. Aber das ist noch nicht alles. Nicht nur der Sehsinn eines Gesichtlesers liefert ihm Hinweise auf den Zustand und die Persönlichkeit eines Menschen, er erhält seine Informationen auch über seine anderen Sinne.

Vor allem in früheren Zeiten waren auch der Tast-, der Geruchs- und der Geschmackssinn eines Gesichtlesers gefragt, insbesondere wenn es um die Gesundheit seiner Kunden ging. Der Namensgeber des hippokratischen Eids, der Arzt Hippokrates von Kos (460–370 v. Chr.) oder der Arzt Paracelsus (1493–1541) geben in ihren Schriften darüber beispielhaft Auskunft. Auch dem Hören kommt im Gesichtlesen eine wichtige Funktion zu. So sind nicht nur die Stimme eines Menschen von Bedeutung, sondern auch seine Atmung und sogar auch die Geräusche, die er durch seine Bewegungen produziert.

SIANG MIEN – DIE CHINESISCHE TECHNIK

Wenn es um die Lebensaufgabe geht, bedienen wir uns im Gesichtlesen primär der chinesischen Technik, des Siang Mien, das unterschiedliche Strömungen und Ansätze hat. Dabei steht das Erkennen der Persönlichkeit ebenso im Vordergrund wie das Lesen der Mimik, um die aktuellen Wesenszüge eines Menschen wahrzunehmen. Die Persönlichkeit als Kern, als Ausgangspunkt, und die Mimik als Zeichen für die unterschiedlichen Umsetzungsmöglichkeiten dessen, was uns ausmacht.

Die Persönlichkeit zeigt sich nämlich nicht nur durch Merkmale wie die Form des Gesichts, der Augen oder des Mundes, sondern sie lässt sich auch mithilfe der Mimik eines Menschen oder durch seine Stimme ermitteln. In jedem Fall gilt, dass eine einzelne Informationsquelle nicht ausreicht, wenn es um die Festlegung der Persönlichkeit geht. Je mehr Informationen wir zusammentragen, desto wahrscheinlicher ist, dass das Ergebnis zutrifft. Haben wir uns erst ein Bild von der Persönlichkeit eines Menschen gemacht, sind die damit verbundenen Talente als Werkzeuge der Umsetzung von großer Bedeutung. Ohne Talente, die jeder besitzt, gäbe es auch keine Lebensaufgabe. Und auch die Lernsätze, die einer Persönlichkeit zugesprochen werden, sind ein wichtiger Bestandteil beim Gesamtbild Lebensaufgabe. Sie geben Rat und zeigen Wege auf. Haben wir all diese Bausteine zusammengetragen, lassen sie sich wiederum in einem Archetyp abbilden. Den Archetyp zu bestimmen, ist der letzte Schritt auf dem Weg zum Finden der eigenen Lebensaufgabe.

PERSÖNLICHKEIT

Das Wertvollste im Leben ist die Entfaltung der Persönlichkeit und ihrer schöpferischen Kräfte.

ALBERT EINSTEIN

Ein hilfreicher Türöffner zu deiner Persönlichkeit ist die Form deines Gesichts. Noch im Baby- und Kleinkindalter unterscheiden sich unsere Gesichtsformen nur wenig voneinander, die meisten Kleinkindgesichter sind rundlich oder oval geformt. Mit zunehmendem Alter aber, häufig beginnend mit der Pubertät, verändert sich bei einer Mehrheit der Menschen die Gesichtsform. Ausschlaggebend sind hierfür die Erbanlagen und die Lebensweise. Beides sind mit der Persönlichkeit eines Menschen gekoppelt. So kann dir deine Gesichtsform Hinweise zu zentralen Wesensmerkmalen, Bedürfnissen und Gewohnheiten liefern.

Aufgrund der Vermischung von Völkern und Kulturen lässt sich das Wissen der 3000 Jahre alten Technik des Gesichtlesens nicht mehr ganz so leicht auf heutige Gesichter anwenden.

GESICHTSFORMEN

Auf Basis meiner Lesungen habe ich mir ein Bild gemacht, wie oft die jeweiligen Gesichtsformen anzutreffen sind und wie häufig Mischformen vorkommen. Ich vermute, dass sich zirka 30 Prozent aller Menschen einer einzigen Gesichtsform zuordnen lassen, etwa 50 Prozent kombinieren zwei Gesichtsformen und die restlichen 15 Prozent vereinen drei Gesichtsformen. Die verbleibenden 5 Prozent lassen sich aufgrund ihrer Vielschichtigkeit nicht mehr zuordnen. Je mehr Gesichtsformen ein Mensch vereint, desto flexibler ist er in verschiedenen Lebenssituationen, da er viele Facetten aufweist. Mehr Einflüsse bedeuten allerdings auch ein komplexeres Wesen, was zu Verwirrung führen kann. Solche Menschen werden oft missverstanden und haben auch selbst Schwierigkeiten, sich zu erkennen. Die Frage: »Wer bin ich eigentlich?« wird von ihnen besonders häufig gestellt.

In einer südchinesischen Technik finden sich insgesamt 30 solcher Gesichtsformen. Da viele kombinierbar sind, ergeben sich zahlreiche weitere Möglichkeiten. Ich glaube aber, dass wir mit den folgenden neun häufigsten Gesichtsformen einen großen Teil der Menschen in der heutigen Zeit lesen können.

Wenn du dich zuzuordnen versuchst, denke bitte daran, dass keine Gesichtsform besser oder schlechter ist als eine andere. Jede hat ihre potenziellen Stärken und Schwächen. Wollen wir unsere Lebensaufgabe leben, sollten wir gleichermaßen die Schwierigkeiten und die Potenziale kennen, die mit unserer Gesichtsform verbunden sind. Dieses Wissen schafft die Voraussetzung dafür, dass wir mit ihnen arbeiten. Wenn es uns gelingt, unsere Potenziale auszuschöpfen, sprechen Gesichtleser davon, dass wir unsere Persönlichkeit *gewinnend leben. Verlierend leben* wir sie, wenn wir die Herausforderungen unserer Persönlichkeit nicht bewältigen.

Das Konzept der Gesichtsformen gehört mit zu den komplexesten Systemen im Gesichtlesen. Wer es jedoch beherrscht, hat schnell erste wichtige Informationen über jemanden. Lass dich nicht verunsichern, wenn dir nicht auf Anhieb eine Zuordnung gelingt. Übe dich spielerisch im Kennenlernen der verschiedenen Formen. Vielleicht hilft dir am Ende ein Ausschlussverfahren.

Nachfolgend die häufigsten Formen, deren Merkmale und Charakteristiken. Die der Gesichtsform zugeordneten Talente werden in einem eigenen Kapitel betrachtet, seien hier aber schon einmal erwähnt. Die aufgeführten Lernsätze sind für den Träger der jeweiligen Gesichtsform als Unterstützung gedacht. Aufgrund von Einzelmerkmalen lassen sich weitere formulieren.

JADEGESICHT

Das Jadegesicht ist in der westlichen Welt eine der häufigsten Gesichtsformen, wobei es mehr Frauen als Männer mit einem Jadegesicht gibt. In Asien ist es unter Frauen und Männern gleichmäßiger verteilt. Die Gesichtsform stellt ein weibliches Schönheitsideal dar, weshalb man es häufig bei Models findet. Es strahlt Harmonie, Charme und Energie aus.

Merkmale im Gesicht

Jadegesichter sind rautenförmig. Manche erkennen in ihnen die Form eines Herzens.
Die Stirn ist hoch, die Lippen sind voll und wohlgeformt, das Kinn ist abgerundet. Sie haben hohe Wangenknochen, große anziehende Augen mit großen Pupillen und meist langen Wimpern. Ihre Nase ist zart, ihr Blick verführerisch.

Charakteristiken

- Mögen das Schöne, Ästhetische
- Lieben die Natur, die Sicherheit und den Frieden
- Sind enthusiastisch, leidenschaftlich und romantisch
- Haben eine lebendige Vorstellungskraft
- Sind offen und neugierig
- Sind häufig in kreativen oder therapeutischen Berufen zu finden

Wenn sie jung sind, werden Jadegesichter oft unterschätzt. Sie werden kleingehalten und lange Zeit wie Kinder behandelt, sodass sie erst später im Leben ihren eigenen Weg gehen können. Ihre Aufgabe ist es, Situationen standzuhalten, in denen sie kleingemacht oder unter ihrem Wert verkauft werden.

Talente

- ◇ Kreativität
- ◇ Intuition
- ◇ Forschergeist
- ◇ Augen: wahrnehmend, vorausblickend
- ◇ Menschen: soziale Kompetenz

Jadegesichter – gewinnend gelebt

- ◇ Versprühen Enthusiasmus, begeistern andere
- ◇ Sind kreativ, einfallsreich und fantasievoll
- ◇ Pflegen wertschätzende Beziehungen

Jadegesichter – verlierend gelebt

- ◇ Sind unsicher, unentschlossen und konfliktscheu
- ◇ Sind unversöhnlich und nachtragend
- ◇ Kritisieren andere und sind gleichzeitig empfindlich, wenn sie selbst kritisiert werden
- ◇ Versuchen andere zu manipulieren
- ◇ Neigen zu Perfektionismus
- ◇ Machen sich abhängig von anderen Menschen

Lernsätze

- ▷ Lass dich nicht reduzieren.
- ▷ Vertraue deiner Intuition (deinem Bauchgefühl) mehr als deinem Verstand.
- ▷ Löse dich von dem, was dich kleinhält, unterschätzt oder limitiert.
- ▷ Befreie dich davon, auf dein Aussehen reduziert zu werden.

KÖNIGSGESICHT

Königsgesichter kommen, ähnlich wie Jadegesichter, häufig im europäischen Raum vor. Sie stellen das männliche Schönheitsideal dar. Königsgesichter sind für Führungspositionen besser geeignet als für solche, in denen sie Anweisen befolgen und Aufgaben ausführen sollen. Frauen besitzen etwas weniger häufig ein Königsgesicht als Männer, doch wenn, findet man sie oft im Top-Management oder in richtungsweisenden Positionen wieder, während Männer mit Königsgesichtern über die gesamte Hierarchie verteilt sind.

Merkmale im Gesicht

Königsgesichter sind kantig, haben ein prominentes Kinn, ausgeprägte Wangenknochen und einen kräftigen Unterkiefer. Die Augen sind klein, haben kleine Pupillen und liegen tief. Ihre Lippen sind schmal, wobei die Unterlippe oft voller ist als die Oberlippe. Königsgesichter zeigen häufig ihre hohe Stirn und verstecken sie nicht durch Haare.

Charakteristiken

- Königsgesichter sind wissensdurstig und lernwillig
- Kümmern sich um andere Menschen und Tiere
- Mögen Vielfalt und Abwechslung bei ihren Lebenserfahrungen
- Sind Genießer, vom guten Essen bis hin zur Sexualität
- Haben eine Tendenz, in Extremen zu denken und zu leben
- Fühlen sich von Macht angezogen, wollen agieren statt reagieren
- Üben häufig eine Führungsposition aus; oft findet man sie auch in der Legislative und Judikative

In jungen Jahren sind Königsgesichter kämpferisch und streitlustig. Später haben sie patriarchalische Charakterzüge. Treffen Könige aufeinander, ist dies selten eine friedliche Begegnung. Häufig gibt es dann Auseinandersetzungen. Wenn es Königsgesichtern nicht gut geht, sieht man ihnen das nicht so leicht an. Sie fühlen sich wohler, wenn sie über Gedanken als über Gefühle sprechen.

Talente

◇ Führung
◇ Krieger (Business)
◇ Erschaffend

Königsgesichter – gewinnend gelebt

◇ Sind starke, entschiedene Anführer
◇ Können andere Menschen motivieren
◇ Beschützen schwache, benachteiligte Menschen
◇ Können gute Eltern sein
◇ Investieren in langanhaltende, gute Beziehungen
◇ Sind leidenschaftlich und versprühen Freude

Königsgesichter – verlierend gelebt

◇ Sind intolerant, dogmatisch und stur
◇ Missbrauchen Drogen und Alkohol
◇ Haben eine Neigung zum Fremdgehen
◇ Sind aggressiv, manchmal sogar gewalttätig

Lernsätze

▷ Wer führen will, muss folgen lernen.
▷ Wer sprechen will, muss zuhören lernen.
▷ Lerne zu führen, ohne zu unterdrücken.
▷ Manipuliere nicht.
▷ Lerne Gefühle auszusprechen.

FEUERGESICHT

Feuergesichter sind sehr impulsiv und enthusiastisch und stecken mit ihrer Leidenschaft und ihrem Wissensdurst andere Menschen. Sie initiieren, inspirieren und tauschen sich gerne aus.

Merkmale im Gesicht

Feuergesichter sind dreieckig, wobei sie an der Stirn breiter sind und Richtung Kinn schmaler werden. Die weite, hohe Stirn ist ähnlich ausgeprägt wie beim Jadegesicht. Das Kinn ist allerdings deutlich spitzer und der Mund ist klein. Sie haben häufig kleine Pupillen.

Charakteristiken

- ◇ Sind impulsiv und schnell
- ◇ Lieben andere und wollen auch, dass andere sie lieben
- ◇ Sind enthusiastisch und leidenschaftlich
- ◇ Lieben es zu reisen und sind neugierig
- ◇ Wollen wahrgenommen werden, brauchen Aufmerksamkeit
- ◇ Erwarten von sich und von anderen sehr viel
- ◇ Sind kommunikationsstark und besitzen einen regen Geist
- ◇ Haben eine Tendenz zur Ungeduld

Menschen mit dieser Gesichtsform sind von Selbstzweifeln geplagt, wenn sie jung sind, später im Leben fällt es ihnen dann schwer, anderen zu vertrauen. Feuergesichter zeigen in jeglicher Hinsicht großen Einsatz. Chinesische Gesichtleser sagen: Wenn Feuergesichter einen Raum (eine Situation) betreten, fängt er an zu funkeln. Verlierend gelebt, kann der Raum natürlich auch brennen.

Talente

- ◇ Kommunikation
- ◇ Bühne

Feuergesichter – gewinnend gelebt

- ◇ Sind leidenschaftlich und selbstsicher
- ◇ Können sich schnell neues Wissen aneignen
- ◇ Haben gute Instinkte und vertrauen ihnen
- ◇ Unterstützen andere, vor allem emotional

Feuergesichter – verlierend gelebt

- ◇ Zweifeln an sich und an anderen Menschen
- ◇ Lassen sich ablenken und können sich nicht fokussieren
- ◇ Sind ungeduldig, kontrollieren und manipulieren andere
- ◇ Können narzisstisch und egozentrisch sein

Lernsätze

- ▷ Überwinde Selbstzweifel.
- ▷ Lerne zu vertrauen, lass dich fallen, auch wenn du mal Enttäuschungen erlebst.
- ▷ Sei gut zu dir. Wertschätze dich.
- ▷ Lerne dich zu schützen.
- ▷ Lerne loszulassen, statt zu kontrollieren.
- ▷ Lerne auf deine Energie zu achten und pfleglich mit dir umzugehen.
- ▷ Lerne dein Temperament zu lenken, damit es sich nicht gegen dich wendet.

BAUMGESICHT

So unterschiedlich wie die verschiedenen Baumarten sind, so unterschiedlich sind auch Baumgesichter in ihren Ausprägungen. Baumgesichter sind sehr individuell und werden ungern verglichen. Dies macht eine Lesung besonders herausfordernd. Denn egal was die Grundstruktur verrät, die Details können den Baum nochmals in einem ganz anderen Licht zeigen.

Merkmale im Gesicht

Baumgesichter sind langgezogen und rechteckig. Sie weisen eine U-Form auf, die sich von den Außenseiten der Stirn bis hin zum Kinn zieht. Wenn Baumgesichter eine zusätzliche u-förmige Falte am Kinn haben, weist dies darauf hin, dass sie sich gerne und viel um andere kümmern.

Charakteristiken

- Sie mögen es, von anderen umgeben zu sein, gleichzeitig können sie sich nur schwer mit anderen verbinden
- Machen viel mit sich allein aus, sind häufig Einzelgänger
- Beschützen andere, sind loyal und verlässlich
- Benötigen Klarheit und Sicherheit, improvisieren ungern
- Sind nachdenklich und häufig in Gedanken versunken
- Sind wissbegierig und zielstrebig
- Sind verwurzelt in Routinen, mögen keine Veränderung
- Liebesbeziehungen beginnen sie erst später im Leben
- Können schwer über Gefühle sprechen und darlegen, wie es in ihnen aussieht

Baumgesichter haben viel Durchhaltevermögen. Das ist wichtig, da sie nicht schnell ihr Ziel erreichen. Chinesische Gesichtleser sagen: Sie grünen jeden Frühling aufs Neue! Dies verrät viel über ihre innere Einstellung und erklärt die immer wieder neu entstehenden Interessen, die sich zu den bereits gesammelten Erfahrungen hinzugesellen. Dies sorgt für innere Rastlosigkeit, egal wie ruhig das Äußere sich präsentiert. Jedoch hält diese Eigenschaft den Geist auch rege und jung.

Talente

- ◇ Soziale Talente
- ◇ Lehren, Bilden
- ◇ Gerechtigkeit

Baumgesichter – gewinnend gelebt

- ◇ Andere Menschen fühlen sich sicher in ihrer Nähe
- ◇ Sind vertrauenswürdig, verlässlich und denken gut über Entscheidungen nach
- ◇ Haben Durchhaltevermögen
- ◇ Sind wissbegierig und lernen dadurch immer dazu

Baumgesichter – verlierend gelebt

- ◇ Kümmern sich zu sehr um die Ziele anderer und vernachlässigen sich selbst
- ◇ Wenn sie sich zu sehr aufopfern, gehen sie das Risiko ein, auszubrennen
- ◇ Holen sich Energie durch Alkohol, Süßes, Zigaretten
- ◇ Verlieren sich in endlosen Gedanken und Vorstellungen

Lernsätze

- ▷ Gehe deine Ziele Schritt für Schritt an.
- ▷ Lerne Langeweile zu lieben.
- ▷ Verwirkliche lieber 90 Prozent statt 120 Prozent.
- ▷ Bewahre dir deine jugendliche Neugier.
- ▷ Wissen ohne Fantasie ist wertlos.

MONDGESICHT

Mondgesichter sind gesellige Wesen. Das Miteinander erdet sie, weshalb sie auf keiner Veranstaltung fehlen dürfen. Sich zu unterhalten, zu genießen und auszutauschen, ist ihnen wichtig. Bindung stellt keine Herausforderung für Mondgesichter dar. Vielmehr ist sie für sie eine Voraussetzung für ein glückliches Leben.

Merkmale im Gesicht

Das Mondgesicht ist groß und rund. Seine Form erinnert an einen Vollmond. Mondgesichter haben häufig einen großen Mund, wobei Ober- und Unterlippe ganz unterschiedlich geformt sein können. Auch die Größe der Lippen kann variieren. In jedem Fall ist der Mund sehr bewegungsfreudig. Tut er das nicht, ist dies ein erster Hinweis auf ein verlierend gelebtes Wesen. Chinesische Gesichtleser sprechen in diesem Fall auch vom Halbmond.

Charakteristiken

- ◇ Sind heiter, fröhlich und gesellig
- ◇ Suchen nach Dingen, die Spaß machen, sind neugierig
- ◇ Haben kein ausgeprägtes Bedürfnis, Karriere zu machen, da sie nicht gerne Verantwortung übernehmen
- ◇ Sind loyale Freunde, klammern nicht und schätzen einen lockeren Umgang (sind häufig mit Königsgesichtern befreundet, aufgrund der gemeinsamen Freude am Genießen)
- ◇ Brauchen eine stabile Basis, zum Beispiel ein sicheres Zuhause, eine verlässliche Beziehung und einen sicheren Job
- ◇ Haben einen ganz eigenen, durchaus mitreißenden, Humor
- ◇ Haben die Tendenz, sich vom Applaus anderer abhängig zu machen und ihren eigenen Wert nicht selbst zu erkennen

Talente

◇ Soziale Kompetenz (Menschen)
◇ Kommunikation/Entertaining

Mondgesichter – gewinnend gelebt

◇ Sind perfekte Entertainer, Gastgeber und Unterhalter
◇ Lieben Menschen und haben eine Stärke im Kommunizieren und Netzwerken
◇ Haben ein hohes Qualitätsbewusstsein
◇ Genießen das Leben in vollen Zügen
◇ Sind großzügig, wenn es darum geht, jemandem zu helfen oder andere zu vernetzen
◇ Sind treue, vertrauenswürdige Freunde

Mondgesichter – verlierend gelebt

◇ Sind gefallsüchtig
◇ Machen sich zu sehr abhängig von anderen Menschen
◇ Öffentlich geäußerte Kritik verletzt sie sehr
◇ Ihr Humor kann zum Sarkasmus werden
◇ Leiden an Selbstzweifeln und erlauben anderen, sie zu dominieren
◇ Ihr Fokus ist zu sehr auf das gerichtet, was Spaß macht
◇ Dinge werden begonnen, aber nicht zu Ende gebracht

Lernsätze

▷ Lerne Verantwortung zu übernehmen.
▷ Lerne Selbstdisziplin.
▷ Nimm dir Kritik nicht zu Herzen.
▷ Die Meinung der anderen ist auch nur eine Meinung.
▷ Bilde früh dein Fundament und baue darauf auf.
▷ Bring zu Ende, was du beginnst.

KÜBELGESICHT

Die Bezeichnung Kübelgesicht mag langweilig und gewöhnlich klingen, aber Menschen mit dieser Gesichtsform sind alles andere als das. Sie sind hochoriginell und talentiert. Sie nutzen ihre Kreativität und ihren Pragmatismus, um an ihrer Vision zu arbeiten und durch sie ein Vermächtnis zu hinterlassen. Ihre hohe Motivation, anderen ihre Ideen zu präsentieren, ist geradezu ansteckend.

Merkmale im Gesicht

Das Kübelgesicht hat die Form eines Blumentopfes, wobei das Kinn leicht kantig ist und das Gesicht nach oben hin breiter wird. Weitere Merkmale sind verträumte, halb geschlossene Augen und ein voller Mund. Dieser ist häufig in Nasolabialfalten eingebettet, also Nasen-Lippen-Falten, die sich von den Nasenflügeln am Mund vorbei bis hin zum Kinn ziehen.

Charakteristiken

◇ Besitzen etwas Visionäres. Sie wollen etwas Langfristiges, sie selbst Überdauerndes erschaffen
◇ Können andere motivieren und inspirieren
◇ Brauchen eine Muse, um begeistert zu sein (einen besonderen Menschen, einen Lehrer oder eine inspirierende Umgebung)
◇ Sind kreativ und originell, haben Geistesblitze
◇ Haben außergewöhnliche und praktikable Ideen für Visionen

Talente

◇ Kreativität
◇ Erschaffend
◇ Hände

Kübelgesichter – gewinnend gelebt

- ◇ Sind durchflutet von originellen Visionen und kreativer Intelligenz
- ◇ Können andere für ihre Ideen begeistern
- ◇ Haben das Talent und den Antrieb, um ihre Träume zu verwirklichen
- ◇ Erschaffen das Besondere

Kübelgesichter – verlierend gelebt

- ◇ Bekommen die eigenen Energien nicht mobilisiert
- ◇ Können die Menschen, die ihnen beim Verwirklichen ihrer Träume helfen, ermüden und ausbrennen
- ◇ Folgen anderen Vordenkern und Führern, anstatt ihre eigenen Ideen zu generieren

Lernsätze

- ▷ Folge nicht, sondern erschaffe.
- ▷ Verbrenne andere nicht, nimm sie mit.
- ▷ Sei ein Vorbild, inspiriere.
- ▷ Träume nicht dein Leben, folge deinem Traum.

BERGGESICHT

In der chinesischen Tradition wird über Berggesichter gesagt, dass sie den »langen Weg« gehen. Damit ist gemeint, dass sie sich eher spät im Leben voll entfalten und überdurchschnittlich alt werden können. Sie scheinen auch ihr eigenes Konzept von Zeit zu haben, was sie geduldig und ruhig sein lässt. Sie sind selten spontan und wirken unverrückbar. Doch wehe, der Berg bewegt sich.

Merkmale im Gesicht

Berggesichter sind birnenförmig. Die Partie rund um den Unterkiefer ist breiter als die Stirn, die eine charakteristische Neigung aufweist.

Charakteristiken

- Ruhen in sich und sind widerstandsfähig
- Sind große Gönner und gute Mentoren
- Sitzen Dinge gerne aus, warten ab und geben sich Zeit
- Vergessen selten einen Gefallen oder Groll
- Merken sich auch Kleinigkeiten
- Lassen sich von Rückschlägen nicht aus der Ruhe bringen
- Sind geduldig
- Haben gute Kommunikationsfähigkeiten, wobei Gefühle nicht ausgesprochen werden
- Sind genusssüchtig

Berggesichter sind, ähnlich wie die Baumgesichter, sehr individuelle Menschen. Sie sind sehr tiefgründig und daher schwer zu durchschauen. Sie lassen andere nur schwer an sich heran, und wenn, dann selten auf Augenhöhe. Sie bevorzugen die Rolle des Mentors oder Wissenden. Sie schließen langsam Freundschaften. Hat man diese jedoch erlangt, ist man ein Freund fürs Leben.

Talente

- ◇ Rat geben
- ◇ Verstand

Berggesichter – gewinnend gelebt

- ◇ Nutzen ihr gutes Gedächtnis für andere und für sich selbst
- ◇ Haben Geduld und Ausdauer, um Probleme mit der Zeit zu lösen
- ◇ Sind resilient gegenüber Krisen
- ◇ Gehen bei ihren Freundschaften großzügig mit ihrer Zeit und ihren Ressourcen um
- ◇ Verausgaben sich selten
- ◇ Gehen lieber lange Wege
- ◇ Sind nicht impulsiv und emotional aufbrausend

Berggesichter – verlierend gelebt

- ◇ Können nicht vergeben, sind intolerant
- ◇ Schieben Dinge auf und vernachlässigen wichtige Aufgaben
- ◇ Halten Gefühle zurück und können zurückweisend sein
- ◇ Sitzen unhaltbare Zustände zu lange aus
- ◇ Ziehen sich stark zurück und isolieren sich
- ◇ Verlieren sich in Gedanken

Lernsätze

- ▷ Sprich auch Gefühle aus, nicht nur Gedanken.
- ▷ Gehe Dinge an, sitze sie nicht aus.
- ▷ Schließe Freundschaften und pflege sie.
- ▷ Genieße den langen Weg. Raste nicht zu lange.
- ▷ Sieh dir die Dinge von allen Seiten an.

ERDGESICHT

Erdgesichter sind bemerkenswert pragmatische Menschen. Nichts wird auf die lange Bank geschoben, alles soll sogleich angepackt werden. So bleibt jedoch häufig die Feinfühligkeit auf der Strecke. Ungestümer Tatendrang ist nicht immer hilfreich. Auch ein unbedachtes Wort ist schnell gesagt.

Merkmale im Gesicht

Das Erdgesicht hat die Form einer Pyramide, wobei der obere Teil der Pyramide abgeschnitten ist. Die Kinnpartie ist dabei breiter als die Stirnpartie. Der Unterkiefer ist stark und kantig, manchmal wird er betont durch einen Bart. Erdgesichter sehen bullig aus, was ihr kraftvolles und bestimmtes Naturell widerspiegelt. Viele verwechseln sie mit dem Berggesicht. Die Stirn ist jedoch kürzer, das Gesicht zieht sich insgesamt nicht in die Länge.

Charakteristiken

◇ Sind zielstrebig
◇ Nicht reden, handeln. Sind dabei sehr pragmatisch
◇ Haben Energie, Antrieb und Selbstvertrauen
◇ Sind lebendig, neugierig und wissensdurstig
◇ Schieben ungern etwas auf
◇ Sind sehr widerstandsfähig
◇ Arbeiten hoch fokussiert an einem Ziel
◇ Haben die Natur eines einsamen Wolfes, entfremdet von anderen, manchmal sogar im Wettbewerb zu ihnen

Talente

◇ Hände
◇ Forschergeist

Erdgesichter – gewinnend gelebt

- Sind dynamisch und engagiert
- Durch ihre Entscheidungsfreude können sie Dinge schnell umsetzen.
- Sind wissenshungrig und wollen lernen. Dabei sind sie offen gegenüber neuen Ideen.
- Strahlen Vertrauen und Kontrolle aus
- Ermutigen Menschen, die schwächer sind
- Haben einen starken Antrieb, lassen sich nicht beirren und erreichen entschlossen ihre Ziele

Erdgesichter – verlierend gelebt

- Machen andere platt, die sich ihnen in den Weg stellen
- Sind schlecht gelaunt und mürrisch, manchmal sogar ausgesprochen gemein
- Können übertrieben selbstbewusst, egoistisch und stur sein
- Entwickeln einen Tunnelblick, sind blind gegenüber ihren eigenen Schwächen
- Haben keinen Respekt vor anderen Menschen, interessieren sich nicht für andere
- Sind beratungsresistent. Können nicht zuhören
- Sind hochgradig misstrauisch

Lernsätze

- Öffne dich anderen, höre ihnen zu.
- Öffne dein Herz, zeige Gefühle.
- Interessiere dich für Menschen, statt nur für Themen.
- Lebe Humanität.
- Hilf, unterstütze, sei für andere da.
- Achte auf deine Worte.
- Lerne Bescheidenheit und Demut.
- Lerne zu vertrauen.

EISENGESICHT

Eisengesichter sind unbeugsam und dadurch auch ein großer Rückhalt, wenn man ihre Sympathie genießt. Auch wenn es ihrem sturen Geist hin und wieder an Spontanität fehlt, so sind sie, nach einem Prozess des langwierigen Abwägens, durchaus zu Veränderungen bereit.

Merkmale im Gesicht

Das Eisengesicht sieht auf den ersten Blick wie ein kantiges Mondgesicht aus. Es ist relativ platt mit prominenten Wangenknochen, einer kleinen Nase und einem Mund, der weniger ausgeprägte, oft kleine Lippen hat.

Charakteristiken

- Sind ruhig, unerschütterlich, teilweise sogar furchtlos
- Können sich beherrschen, sind standhaft und verlässlich
- Treffen wohlüberlegt Entscheidungen, wägen ab
- Sind stabil und robust in ihrer Meinung
- Sind widerstandsfähig und stark, unterstützend und loyal
- Haben einen ausgesprochen trockenen Humor

Für das Eisengesicht ist es wichtig, Verantwortung abzugeben, sich mit Spontanität und offener Bereitschaft den freundvollen Dingen des Lebens zu widmen. So gelingt weiteres Wachstum und überholte Vorstellungen können losgelassen werden.

Talente

- Verstand
- Entdeckergeist

Eisengesichter – gewinnend gelebt

- ◇ Sind unerschütterlich, auch in Krisenzeiten
- ◇ Sind fokussiert und ausdauernd, wenn es um das Erreichen ihrer Ziele geht
- ◇ Entscheidungen werden abgewogen, indem alle Fakten einbezogen werden
- ◇ Sind vertrauenswürdig und loyal
- ◇ Bilden lebenslange Freundschaften

Eisengesichter – verlierend gelebt

- ◇ Können stumpf und gefühlskalt werden
- ◇ Tendieren dazu, langsam, träge und unentschlossen zu sein
- ◇ Glauben zu viel und sind zu loyal, fühlen sich für alles verantwortlich
- ◇ Können sich nicht von Menschen, Ideen und Aufgaben lösen, die ihnen nicht mehr dienen
- ◇ Nutzen ihren messerscharfen Geist als Waffe
- ◇ Werden resistent gegenüber Veränderungen

Lernsätze

- ▷ Löse dich von deiner Trägheit.
- ▷ Raste nicht, sondern wachse.
- ▷ Ruhe nicht, sondern gehe.
- ▷ Lerne die Blumen kennen (= lerne zu genießen).
- ▷ Öffne dich, zeige Toleranz.
- ▷ Triff schneller Entscheidungen.

MIMIK

Deine Mimik verrät auch ohne dein Einverständnis deine Meinung.

ERIC STANDOP

Unsere Gesichtsmuskulatur ist fast immer in Bewegung. Wir haben im Gesicht 43 Muskeln, die über unser Gehirn gesteuert werden und so für Regungen sorgen, die wir als Mimik oder Mienenspiel bezeichnen. Der Begriff Mimik hat seinen Ursprung im griechischen Wort *mimikós*, was so viel wie »komödienhaft« oder »possenhaft« bedeutet. Im Lateinischen findet sich der Begriff übersetzt als »Schauspielkunst«, *ars mimica*, wieder.

Und tatsächlich müssen Schauspieler über eine breitgefächerte Mimik verfügen, damit sie alle Gefühlszustände und Gedanken eines Menschen sichtbar werden lassen können. Vermutlich gibt es mehr als 3000 unterschiedliche Gesichtsausdrücke, die im Bruchteil einer Sekunde erzählen, was wir fühlen oder denken. Sie erklären oder »verraten« uns, auch wenn wir uns nicht mit Worten ausdrücken möchten oder können.

Bei der Mimik handelt es sich also um sichtbare, situative Bewegungen im Gesicht eines Menschen. Sie ist schnell veränderbar und deshalb nicht ganz so relevant, wenn es um das Erkennen der Lebensaufgabe geht. Hinzu kommt, dass sich die Mimik im Laufe des Lebens verändert. Bei einem Baby ist sie noch nicht so breit gefächert, doch je älter wir werden, desto mehr nutzen wir diese Form der nonverbalen Kommunikation, um bewusst oder unbewusst Signale zu senden oder Gefühle auszudrücken. Durch ihren situativen Charakter weist die Mimik in der Regel nicht auf grundlegende Persönlichkeitsmerkmale hin.

In Einzelfällen gibt sie uns dennoch eine Hilfestellung, wie das folgende Beispiel zeigt.

DER UNSICHERE KÖNIG

Vor einiger Zeit saß ich mit zwei meiner Schüler in der Lobby eines Münchner Hotels. Während wir uns bei einer Tasse Kaffee unterhielten, kam eine Gruppe gut gekleideter Männer aus dem Seminarraum des Hotels. Auf einem Display hatte ich gelesen, dass dort gerade ein Verkaufstraining stattfand. Offensichtlich war nun Pause. Aus der Ferne beobachteten wir die jungen Männer, die sich angeregt unterhielten. Der in der Mitte war besonders engagiert, sprach raumgreifend und dominant, während die anderen ihm aufmerksam und anerkennend zuhörten.

Aus der Entfernung sahen wir die kantigen Gesichter, die kräftigen Kiefer und die tiefliegenden Augen der Männer. Alle vier hatten Königsgesichter. Einer meiner Schüler meinte: »Da sind vier Könige unter sich und einer hat das Sagen. Sicher lautet die Lebensaufgabe des dominanten Mannes ›Kriegsfürst‹.« Mein anderer Schüler stimmte zu: »Ja! Seht ihr, wie die anderen an seinen Lippen hängen? Sie sind beeindruckt von dem, was er sagt.«

Das Auftreten des Mannes als Anführer und sein dazu passendes Königsgesicht erweckten in der Tat diesen Anschein. Und doch ist eben das gesamte Bild, die gesamte Sprache eines Gesichtes ausschlaggebend. Denn ein Königsgesicht weist nicht zwingend auf eine königliche Lebensaufgabe hin. So wie hier. Das scheinbar dominante »Alphatier«, der Gruppenheld, war kein Warlord. Bei genauerem Hinsehen erkannte ich, dass er gar nicht so souverän war, wie er tat. Nach jedem zweiten Satz schweifte er mit seinen Augen durch die Runde und beobachtete, wie die anderen auf seine Worte reagierten. Er suchte offensichtlich nach Feedback und Bestätigung. Ein Kriegsfürst würde das nicht tun, er benötigt keine Bestätigung von anderen. Vielleicht

mal in einem Einzelgespräch, in dem ein wichtiges Thema diskutiert wird, aber nicht in einer Plaudersituation, in der ihn die anderen ohnehin schon anhimmeln.

Die Mimik gab mir in diesem Fall keinen konkreten Hinweis auf seine Lebensaufgabe, aber zumindest die des Kriegsfürsten konnte ich ausschließen. Das, was er sein wollte, war er nicht. Derartige Unstimmigkeiten und die Frage, ob jemand seine Lebensaufgabe lebt, sind in der Mimik erkennbar. Menschen, die ihre Lebensaufgabe leben, weisen einen beseelten Gesichtsausdruck auf. Wir nehmen sie als ausbalanciert und kongruent wahr.

Eine dauerhaft »negative« Mimik – im Gesichtlesen bezeichnen wir sie als »verlierende Mimik« – zeigt, dass einem Menschen diese Balance fehlt und er seine Lebensaufgabe wahrscheinlich nicht lebt.

MÖGLICHE ERKENNUNGSMERKMALE EINER VERLIERENDEN MIMIK:

- Die Mundwinkel zeigen nach unten
- Die Stirn wird ständig in Falten gelegt
- Es wird sich häufig geräuspert
- Die Augen werden verdreht
- Die Augen werden schneller bewegt als der Mund oder umgekehrt
- Der Blick ist gesenkt
- Gesprächspartnern wird nicht in die Augen geblickt
- Die Zunge spielt an der Innenseite der Wange
- Während des Sprechens wird oft die Hand vor den Mund gehalten
- Die Hand ist ununterbrochen im Gesicht
- Die Zähne spielen an den Lippen
- Die Lippen werden einseitig angehoben

STIMME

Jeder Mensch hat zwei Gesichter – sein Antlitz und seine Stimme.

VERFASSER UNBEKANNT

Beim Gesichtlesen spielt das Gesicht als Informationslieferant natürlich die herausragende Rolle. Nicht zu unterschätzen sind daneben aber auch die Gestik und der Geruch eines Menschen und nicht zuletzt seine Stimme. Die Stimme ist so individuell wie ein Gesicht. Keine ist wie die andere. Wir können sie als »akustischen Fingerabdruck« bezeichnen. Sie ist unverwechselbar und gibt uns nicht nur Auskunft über Geschlecht und Alter einer Person, sondern verrät auch etwas über die Persönlichkeit und natürlich die Stimmung eines Menschen.

Inzwischen haben Stimmpsychologen und Sprechwissenschaftler die jahrtausendealten Aussagen von Gesichtlesern bestätigt, dass die Stimme auch Hinweise auf Erkrankungen geben kann. Weniger bekannt ist, dass sie auch Rückschlüsse auf unsere Talente erlaubt. Und da die Talente unmittelbar mit der Lebensaufgabe zusammenhängen, liefert die Stimme also auch wichtige Informationen über diese.

Im Siang Mien werden hohe Stimmlagen dem Service zugerechnet, tiefe Stimmlagen der Autorität. Je größer das Wechselspiel innerhalb eine Stimme ist, desto facettenreicher und damit multitalentierter ist der Betreffende. Unterschiedliche Studien zeigen, dass wir mit Menschen mit tiefen Stimmen Souveränität, Führungsstärke und Verlässlichkeit verbinden. Vermutlich schließt der Mensch aus der Tonlage auf den Charakter oder mentalen Zustand des anderen und das tun Gesichtleser natürlich auch. Tiefe Stimmlagen sind zudem akustisch einfacher zu verstehen. So ist ihnen auch leichter zu folgen. Wenig überraschend dürfte sein, dass eine tiefe Stimme damit dem Talent des Anführens zugeordnet wird.

Wer anführt, ist jedoch nicht unbedingt als Ratgeber geeignet. Dieses Talent findet sich bei einer tiefen Stimme nicht. Sie kann zwar den, der aus der Balance geraten und fahrig ist, erden, wirkt auf andere jedoch eher dominierend. Eine tiefe Stimme lässt wenig Freiräume, damit fällt ihr Besitzer als Ratgeber aus. Das Talent des Ratgebens zeigt sich im Facettenreichtum einer Stimme. Sowohl Klang, Frequenz als auch Rhythmus sind in so einem Fall flexibel. Das Talent der Heilung wird wiederum einer klaren, weichen, leicht monotonen und doch bestimmenden Stimme zugeordnet. Das Talent der Kommunikation einer schnellen, sich jedoch nicht sich überschlagenden Stimme. Kann diese gut betonen, ohne die Höhe der Stimme zu verändern, so wird ihr zudem das Talent des Lehrens zugeordnet. Interessanterweise empfanden schon unsere Vorfahren rauchige Stimmen als besonders mystisch und geheimnisvoll. So erklärt es sich mir, dass sie im Siang Mien der Talentkombination des Geistes, der Augen und Intuition zugerechnet werden.

Die Bandbreite an Stimmen ist grenzenlos und lässt sich im Rahmen eines Buches aufgrund der fehlenden Hörbeispiele nur schwer darstellen und erläutern. Mir ist deshalb wichtig, dass du selbst überprüfst, ob du deine Stimme für geeignet für das hältst, was du als deine Lebensaufgabe empfindest. Oft gelangen wir auf diesem Wege bereits zu einer Erkenntnis. Sei dabei nicht zu kritisch mit dir.

KEIN SÄNGER

Hin und wieder darf ich einem Kunden vor Augen halten, dass seine Persönlichkeitsmerkmale und Talente mit der Berufung, die er in sich zu spüren glaubt, nicht zusammenpassen. Häufig ist das aber glücklicherweise nicht der Fall.

Mit meiner 2021 verstorbenen Mutter sah ich mir in ihren letzten Monaten häufig Fernsehsendungen an, da sie das Bett nicht mehr verlassen konnte und ihre Stimme zu brüchig für lange Gespräche war. Neben Ratesendungen waren Musikshows wie »DSDS – Deutschland sucht den Superstar« ihr liebster Zeitvertreib. Hier wagten sich neben wundervollen vielschichtigen Stimmen auch weniger gefällige ans Mikrofon.

«Der muss doch hören, dass er kein Sänger ist. Warum sagt ihm das niemand?«, kommentierte meine Mutter mitleidig den erbärmlichen Auftritt eines Kandidaten.

Ich musste ihr zustimmen. Wie war der junge Mann nur auf die Idee gekommen, sich mit seinem Gesang hervortun zu wollen? Wieso riskierte er, sich derart der Lächerlichkeit preiszugeben?

Beim Betrachten seines Gesichtes fand ich Antworten. Als ein Mix aus Feuer- und Jadegesicht spürte er wohl, dass seine Talente mit Kreativität, Kommunikation und Bühne zu tun hatten. Für das, was er daraus bewusst oder unterbewusst schlussgefolgert hatte, besaß er jedoch nicht die passende Stimme.

«Er wird einen anderen Weg finden, seine Berufung auszuleben. Die Ablehnung der Jury wird ihm dabei sicher eher helfen als schaden«, beruhigte ich meine Mutter.

«Das wünsche ich ihm. Wenn er tut, was er liebt, dann gelingt es auch«, sagte sie über diesen Jungen am Ende ihres Lebens – ihm, der gerade erst begonnen hatte, sich selbst zu entdecken.

TALENTE

Jeder Mensch hat Talente. Mit unserer Neugier stimulieren wir sie, damit sie in Erscheinung treten.

ERIC STANDOP

Fähigkeiten, die wir uns nicht durch Fleiß, Übung und Disziplin angeeignet haben, sondern die bereits von Geburt an da sind, bezeichnen wir gemeinhin als Talente. Tatsächlich existiert keine einheitliche Definition, was ein Talent genau ist, zumal dies im jeweiligen Kontext unterschiedlich gesehen wird. Geht es um eine Affinität für Zahlen? Ist jemand ausgesprochen kommunikativ? Oder hat jemand ein gutes »Händchen« im Umgang mit Menschen? Talente sind oft nicht leicht zu erkennen. Insbesondere die eigenen werden oft übersehen oder nicht wertgeschätzt.

»Herr Standop, ich habe keine Begabung, da bin ich mir sicher. Bin ich deshalb auch zu nichts berufen?«, sprach mir einst eine Frau auf die Mailbox meiner Academy. Beim Abhören rief ich der nicht anwesenden Anruferin zu: »Sie haben nicht keine Begabung – Sie haben keine Fantasie!«

Meinen Rückruf konnte ich selbst kaum erwarten und läutete daher zu später Stunde bei ihr an: »Ich wollte Sie kurz vor dem Schlafengehen an Ihre angeborenen Fähigkeiten erinnern. Träumen Sie davon, denn Ihren Glauben daran scheinen Sie verloren zu haben.«

Kein Talent zeigt sich ohne Neugier. Diese versuchte ich bei der Dame wachzukitzeln: »In Ihrer Begabung drücken sich Ihre Talente aus. Man könnte sie auch als besondere Anlagen bezeichnen, die helfen, auf bestimmten Gebieten schnell Fortschritte zu machen. Können Sie damit etwas anfangen?«

»Dazu fällt mir nicht viel ein. Das Einzige, was mir schnell gelingt, ist Kontakte zu knüpfen, aber dafür braucht man ja kein Talent«, entgegnete mir die Frau mit müder Stimme.

»Stimmt nicht. Kontakte knüpft man nicht einfach, weil man es willentlich beschließt oder durch Ehrgeiz zu erzwingen versucht. Sie haben, und das kann ich sagen, ohne Ihr Gesicht zu sehen, mit großer Sicherheit das Talent der Menschen. Was das ist und wie Sie es nutzen sollten, das verrate ich Ihnen, wenn Ihre Neugier auf sich selbst wieder erwacht ist!«

Im Fitnessraum eines australischen Hotels in Perth las ich einst den Sinnspruch »Hard work beats talent« (Harte Arbeit schlägt Talent) an der Wand. Damals fand ich den Spruch genial und machte ein Foto davon. Heute weiß ich, dass wir uns nicht quälen müssen, uns oder andere nicht übertrumpfen müssen, um glücklich zu sein. Heute würde ich viel eher den Satz: »Curiosity stimulates talents« (Neugier stimuliert Talente) unterschreiben. Talente machen uns einzigartig und stehen nicht im Wettbewerb mit anderen.

Vielleicht können wir nicht glauben, dass uns Dinge einfach zufallen, denn häufig haben wir gelernt, dass Mühe, Disziplin und harte Arbeit zu jedem guten Ergebnis gehören. Doch wenn wir *mit* unseren Talenten arbeiten und nicht *gegen* sie, dann fallen viele Anstrengungen weg. Ein Vogel sollte fliegen und nicht versuchen zu schwimmen.

Wissen ist wichtig. Wir eignen es uns zumeist in der Schule, später in der Ausbildung oder im Studium an. Die Begeisterung, das eigene Wissen zu mehren, nimmt jedoch bei vielen Menschen mit zunehmendem Alter ab. Mal ehrlich: Wer lernt als Erwachsener noch freiwillig etwas völlig Neues, wenn er sich nicht zufällig besonders dafür interessiert?

Hier kommt jetzt das Talent ins Spiel. Denn berufliche Qualifikationen, die nicht talentbasiert sind, stoßen an Grenzen. Wissen kannst du dir zwar bis zu einem gewissen Punkt aneignen, doch wenn du auf einem Gebiet kein Talent hast, wirst du dich nie zu höchsten Höhen aufschwingen können.

Talente bilden sich aufgrund von (genetischen) Anlagen sowie einer sehr wichtigen langen Phase kindlicher Prägung heraus, da sind sich Gesichtleser und Wissenschaftler einig. Talente sind nicht erlernbar. Der amerikanische Historiker, Schriftsteller und Umweltaktivist Wallace Stegner meinte hierzu sinngemäß, dass wir Talente nicht lehren, aber sie wecken können. Disziplin, eiserner Wille und bedingungslose Hingabe, wie wir sie im Gesichtlesen bei Menschen mit einer »hängenden Nadel« (einer einzelnen vertikalen Denkerfalte zwischen den Augen) vorfinden, mögen uns viel erreichen lassen. Doch wird dies nicht vergleichbar sein mit der entspannten Einfachheit und der Qualität, die Talente erzielen. Was du in die Wiege gelegt bekamst, das nutze.

Ich darf aus eigener Erfahrung sprechen, wenn ich sage, dass ich viel in meinem Leben völlig talentfrei erreicht habe. Dazu gehörte Fokussierung, bedingungslose Einsatzbereitschaft und eiserne Disziplin, leider aber auch Ignoranz (was meine eigenen Bedürfnisse und meine Gesundheit anging) und die Bereitschaft zum Kämpfen. Und zwar mit mir selbst, vor allem aber gegen andere. Dies förderte meine Karriere, brachte mir viel Respekt ein, aber nie Zufriedenheit und schon gar kein Glücksgefühl.

Wenn wir aber erkennen, dass Talente dazu da sind, unser Leben zu erleichtern und ihm einen Sinn zu geben, dann verstehen wir sie als Werkzeuge, die wir nutzen können, damit wir unsere Lebensaufgabe entdecken und unsere Berufung leben.

Im Gesichtlesen gibt es eine große Anzahl an unterschiedlichen Begriffen, die die verschiedenen Talente für uns anschaulich machen. Einige davon sind aus unserer heutigen Sicht überraschend, weil wir sie nicht als Talent, sondern eher als Wesenszug sehen, andere bedürfen genauerer Erklärung. Hier eine Übersicht der häufigsten Talente und wo wir sie im Gesicht finden. Sei dir bewusst, dass dies nur einzelne Beispiele sind, die andere Kombinationen nicht ausschließen. Talente lassen sich an zahlreichen weiteren Merkmalen festmachen.

TALENT OF … (TALENT DER/DES …)

Mind (Verstand)

Eine hohe Stirn verrät den komplex denkenden Menschen. Sind auf ihr viele Falten abgebildet, so verraten diese das Abwägen und die analytischen Fähigkeiten des Trägers.

Creativity (Kreativität)

Große Pupillen und lange Wimpern deuten nicht nur auf Feinfühligkeit hin, sondern auch auf Ästhetik und Kreativität. Auf welche Weise dieses Talent ausgelebt wird, verraten uns weitere Merkmale. Jadegesichter besitzen Kreativität, denn sie haben volle Lippen. Natürlich können auch andere Gesichtsformen solche Lippen besitzen. Einen Hinweis liefern auch die sogenannten »Träumeraugen«, also wenn die Augenlider einen großen Teil des Auges bedecken. Doch Vorsicht: nicht mit Schlupflidern verwechseln.

Diplomat (Diplomatie)

Am äußeren Helixrand der Ohren zeigen sich Verspitzungen. Wer das Talent der Kommunikation besitzt und daneben auch Grübchen in der Wange hat, dem werden im Gesichtlesen diplomatische Fähigkeiten zugesprochen. Menschen, die auffällige seitliche Abschlüsse (wie nach außen gebogene Klammern) am Mund besitzen, sind Geheimnisträger und damit ebenfalls für die Diplomatie geeignet. Die Kümmerfalte (U-Falte um Kinn und Wange), kombiniert mit kleinem Mund und großen Augen, wird ebenso der Diplomatie zugeordnet.

World (Welt)

Wird auch als Talent der Reise bezeichnet. Menschen, die aufgerufen sind, ihrer Lebensaufgabe auf einer Reise zu folgen, haben häufig Sommersprossen. Auch das Muttermal der Reisenden (seitlich versetzt neben dem Ende einer Augenbraue) gibt unter anderem hierüber Auskunft. Ein Blick, der gerne in die Ferne schweift oder Neugier gepaart mit Unruhe verraten dieses Talent. Piloten, Fernfahrer, Eventmanager oder Händler leben es in ihren Berufen aus.

Entertain (Unterhalten)

Ein großer Mund, der wenig bis keine Lippen zeigt, wie beim Sänger Robbie Williams, ist ein guter Hinweis auf Unterhaltung auf allen Ebenen. Dieses Talent gibt jedoch keine wahren Gefühle preis, der Besitzer ist in dieser Hinsicht sehr an Privatsphäre interessiert.

Body (Körper)

Schlanke, sehnige Körper, die ein auffallend langes und doch schmales Gesicht tragen. Wenn ein Feuer- und ein Jadegesicht in Kombination auftreten, ist es ebenso mit dem Talent des Körpers ausgestattet. Wir finden es häufig in körperbezogenen Berufen, etwa bei Physiotherapeuten, Sportlern und Models. Die Olympiateilnehmerin Alica Schmidt, die dieses Talent besitzt, wechselte sogar von der 400-Meter-Strecke auf den Catwalk und wurde Model.

Healing (Heilung)

Wer Zahnfleisch zeigt beim Sprechen oder Lachen und hohe, dominate Wangenknochen besitzt, wird im Gesichtlesen unter anderem der Heilung zugeordnet. Die Witwenspitze (eine Dreiecksform des Haaransatzes) in Kombination mit feinen Härchen (Babyflaum) auf den Wangen, verrät ebenso diese Befähigung.

Advice (Ratgeben)

Der brennende Baum ist ein idealer Ratgeber. Dieser Begriff wird gewählt, wenn die Gesichtsformen Baum und das Feuergesicht in Kombination auftreten. Auch Menschen, die ein Grübchen auf der Wange besitzen – was auf ein kommunikatives Talent schließen lässt –, sind gute Ratgeber, wenn sie über kleine Pupillen verfügen.

Stage (Bühne)

Das Talent der Bühne wird grundsätzlich Feuergesichtern zugeschrieben. Wir neigen dazu, auch Jadegesichter entsprechend exponiert zu sehen, da viele von ihnen als Model oder Schauspieler aktiv sind. Jedoch ist dies kein ureigenes Talent des Jadegesichts, vielmehr ist ihre Feinfühligkeit, oft gar Schüchternheit ein beachtlicher Hinderungsgrund hierfür. Wenn sie jedoch, und dies gilt auch für andere Gesichtsformen, über ein ausgeprägtes Philtrum – also die Rinne, die sich zwischen Nase und Mitte der Oberlippe herabzieht –, verfügen, ist das Talent gegeben. Im Gesichtlesen heißt es: Das Philtrum bereitet die Bühne. Angelina Jolie oder Christoph Waltz besitzen diesbezüglich ein sehr ausgeprägtes Merkmal.

Justice (Gerechtigkeit)

Baumgesichter und Menschen, die sich schnell verantwortlich fühlen, sichtbar beispielsweise durch eine U-Falte rund um den Kinn- und Wangenbereich, haben häufig das Talent der Gerechtigkeit. Ein hervorstehendes Kinn wie es die Comicfigur Popeye hat, steht für Trotzigkeit, Widerstand und hohe Werte, wie sie im Gesichtlesen mit Gerechtigkeit in Verbindung gebracht werden.

Leading (Anführen)

Königsgesichtern sagt man nach, dass sie gut anführen können, jedoch ist dieses Talent nicht nur bei ihnen vorzufinden. Auch

Menschen mit ausgeprägtem Unterkiefer wissen zu kämpfen, voranzugehen und zu führen. Wir finden diese Talent deshalb auch bei Elon Musk oder der Schauspielerin Diane Kruger. Ein Muttermal mittig auf der Wange, dem Kissen der Macht, verrät diese Fähigkeit übrigens ebenso.

Teaching (Lehren)

Baumgesichter haben aufgrund ihrer sozialen Fähigkeiten das Talent zu lehren. Eine dominante Nase, die ihrem Träger Profil verleiht und sich bogenartig mit der Spitze nach unten gen Oberlippe neigt, die sogenannte Pädagogennase, ist ebenso ein Hinweis auf diese Begabung.

Communication (Kommunikation)

Nicht überraschend schauen wir bei diesem Talent auf den Mund. Ist er beeindruckend groß wie beispielsweise bei Bekanntheiten wie Thomas Gottschalk oder Julia Roberts, ist das Talent der Kommunikation unbestreitbar. Wie es genutzt wird, bleibt der Prägung vorbehalten. Ob als Sprecher, Texter oder in anderen kommunikativen Formen – alles ist möglich. Natürlich ist der Mund nicht das ausschließliche Kriterium hierfür, so sind auch Feuergesichter ohne großen Mund mit diesem Talent ausgestattet.

Love (Liebe)

Benötigt man für die Liebe ein Talent? Nicht wirklich! Man braucht ein weiches Herz. Und doch gibt es im Gesichtlesen ein Talent der Liebe. Es beschreibt Menschen, die tatsächlich zu bedingungsloser Liebe fähig sind. Ein extrem breites Philtrum in Kombination mit Zeichen, die für Feinfühligkeit stehen – etwa lange Wimpern, feine Gesichtshärchen oder große Augen mit großen Pupillen –, lassen darauf schließen.

Eyes (Augen)

Das Talent der Augen klingt für unsere Ohren etwas ungewohnt. Tatsächlich besagt es, dass der Betreffende »klar sieht«, die Dinge »durchblickt«. Der Talentierte besitzt die Fähigkeit, Dinge zu erkennen, die andere übersehen. Häufig sind solche Menschen auch in der Lage, in die Ferne, die Zukunft, zu blicken. Neben großen Augen mit möglichst großen Pupillen verraten auch Muttermale mittig oberhalb und unterhalb der Augenbrauen sowie ein einzelnes Mal in Höhe des »dritten Auges« diese Fähigkeit.

Hands (Hände)

Wie der Begriff schon verrät, spielen bei diesem Talent die Hände eine Rolle, es geht also um Praktisches. Nicht jeder, der dieses Talent besitzt, ist praktisch veranlagt, aber eine große Mehrheit derjenigen. Für alle gilt, dass die Talentierten mit einem gewinnenden Pragmatismus ausgestattet sind. Dieser hilft ihnen, für (fast) jede Situation eine Lösung zu finden. Erdgesichter, auch die Kombination aus Jade-, Feuer- und Königsgesicht (hier spricht man dann von einem Drachengesicht), besitzen diese Fähigkeit. Eine Blick, der sich bei aufkommenden Schwierigkeiten und Herausforderungen nicht gen Boden oder Himmel abwendet, sondern Kontakt mit der Problematik oder dem Gegenüber hält, verrät ebenfalls diese Fähigkeit.

Explorer (Entdecker)

Der Entdecker früherer Zeiten ist heute oft ein Mensch, der investigiert und nachforscht. Eine Nase, die sich an ihrem Ende extrem zuspitzt, verrät die Neugier, die einen Entdecker charakterisiert. Ebenso ist eine erhöhte Blinkrate der Augen, die sie flink und fast herausfordernd wirken lassen, ein Indiz. Solch ein Talent ist heute in der Wissenschaft oder auch im IT-Bereich besonders gefragt.

Spirit (Geist)

Dieses Talent wird mit Inspiration in Verbindung gebracht. Wer über dieses Talent verfügt, möchte andere Menschen inspirieren und von dem, was er tut, auch selbst inspiriert sein. Hohe, direkt an der Haarlinie angesetzte horizontale Stirnfalten verraten diese Fähigkeit, besonders dann, wenn sie zahlreich sind. Auch die Kombination aus Jade- und Kübelgesicht steht dafür. In früheren Zeiten gab es nur wenig Berufszweige für dieses Talent, heute sind es stark idealistisch geprägte Berufe.

People (Menschen)

Soziale Kompetenz ist eine wertvolle Eigenschaft, die sich nur schwerlich erlernen lässt. Wer dieses Talent in sich trägt, hat es leicht, Menschen zu motivieren, zu inspirieren und zu beeinflussen. Merkmale, die darauf hinweisen, sind beispielsweise drei durchgängige horizontale Stirnfalten. Auch die Kombination von Grübchen und Sommersprossen und ein Muttermal auf der linken Wange lassen darauf schließen. Wenn sich Baum und Jadegesicht kombinieren, lässt das Ergebnis mit hoher Wahrscheinlichkeit auf einen empathischen Menschen schließen.

Creator (Erschaffender)

Das Kübelgesicht steht hier stellvertretend für all jene, die ihre Fußspuren hinterlassen möchten. Natürlich gilt dies auch für das Königsgesicht. Im Erschaffen zeigt sich der Visionär, nicht der Träumer. Es setzt kreative Prozesse voraus, muss aber nicht zwangsläufig mit dem Talent der Kreativität einhergehen.

Organization (Organisation)

Wer über Organisationstalent verfügt, der ist gefragt. Dieses Talent ist nicht allein über eine einzelne Gesichtsform erkennbar. Es versteckt sich vielmehr in einer Reihe von Merkmalen. Hierzu gehört eine sehr gerade mittelgroße Nase, ausschließlich parallel verlaufende, horizontale Stirnfalten bei gleichzeitig in Größe und Struktur identisch wirkenden Denkerfalten (vertikal zwischen den Augen).

Intuition (Intuition)

Jeder Mensch besitzt Instinkt und Intuition. Leider überlagern der Verstand, aber auch Ängste und Sicherheitsbedürfnisse dieses »Urtalent«. Nur bei Menschen, die es besonders stark ausgeprägt besitzen, wirkt es daher unterstützend bei der Lebensaufgabe. Instinkte und Intuition zeigen sich als kleine Fältchen direkt oberhalb der Augenbrauen. Viele Merkmale, die der Feinfühligkeit zugeordnet werden, wie ein feingliedriger Körper, ein feine Haarstruktur, große Pupillen und zahlreiche, dünne Stirnfalten, können in Kombination auf eine starke Intuition hinweisen.

Numbers (Zahlen)

Das Talent der Zahlen lässt nicht nur auf einen Fokus in Sachen Mathematik oder Finanzen schließen. Auch strukturiertes Denken und eine Kombinationsgabe können damit einhergehen. Horizontal und vertikal kreuzende Stirnfalten, kleine Augen mit kleinen Pupillen und schmale Lippen sind, treten sie zusammen auf, das klarste Zeichen für dieses Talent.

Neben dem verstandesmäßigen Erfassen unserer Talente möchte ich jedem empfehlen, die eigenen Fähigkeiten einfach auszutesten. Wir spüren häufig selbst sehr deutlich, wo unsere Stärken liegen. Wenn wir einen »Beweis« hierfür suchen, benötigen wir nicht mehr Wissen, sondern die Tat. Wir müssen im Tun erproben, wo unsere Talente sind. Eine große Unterstützung dafür können die Lernsätze sein, auf die wir im Folgenden noch genauer eingehen.

LERNSÄTZE

Der ist kein freier Mensch, der sich nicht auch einmal dem Nichtstun hingeben kann.

CICERO

Die Bedeutung von Lernsätzen im Siang Mien darf nicht unterschätzt werden. Sie waren für Gesichtleser seit den frühesten Anfängen eine Möglichkeit, auf verschlüsselte Weise Rat zu geben. Insbesondere bei komplexen Themen wie der Lebensaufgabe ist es wichtig, solche Instrumente einzusetzen, damit wir Halt und Orientierung haben. Das gilt für den Ratgebenden wie den Ratsuchenden gleichermaßen. Erhält ein Kunde aus einer asiatischen Kultur einen Lernsatz, so ist dieser ihm fast heilig. Er wird alles versuchen, ihn umzusetzen und zu leben. In der westlichen Welt ist das etwas anders. »Ja, lass mal hören«, ist eine Reaktion, die ich schon häufiger erlebt habe, oder: »Das verstehe ich nicht!« Auch Äußerungen wie »Das ist illusorisch, nicht umsetzbar in meiner Lage!«, sind nicht selten.

LERNSÄTZE UNTERSCHIEDLICH BEHANDELT

Wie unterschiedlich mit Lernsätzen umgegangen werden kann, möchte ich dir anhand zweier Beispiele von langjährigen Kunden aus dem Silicon Valley illustrieren. Die Unternehmen der beiden findest du vielleicht als App auf deinem Smartphone, weshalb ich ihre Namen – wie bei den meisten anderen Beispielen ja auch – nicht nennen möchte. Sie leben mit ihren Familien in Palo Alto, also im Herzen des innovativen Geschehens.

Der eine Kunde nahm alle Readings, die er mit mir in seinem Büro machte, auf seinem Diktiergerät auf und ließ sie hinterher abtippen, um sie nochmals aufmerksam zu lesen. Jedoch erst bei seinem vierten Reading interessierte er sich für seine Lernsätze. Am Ende waren es 15. Als ich ihn etwa zwei Jahre später mal in seinem Zuhause besuchte, fand ich die Lernsätze ausgedruckt an der Kühlschranktür befestigt. »So kann ich sie jeden Tag lesen, wenn ich Zeit und Lust habe. Aber um ehrlich zu sein – meine Frau liest sie häufiger und erinnert mich gern daran, was du mir auf den Weg gegeben hast«, verriet mir der Kunde.

Zu seiner Ehrenrettung darf ich sagen, dass er seine Berufung als »People's King« sehr ernst nimmt. Nicht nur seine Frau und seine Kinder, auch seine Mitarbeiter lieben ihn.

»Einmal im Jahr, gleich in der ersten Januarwoche, ziehe ich mich zurück und notiere mir, was ich noch tun könnte, um ein besserer Mensch zu sein«, erzählte er mir einmal in einer ruhigen Minute. »Und dann schaue ich mir auch alle Lernsätze an und vergleiche sie mit meinen Zielen!«

Der andere Kunde, von dem ich sprach, ist von herausragender Intelligenz und besitzt viel strategisches Geschick. Er meidet die Öffentlichkeit, hat keinen Drang zur Bühne, möchte aber Werte erschaffen. Er ist das, was viele einen typischen »Drahtzieher« nennen würden. In meinem Archteypen-System wäre dies ein Pupeteer (Puppenspieler). Seine Auffassungsgabe ist beachtlich und auch seine Fähigkeit, schnell zu lernen, beeindruckte mich bei meinen Besuchen. Umso mehr beschäftigten mich die Lernsätze, die ich ihm mit auf den Weg geben wollte. Sie sollten tiefgründig und langfristig hilfreich für ihn sein. Ich war fast ein wenig enttäuscht, als ich während unseres Readings bemerkte, dass er sich keine Notizen dazu machte. Die acht wohlausgesuchten Sätze nötigten ihm zwar ein kurzes Kopfnicken ab, doch das war es.

Wochen später hatte ich ein ausführliches Reading mit seiner Frau bei ihnen zu Hause. Es war spät geworden und ich wollte mir per Uber eine Fahrgelegenheit organisieren, doch mein Kunde bestand darauf, mich in mein Hotel in der Nähe des San Francisco Airports zu fahren. Auf dem Beifahrersitz seines Tesla sitzend beobachtete ich schweigend das Lichterspiel der entfernten Großstadt. Mein Kunde schien ebenfalls in Gedanken versunken zu sein oder er nahm Rücksicht auf meine mentale Erschöpfung nach einem sehr langen Tag mit anspruchsvollen Gesprächen. Als wir an einer Ampelanlage stehen blieben, fiel Licht in das Fahrzeuginnere und ich erkannte einen Sticker mit einem meiner Lernsätze auf dem Armaturenbrett seines Autos: »Your treasure you will not find in a wooden box«.

»Oh, jetzt bin ich aber überrascht«, platzte es aus mir heraus, »ist dies der wichtigste Lernsatz, den ich dir gegeben habe, oder wieso hat gerade er hier seinen Platz gefunden?« Seine Antwort ließ keine Sekunde auf sich warten:

»Es ist der einzige Lernsatz, den ich immer noch nicht verstanden habe. Er muss einfach besonders sein.«

UNAUSGESPROCHENE LERNSÄTZE

Wie du im Prolog des Buches erfahren hast, lautete der erste Lernsatz, den ich von meinem Meister zu hören bekam: »Lerne, den Mund zu halten!« Es sollten noch viele weitere hinzukommen. Über die Jahre waren es wohl fast 40. Einige davon zu beherzigen fiel mir von Anfang an nicht schwer, andere lebte ich bereits ein Leben lang. Es gab jedoch Lernsätze, die mir enorm viel abverlangten. Dazu gehörten besonders die unausgesprochenen Lernsätze, die ein Lehrmeister seinem Schüler auf andere Weise mitzuteilen versucht.

Nachdem ich bereits vier Jahre an der Seite meines Meisters verbracht hatte, überraschte er mich eines Tages mit der Aufforderung, die Stufen von der Etage zu seiner Wohnung zu putzen. Dazu hatte er mir bereits einen Eimer mit Wasser und einen Putzlappen bereitgestellt. Ohne die ungewöhnliche Aufgabe groß zu hinterfragen, putze ich die vier Stufen in wenigen Minuten und gab ihm dann zu verstehen, dass alles erledigt sei. Er inspizierte meine Arbeit und forderte mich umgehend auf: »Mach es noch mal!«

Hatte ich etwas übersehen? War ich wieder mal zu schnell gewesen? Ich verstieg mich nicht in Grübeleien, sondern putze die Stufen noch einmal. Diesmal achtete ich auf jeden möglichen kleinen Fleck. Nach einigen Minuten präsentierte ich erneut mein Werk. »Ja, ganz gut. Mach es noch mal!«, war die Reaktion meines Lehrmeisters. Jetzt begann mein Kopf zu arbeiten: Was soll der Quatsch? Ich bin doch hier, um Gesichtlesen zu lernen. Geht ihm nach so vielen Jahren der Stoff aus? Ich wagte nicht auszusprechen, was ich dachte. So verrichtete ich erneut meine Arbeit, diesmal ohne Rückmeldung, dass das Putzen vollendet sei. Nach gefühlten Stunden erlöste mich mein Lehrmeister von meinem Tun.

»Du solltest aufhören, sonst lösen sich noch die Stufen auf«, sagte er kichernd. Ich selbst fand seine Reaktion weniger lustig und hielt die verstrichene Zeit für reine Verschwendung. Später fiel mir jedoch auf, dass ich irgendwann aufgehört hatte zu denken und ins Träumen geraten war. Mein Verstand hatte sich abgemeldet und stattdessen hatte sich mein Unterbewusstsein geöffnet – also der Ort, an dem wir Zugang zu unserer Lebensaufgabe finden.

Der Lernsatz, der sich hinter den Anweisungen meines Shifu versteckte, lautet: »Lerne Langeweile zu lieben!« Er fällt mir noch heute schwer und nur zu gerne ignoriere ich ihn, was aber, das weiß ich mittlerweile, keine gute Idee ist. In der Langeweile den Verstand zu zügeln und Platz zu schaffen für das, was tiefer liegt, das ist eine Kunst, die es sich lohnt zu trainieren. Wer seiner Berufung begegnen möchte, geht zuvor zwangsläufig durch eine Phase der Langeweile. Wir kennen diesen Prozess auch von den Helden in Büchern, Kinofilmen, Märchen und religiösen Schriften. Warum sollte es bei uns selbst anders sein?

BEISPIELHAFTE LERNSÄTZE

Im Kapitel über die Gesichtsformen finden sich bereits erste Lernsätze. Im Folgenden habe ich dir ein paar weitere aufgelistet, die je nach Persönlichkeit verwendet werden. Sie orientieren sich an einzelnen Merkmalen im Gesicht, an der Mimik und an der Stimme. Auch aufgrund der Reaktionen und des Verhaltens während eines Readings werden Lernsätze vergeben. Und nicht zuletzt spielen die Lebensweise und Biografie eines Menschen eine Rolle. Ich selbst arbeite inzwischen mit etwa 300 unterschiedlichen Lernsätzen, Tendenz steigend. Hier eine Auswahl, die dich inspirieren soll. Der eine oder andere unterstützt dich vielleicht ganz unabhängig von einem Reading darin, deine Berufung zu leben.

- ◇ Wer sich aufopfert, ist kein Held, sondern ein Opfer. (Frage dich immer, ob du dich nicht übernimmst bei der Unterstützung anderer. Hast du selbst genug Ressourcen?)
- ◇ Wiederhole niemals einen Fehler. (Drehe dich nicht im Kreis, gehe weiter.)
- ◇ Glaube an dich. (Wer sich selbst nicht glaubt, ist hilflos.)
- ◇ Schütze dich vor Fantasien und Tagträumereien. (Träume in der Nacht, am Tag setze um.)
- ◇ Lerne von Kindern! (Behalte dir spielerische Freude. Behalte deine jugendliche Neugier.)
- ◇ Die Meinung der anderen ist auch nur eine Meinung. (Lass dich nicht von Kritik und Kommentaren zu sehr beeindrucken.)
- ◇ Du bist viel, nicht wenig. (Wertschätze dich mehr.)
- ◇ Lerne loszulassen. (Wer sich festkettet, kann nicht weiterziehen.)
- ◇ Lerne die Liebe in allen Facetten kennen. (Von platonischer Liebe bis zur Leidenschaft, vor allem aber Selbstliebe.)
- ◇ Meide Extreme, dein Platz ist die Mitte. (Ob Nahrung, Stimmung, Meinungen – die Mitte bleibt offen.)

- ◇ Der ruhigste Ort des Sturms ist im Zentrum. (Schütze dich durch innere Balance. Begib dich zu dir.)
- ◇ Die Zunge kann eine leichte Feder sein, aber auch ein spitzer Dolch. (Wähle deine Worte sorgsam.)
- ◇ Verantwortung stiehlt Freiheit. (Wenn du für alles verantwortlich sein willst, bleibt kein Raum mehr für dich.)
- ◇ Nichts im Leben ist sicher, außer der Veränderung. (Setze nicht zu sehr auf Sicherheit, sondern verändere.)
- ◇ Lerne zu vertrauen. (Wenn du dir selbst nicht vertraust, wem dann?)
- ◇ Wer zu sehr in die Ferne blickt, stolpert über Steinchen. (Auch das Alltägliche bedarf deiner Beachtung.)
- ◇ Wer nur auf den Boden blickt, sieht nicht das Licht. (Das Materielle versperrt den Blick auf die Möglichkeiten.)
- ◇ Wer Erwartungen hat, kann lange warten. (Tue es selbst, statt auf andere zu hoffen.)
- ◇ Werde Autorität, indem du Autorität überwindest. (Löse dich von Bevormundung.)
- ◇ Lerne, Nein zu sagen. (Du musst nicht immer liefern.)
- ◇ Kontrolle ist ein Werkzeug des Verstands. (Es bringt nichts Fantasievolles hervor.)
- ◇ Fälle kein Urteil vor dem Ende des Tages. (Bleib offen, verbau dir nicht vorschnell Wege.)

Vergiss nicht: Lernsätze sind nicht als strapaziöse Aufgabenstellung gedacht. Sie dienen uns als Anleitung und Inspiration. Gerade auf dem herausfordernden Weg, die eigene Lebensaufgabe zu finden, können sie von unschätzbarem Wert sein.

LERNSÄTZE FÜHREN ZUR LEBENSAUFGABE

Wenn uns ein mystisch anmutender Archetyp zugeordnet wird, verleitet uns dies manchmal dazu, gedanklich in eine Fantasiewelt abtauchen. Wir verlieren uns in Träumen oder Theorien, statt zu handeln. Bei der Interpretation des Archetyps sind aber Umsetzungswille und Pragmatismus gefragt. Hierin liegt die große Stärke der Lernsätze. Mein Lehrmeister unterstrich deren Bedeutung einst, indem er sagte: »Wenn du alle deine Lernsätze ernst nimmst, sie ehrst und befolgst, dann werden sie ein Teil deines Wertesystems. Folgerichtig wirst du dich, wie ein Kreisel, immer schneller auf deine Lebensaufgabe zubewegen.«

ROBERTA UND IHR BUCH

In beeindruckender Weise fand so Roberta, eine Klientin aus St. Gallen, den Zugang zu ihrer Berufung. Zwischen unserem Reading und der erfolgreichen Umsetzung dessen, wozu sie sich berufen fühlte, verging nicht einmal ein Jahr. Heute ist sie Autorin eines namhaften Verlages. Doch der Reihe nach.

Schon in ihrer Jugend war Roberta aufgefallen, wie ähnlich sich manche Menschen sehen. Sie vermutete, dass es wohl so etwas wie »Prototypen« von Menschen geben müsse. Diese Erkenntnis, denn zu einer solchen verfestigte sich ihre Vermutung, verblüffte und schockierte sie zugleich, schien sie ihr doch gegen die Einmaligkeit eines jeden Einzelnen zu sprechen.

Viele Jahre vergingen, ohne dass sie eine Erklärung dafür gefunden hätte. Dann irgendwann, an einem Sommerabend in Ligurien, beschloss sie, ihrem Leben eine neue Richtung zu geben. Zu sehr, so glaubte sie, hatte sie eine Rolle gelebt, nicht ihre Einmaligkeit. Es gab zu diesem Zeitpunkt keine schwerwiegenden Dinge an ihrem Leben auszusetzen.

«Mein Leben war selbst mit den üblichen Durchhängern, Herausforderungen und Krisen durchaus okay.« sagte sie. Trotzdem fühlte sie eine Leere in sich und hatte genug davon, diese Leere mit materiellen Dingen, geistigen Ablenkungen oder Erwartungen an andere Menschen zu füllen. »Außerdem hatte ich mein schlechtes Gewissen so satt. Es erzählte mir andauernd, dass ich nicht dankbar genug für all das Schöne im Leben sei.« Aus diesem Grund beschloss Roberta, einen neuen Weg einzuschlagen und buchte ein Reading bei mir. Der Tag, an dem ich erstmals mit ihr verabredet war, war sehr sonnig. Ich saß im hellen Tageslicht auf der Terrasse eines Gesundheitszentrums in Zürich, wo ich meine Readings abhielt. Mein ungeduldiger Blick auf die Uhr bestätigte: Sie hatte sich verspätet! Vielleicht hatte sie den Termin mit mir vergessen?

»Ich war überpünktlich!«, schien sie meine Gedanken gelesen zu haben, als sie dann plötzlich vor mir stand. »Doch selbst, nachdem ich dreimal geklingelt hatte, blieb die Tür einfach zu. Einen Moment habe ich überlegt, wieder zu gehen, denn Warten war noch nie mein Ding, aber irgendwann hat mich dann doch jemand reingelassen.«

Später klärte sich auf, dass die Klingel zum Gesundheitszentrum nicht funktioniert hatte. Wobei: Oft hören wir die Signale oder sehen die Zeichen nicht. Doch Roberta war drangeblieben und so saß sie mir mit etwas Verspätung locker und redselig auf der gemütlichen Terrasse gegenüber.

»Eric, ich fragte mich, wer schreibt mir mein Drehbuch? Wer führt die Regie? Bin ich vielleicht diejenige, die das Buch meines Lebens irgendwann geschrieben und dann wieder vergessen hat? Worin liegt der Sinn meines Daseins? All diese Fragen führten mich zum Gesichtlesen und damit zu dir.«

Weitreichende Folgen

Wir begannen mit dem Reading, dass für Roberta nicht ohne Folgen bleiben sollte. Später erinnerte sie sich an den Beginn dieser ersten Zusammenkunft folgendermaßen: »Ironischerweise begann dein Reading damit, meinem Gesicht keine Wesenszüge zuzuordnen, sondern einen Buchtitel oder gleich mehrere. Ich war meinem Drehbuch also einen Schritt näher. Dann erklärtest du mir, es würde etwa dreißig Gesichtsformen geben, welche zudem kombinierbar seien. Diese würden aber für sich genommen noch nicht zu viel über einen Menschen aussagen, sondern eher als

›Türöffner‹ dienen. Diese Tatsache klärte meine Frage bezüglich Einmaligkeit und Prototyp.«

Ich hatte den Einstieg also passend gewählt. Recht schnell hatten sich Robertas erste Fragen spielerisch beantwortet. Womit ich jedoch nicht gerechnet hatte, war ihre große Affinität zu den Lernsätzen. Heraus aus der reinen Beschau, dem Bestaunen von Besonderheiten wie ihren Talenten und hinein ins Tun.

»Ich sei schon sehr nah dran an meiner Lebensaufgabe, sagtest du mir. Und: In meiner Nähe befänden sich außergewöhnliche Menschen. Das fand ich auch, Eric, denn ich arbeitete bereits mit einigen der Talente, die du mir zuschriebst. In meiner langjährigen Tätigkeit als Jugendarbeiterin, freigeistigen Religionspädagogin und als Schulsozialarbeiterin war und bin ich tatsächlich von außergewöhnlichen Menschen umgeben – den Kindern, den kleinen und den großen und manchmal auch den physisch ausgewachsenen. Trotzdem ist nah dran nicht ganz bei der Sache.«

Bei diesem Satz hatte ich schmunzeln müssen. Ich hatte es also mit einem Menschen zu tun, der es ganz genau wissen wollte. Um sich ihrer Lebensaufgabe noch mehr zu nähern, hatte ich Roberta geraten, außergewöhnliche Orte aufzusuchen.

»Da hattest du was losgetreten. Ich suchte Parks, Bahnhöfe und weitere merkwürdige Plätze auf und verweilte dort stundenlang. Jeden Abend meditiere ich dann über deine Lernsätze. Mit ihnen hatte ich endlich ein Werkzeug, mit dem ich arbeiten konnte, Skills für meine weitere Lebensreise.«

Lernsätze als Werkzeug

Es war erstaunlich, aber auch amüsant, ihr bei ihrem Vortrag über den Umgang mit ihren Lernsätzen zuzuhören.

»Mein schwierigster Lernsatz lautete: ›Lerne Langeweile zu lieben.‹ Also langweilte ich mich. Ich putzte die Küche, den Boden und die Treppe so gründlich und oft, wie ich es in meinem ganzen Leben nicht getan hatte und langweilte mich enorm dabei. Die Langweile zu lieben, schien mir unmöglich. Ich bog mir den Satz etwas zurecht – er lautete nun ›lerne Langeweile auszuhalten‹. In der Hoffnung, das Unterbewusstsein mit der Langeweile zu stimulieren, langweilte ich mich weiter.«

Gut gemacht, fast wie bei meinem chinesischen Meister, dachte ich.

»Ein weiterer Lernsatz von dir lautete: ›Nimm ab und zu eine Auszeit von dir selbst.‹ Ich tat also in vielem das Gegenteil von dem, was ich für gewöhnlich tat. Zum Beispiel trank ich Tee anstatt Kaffee und machte Dinge, die mir Spaß machten, ohne darüber nachzudenken. Ich versuchte, nicht zu überlegen, was ich als Nächstes zu erledigen hatte. Ich stellte den Wecker nicht und vertraute darauf, rechtzeitig aufzuwachen. Es funktionierte nicht immer. Ich versuchte, nichts von mir selbst zu erwarten.«

»Prima, ich bin beeindruckt von deinem Umsetzungswillen«, gratulierte ich Roberta: »Was war das Ergebnis?«

Mit einem Lachen platzte es aus ihr heraus: »Das Ergebnis war mein neues Ich: gelangweilt und erwartungslos! So hatte ich es mir nicht vorgestellt. Mitten in diesem tristen Dasein nahm ich mir dann einen weiteren Lernsatz von dir zu Herzen: ›Vergiss nie, du bist ein Teil dessen, was um dich herum passiert.‹ Als die Auszeit von mir selbst vorbei war, nahm der Alltag – leicht modifiziert durch einige Erkenntnisse und daraus erfolgte Änderungen –, wieder seinen üblichen Lauf. Die Küche war sauber, die ›Langeweile-Therapie‹ absolviert. So entschied ich, meinen Computer aufzuräumen.«

Dinge in Bewegung bringen

Im Hier und Jetzt aktiv zu sein führt Menschen, die sich in dieser Form auf den Weg begeben, häufig dazu, sich mit ihrer Vergangenheit zu beschäftigen. Gibt es etwas in der Vergangenheit, das übersehen wurde und das für das Finden der eigenen Lebensaufgabe wichtig ist?

»Eher vergessen als übersehen. Ich stieß dabei auf ein älteres Dokument mit dreißig Zeilen. Es war der Anfang einer Kindergeschichte, die ich für meine eigenen Kinder hatte schreiben wollen. Ich las meinen Text und staunte, dass diese Zeilen tatsächlich von mir stammten. Ich weiß noch, wie ich danach gedankenverloren auf meine gestapelten Bücher starrte, vielleicht ein paar Stunden. Irgendwann sah ich vor meinem inneren Auge zwischen all den anderen Büchern mein eigenes liegen und ein anderer Lernsatz von dir kam mir in den Sinn: »Such dir keine Vorbilder, sei selbst ein Vorbild.«

Mit einem Mal war mir klar, dass aus der Geschichte für meine eigenen Kinder ein Buch für alle Kinder werden sollte. Was hatte ich denn zu verlieren? Mein Herz machte Sprünge bei der Vorstellung, mein eigenes Kinderbuch in den Händen zu halten, es im Buchladen zu sehen, in der Ortsbibliothek, in den Regalen von Menschen, die ich nicht kenne, im Internet und vor allem in Kinderhänden.«

»Dein Unterbewusstsein hatte das Ruder ergriffen und dir eine Möglichkeit aufgezeigt, wie du deine Lebensaufgabe umsetzen und leben kannst. Normalerweise lässt da der Verstand nicht lange auf sich warten und kommentiert in hinderlicher Weise«, bemerkte ich.

»Das hat er! Und wie! Sehr schnell stellte ich mir die Frage, wie ich wohl mit der Enttäuschung umgehen würde, wenn die Verlage mein Buch ablehnten. Diese Vorstellung machte mich fertig. Zwischen meiner Euphorie und der Angst hin- und hergerissen, entschied ich mich dann für die Freude am Schreiben. Ich arbeitete weiter an der Geschichte von dem kleinen Roboter Undal, der auf die Erde kommt, nicht weiß, was Gefühle sind, und sich auf den Weg macht, diese zu suchen.«

Was für eine ungewöhnliche Geschichte, dachte ich. Mein Kopf produzierte bereits Bilder des kleinen Roboters.

»Nach vielen Tagen und unzähligen Nächten an der PC-Tastatur war meine Geschichte fertig. Jetzt fehlte nur noch der

Verlag. Ich wollte niemanden darum bitten, das Manuskript gegenzulesen, denn das hätte bedeutet, mich zu ›outen‹. Mein Vorhaben sollte noch eine Weile mein süßes Geheimnis bleiben. Schließlich reichte ich es nur bei einem einzigen Verlag ein. Es folgte ein unendlich langes Warten. Viele Gänge zum Briefkasten, Gedankenspiele und Worst- oder Best-Case-Szenarien. Dann, als die langersehnte Post endlich da war, traute ich mich nicht, den Umschlag zu öffnen und legte ihn vorerst beiseite. Erst eine ganze Weile später las ich, dass mein Manuskript tatsächlich angenommen worden war. Ich wusste nicht wohin mit meinen Gefühlen und meiner riesigen Freude, es war unglaublich.«

»Unglaublich, aber wahr!« Ich freute mich mit Roberta und zugleich mit den vielen anderen Menschen, die ihr Herz in beide Hände nehmen und ihrem Ruf folgen. Wir müssen oft gar nicht aktiv suchen, um unsere Lebensaufgabe zu finden. Manchmal reicht es ganz einfach, den Lernsätzen zu folgen und sich nicht in Komfortzonen und Ausreden zu verstecken.

ARCHETYPEN – DIE LEBENSAUFGABEN IM ÜBERBLICK

Um die Lebensaufgabe eines Menschen auf den Punkt zu bringen, wurden schon vor vielen Jahrhunderten Musterbilder, die Archetypen, verwendet. Sie illustrieren unter anderem die Talente und die Persönlichkeit eines Menschen. Sie wollen Dinge verdeutlichen, nicht aber jemanden festlegen oder einschränken. Den eigenen Archetyp zu kennen ist eine Einladung, ihn fantasievoll zu interpretieren und auszuleben.

ENTSTEHUNG DER ARCHETYPEN

Sei selbst ein Vorbild. Suche keins.

ERIC STANDOP

Die Archetypen und das dahinter liegende tiefenpsychologische Konzept kennen wir in der modernen westlichen Welt durch die Lehren des Schweizer Psychiaters Carl Gustav Jung. Er gilt als der Begründer der analytischen Psychologie und etablierte die Archetypen als Ausdruck von bestimmten Strukturen, die unserer Seele innewohnen. Jung leitete diese Strukturen von Märchen, Mythen und Sagen ab, denn natürlich hat sich die Menschheit bereits vor Tausenden von Jahren bei Bildern und Archetypen bedient, um Lebenssituationen zu beschreiben. Den griechischen Götter zu Beispiel wurden auch jeweils bestimmte Eigenschaften und ein bestimmtes Aussehen zugeschrieben und das menschliche Verhalten wurde dann einzelnen Götter zugeordnet. Wer etwa besonderes Geschick im Überbringen von Botschaften hatte, besaß den Archetyp von Hermes, dem Götterboten. Wer sich als mächtiger Regent erwies, lebte den Zeus. Und so weiter. Es ist anzunehmen, dass auch zu Zeiten von Hippokrates von Kos und Aristoteles, beide waren Gesichtleser, ein archetypisches System existierte. Es vereinfachte die Deutung einer Lebenssituation und ermöglichte den Menschen ein leichteres Verständnis der eigenen Lebensaufgabe.

In Asien war und ist dies nicht anders. Das chinesische System der Archetypen habe ich von meinem Meister beigebracht bekommen, es ist ein zentrales Element des Gesichtlesens chinesischer Prägung. Trotz seiner großen Bedeutung konnte ich mich diesem System über viele Jahre nur schwer nähern, einfach weil es so komplex ist. Anfangs war ich der Auffassung, dass es die Themen nicht auf den Punkt brachte, nicht faktisch genug ist und zu viel Spielraum für Interpretation lässt. Ob es nun meine zeitweise auftretende Sturheit, meine Neugier oder die Geduld meines Meisters war, die uns am Thema dranbleiben ließ, jedenfalls übte er es mit mir jahrelang in geduldiger Hingabe, immer und immer wieder. Wenn der Meister ein Reading beendet hatte, dem ich hatte beiwohnen dürfen, besprachen wir anschließend den Archetyp dieses Menschen. Der Meister erklärte mir, wie sich dieser zusammensetzte und was er zum Ausdruck brachte.

Doch trotz ausgiebiger Erklärungen blieben die Begrifflichkeiten und die damit einhergehenden Erzählungen für mich komplex, und auch kulturell fiel es mir schwer, einen Zugang zu finden. Es kam mir vor wie eine andere Welt. Auch die Menge der Archetypen (nach meiner Zählung waren es mehr als 80) überwältigte mich. Dazu kam, dass die Archetypen in altertümlicher, oft metaphorischer Sprache beschrieben, sehr abstrakt und daher nicht besonders einprägsam waren.

ALTERTÜMLICHE ARCHETYPEN

Ein Beispiel, das dieses Unverständnis vielleicht recht gut illustriert, ist der Archetyp Guānyīn. Es ist ein Wesen, das eine beliebte Göttin symbolisiert und als Ausdruck des Mitleids und der beschützenden Liebe gilt. Die Geschichten über ihr Auftreten erzählte mir mein Meister in den verschiedenen Versionen, die überliefert waren, trotzdem konnte ich mich innerlich nicht richtig damit verbinden. Guānyīn wird als eine Ausprägung des Mutterarchetyps interpretiert, aber in Bezug auf das Gesichtlesen und die Lebenswirklichkeit meiner Kunden wusste ich nicht viel mit dieser Figur anzufangen.

Ein weiteres solches Beispiel ist Cháng'é, die als eine chinesische Göttin des Mondes bekannt ist. Auch über sie gibt es zahlreiche Überlieferungen, die ihr eine besondere Geschichte zuschreiben. So soll sie ein Fläschchen, gefüllt mit einer Medizin, getrunken haben, was sie leicht wie eine Feder machte und dadurch zur Frau im Mond werden ließ.

Eines Tages, es war in den letzten Monaten meines sechsjährigen Schülerdaseins, hatte mein Meister ein Einsehen und ging auf meine Bitte ein, modernere, zeitgemäßere Begriffe für die altertümlichen Bezeichnungen zu finden. Damit sie möglichst vielen Menschen zugänglich gemacht werden können, übersetzten wir sie zuerst ins Englische und suchten dann nach ähnlichen Figuren und Bildern in der westlichen Mythologie und Geschichte. Von den ursprünglich 80 Archetypen haben wir 55 übersetzt oder nach ähnlichen Figuren gesucht. Es sind die zentralen, geläufigsten Archetypen, die immer wieder in Readings vorkommen.

Inzwischen arbeite ich fast täglich mit diesem System und habe die Eigenschaften der verschiedenen Typen komplett verinnerlicht. Im übernächsten Kapitel möchte ich einige dieser Archetypen auflisten und beschreiben – ich tue dies hier erstmals in schriftlicher Form –, damit sie dir eine Hilfe beim Erkunden deiner Lebensaufgabe sein können.

VORGEHENSWEISE BEI DER ARCHETYPEN-VERGABE

Archetypen sollen nicht einengen oder limitieren. Sie ermöglichen uns durch unsere Assoziationen, unsere Lebensaufgabe zu leben.

ERIC STANDOP

Archetypen dienen der Verdeutlichung einer Lebensaufgabe. Durch ihre Bildhaftigkeit können sie uns einen intuitiven Zugang dazu ermöglichen. Haben wir einen Archetyp für uns ermittelt oder mitgeteilt bekommen, müssen wir allerdings darauf achten, dass wir nicht zu seinem »Sklaven« werden und dann um jeden Preis danach streben, die Lebensaufgabe, auf die dieser Archetyp im engsten (Wort-)Sinne hindeutet, erfüllen zu wollen. An erster Stelle sollten wir uns nämlich immer fragen – und da komme ich zum Anfang des Buches zurück –, ob wir uns mit dem, was wir tun und in dem, was wir leben, authentisch fühlen. Finden unsere Talente in unserem Leben ausreichenden Platz? Haben wir das Gefühl, unser Wesen bereits gut zum Ausdruck bringen zu können? Dann kann es gut sein, dass wir unsere Lebensaufgabe bereits gefunden haben. Wir können uns aber natürlich auch fragen, ob sich das, was wir tun und wie wir leben, in der Begrifflichkeit des Archetyps wiederfindet.

Wenn ich beispielsweise beruflich im Gesundheitswesen tätig bin und dabei viel reise, lebe ich meine Talente des Heilens und der Welt, also des Reisens, bereits aus. Meine Lebensaufgabe könnte lauten: »Traveling Healer«, der reisende Heiler. Arbeiten könnte ich vielleicht für die Organisation »Ärzte ohne Grenzen«. Bin ich jedoch niedergelassener Arzt, ist das Talent der Welt nicht in meinem Berufsbild abgebildet und dies wird mich unruhig oder unzufrieden werden lassen. Es ist wahrscheinlich, dass ein solcher Mensch, wenn er authentisch lebt, durch ausgedehnte Urlaubsreisen diesen Mangel kompensiert. Das ist auch sinnvoll, sonst findet er nämlich keinen Ausgleich und wird dafür mental oder körperlich einen Preis bezahlen. Natürlich kann ein Traveling Healer aber auch auf sehr andere Weise gelebt werden.

KEIN FESTES BERUFSBILD

Der Archetyp, und das ist ganz wichtig, ist die Übersetzung der Talente und Persönlichkeit eines Menschen, er will Dinge verdeutlichen, nicht aber jemanden auf ein Berufsbild festnageln.

Zum besseren Verständnis hilft vielleicht mein eigenes Beispiel. Im chinesischen Gesichtlesen wird meine Lebensaufgabe als Messenger, also Botschafter, bezeichnet. Ich verstehe heute, dass ich mit der Thematik Gesichtlesen eine Möglichkeit gefunden habe, Menschen Botschaften mitzuteilen. Der Archetyp speist sich aus meinen Talenten der Kommunikation, der Welt, der Bühne, der Menschen und des Ratgebens. Mein strategisches Talent ist hierbei nicht unbedingt vonnöten. Da wäre es besser, über ein Organisationstalent zu verfügen, gerade was meine vielen Reisen angeht. Doch leider fehlt mir dies.

Die gute Nachricht ist, dass ich Gesichtlesen als Profession nicht mein Leben lang ausüben muss, um glücklich zu sein. Ich könnte jederzeit damit aufhören, solange ich nur eine(n) Beruf(ung) fände, der (die) es mir ermöglicht, Botschaften zu vermitteln. Diese Erkenntnis befreite mich von dem Irrglauben, den mir mein Verstand lange Jahrzehnte aufgezwungen hatte, nämlich Karriere machen, ein hohes Gehalt bekommen und möglichst viele Mitarbeiter um mich scharen zu müssen.

Die Erkenntnis, dass es für mich wichtig ist, Botschaften zu vermitteln, bedeutet aber auch, dass bestimmte Beschäftigungen und Berufe nicht erfüllend für mich wären. Zum Beispiel wäre die Idee, auf irgendeiner zauberhaften Südseeinsel eine Strandbar aufzumachen, die sich ein Teil meines Verstandes in schönsten Farben ausmalt, nicht das Richtige für mich und meinen Archetyp. Dieses magische Bild passt nicht zu meinen Fähigkeiten oder zu dem, wozu ich berufen bin. Die Strandbar würde mich nach kurzer Zeit langweilen, überfordern oder ganz einfach scheitern lasssen, ohne dass ich einen offensichtlichen Grund dafür erkennen könnte. Da würden kein noch so genialer Businessplan und kein ausgefeiltes Marketingkonzept helfen.

Die Zuordnung des Archetyps zu einer Persönlichkeit ist ein kreativer Prozess, der zwar auf Fakten und Offensichtlichkeiten basiert, aber dennoch Spielraum zur Deutung lässt. Als Gesichtleser benötigt man hierfür neben viel Erfahrung auch die Bereitschaft, sich auf die Lebenswirklichkeit seines Gegenübers einzulassen. Wie soll der verarmte Reisbauer in Bangladesh, auch wenn er das Talent zum Führen (leading) und Erschaffen (creator) besitzt, den People's King (den König des Volkes) leben, wenn er größte Schwierigkeiten hat, seine siebenköpfige Familie zu ernähren? Der Archetyp lässt sich wie gesagt auf viele verschiedene Weisen ausleben, doch in so einem Fall ist der Gesichtleser in seiner Kreativität und seinem Einfühlungsvermögen natürlich besonders gefordert. Denn der Archetyp soll stimulieren, motivieren, gerne auch einmal nachdenklich machen, doch er soll keinesfalls desillusionieren.

Von asiatischen Gesichtlesern hörte ich häufig Ratschläge, die an der Lebenswirklichkeit ihrer europäischen Kunden, oft sind es an Selbsterkenntnis interessierte Touristen, völlig vorbeigingen. Je nach Kunde wurden die Worte des Lesenden als besonders heilig empfunden und erfolglos nach deren Erfüllung gestrebt oder die Readings wurden als zu mystisch, unerfüllbar oder weltfremd bezeichnet. Wie auch immer das Urteil ausfiel, das Reading war in diesem Fall nicht individuell genug gewesen, nicht auf die Lebenswirklichkeit des Kunden zugeschnitten.

WIE DEN ARCHETYP BESTIMMEN?

Um den Archetyp eines Menschen zu bestimmen, betrachten wir ihn mit einer möglichst neutralen Haltung, ohne vorgefertigte Meinungen oder Ressentiments. Anhand seiner Gesichtsmerkmale und seiner Mimik können wir Rückschlüsse auf seine Persönlichkeit und seine Talente ziehen. Am Ende einer solchen Betrachtung trifft ein Gesichtleser dann nach bestem Wissen die Entscheidung, welcher Archetyp zu dieser Persönlichkeit und diesen Talenten passt. Natürlich kann es sein, dass an einem Tisch mit acht Gesichtlesern nur fünf einer Meinung sind und die drei übrigen zu einem anderen Archetyp tendieren. Das ist nicht weiter dramatisch, solange sie in der Einschätzung der Persönlichkeit und der Talente übereinstimmen. Ob du nun als Pathfinder (Pfadfinder) oder als Leuchtturm gesehen wirst, ist nicht wirklich von Bedeutung. Beide Archetypen sind dazu da, anderen Menschen den Weg aufzuzeigen. Während der Leuchtturm sicher ein geerdeter, im beruflichen Sinne weniger bewegungsabhängiger Mensch sein dürfte, ist der Pfadfinder ein eher aktiv begleitender Ratgeber. Häufig geht er selbst allein eine Wegstrecke, damit er anderen dann davon berichten kann.

Die Grenzen der Archetypen verschwimmen hier und da. Wer heute ein Pfadfinder ist, entwickelt sich im Laufe seines Lebens vielleicht zum Leuchtturm. Entscheidend ist wie gesagt nur, dass die Talente richtig erkannt werden. Vielleicht trifft der Gesichtleser in seltenen Fällen auch nicht ganz den entscheidenden Punkt bei der Wahl des Archetyps. Wichtig ist hier, dass sich der Gelesene nicht als passiver Empfänger einer Botschaft versteht. Wenn er sich in der Beschreibung des Archetyps nicht wiedefindet, ist er eingeladen, selbst zu erforschen, welcher Archetyp vielleicht noch treffender für ihn sein könnte. Es steht aber zu hoffen, dass er sich in der Beschreibung seiner Persönlichkeit und Talente wiederfindet. Denn am Ende geht es ja darum, die eigene Berufung zu finden und zu leben, nicht eine bestimmte Bezeichnung. Sonst würde nur wieder das Etablieren einer Identität drohen, statt Authentizität zu leben.

Dem Gelesenen (und natürlich auch dir, der oder die du dieses Buch liest) steht es also frei, sich selbst einen Archetyp zu wählen oder gar zu kreieren, wenn er sich darin besser repräsentiert fühlt. Wichtig ist eben nur, dass sich die eigenen Talente in dem gewünschten Archetyp abbilden lassen. Es ergibt keinen Sinn, sich als Heiler zu sehen, wenn man dafür kein Talent besitzt. In so einem Fall sollte man sich durchaus hinterfragen, warum man unbedingt heilen möchte, wenn man nicht dazu berufen ist. Wieso nicht lieber die eigenen Fähigkeiten bejahen und daraus eine Lebensaufgabe entwickeln?

Bei der Wahl des Archetyps stehen wir als Gesichtleser vor einer großen und verantwortungsvollen Aufgabe. Dem Gelesenen gerecht zu werden und aus einer Fülle von Typen den passenden herauszufiltern, ist nicht so einfach. Die Menschen der Moderne sind komplex, facettenreich und oft mit einer Vielzahl von Interessen ausgestattet. Je nach Shifu und Technik lernt der Gesichtlesen-Schüler zwischen 40 und 80 verschiedene Archetypen. Wie also vorgehen?

Festlegung auf eine Grundströmung

Ein guter Einstieg für die Wahl eines Archetyps ist die Festlegung auf eine der drei im Gesichtlesen vorhandenen Grundströmungen: Autorität, unabhängig, Service. Bei der Festlegung der Grundströmung sind sowohl unsere Talente, unsere Merkmale, aber auch eine gefühlsmäßige Zuordnung von Bedeutung. Wer beispielsweise das Talent des Führens besitzt, fällt bereits aus der Kategorie Service. Ob diese Person nun eine Autorität oder unabhängig ist, kann durch ihren Wunsch nach Freiheit erkannt werden. Feuergesichter tragen eine große Freiheitsliebe in sich, Berggesichter weniger. So verengt sich im Prozess des Gesichtlesens die Entscheidung immer mehr zu einem archetypischen Bild.

Auch die gefühlsmäßige Zuordnung, die wir mithilfe all unserer Sinne vornehmen, hat ihre Berechtigung. Sind wir in unserer Beobachtung tolerant und offen, so sind unsere Sinne ohnehin geschärft. Wir nehmen nicht nur Merkmale im Gesicht des Gegenübers wahr, sondern erkennen auch dessen Verhaltensweisen und Vorlieben. Als Ratgeber müssen wir uns jedoch zuerst einer grundsätzlichen Frage zuwenden. Und zwar, ob der Gesichtleser den Gelesenen in Bezug auf seine Lebensaufgabe eher als unabhängigen Solisten sieht, als eine Verantwortung und Führung übernehmende Autorität oder als jemanden, der vor allem in helfender Weise aktiv ist.

Möglich wäre auch eine Mischform dieser Grundmuster. Dies wäre zum Beispiel der Fall, wenn eine Autorität nach mehr persönlicher Freiheit strebt oder ein Unabhängiger nur hin und wieder die Führung übernimmt.

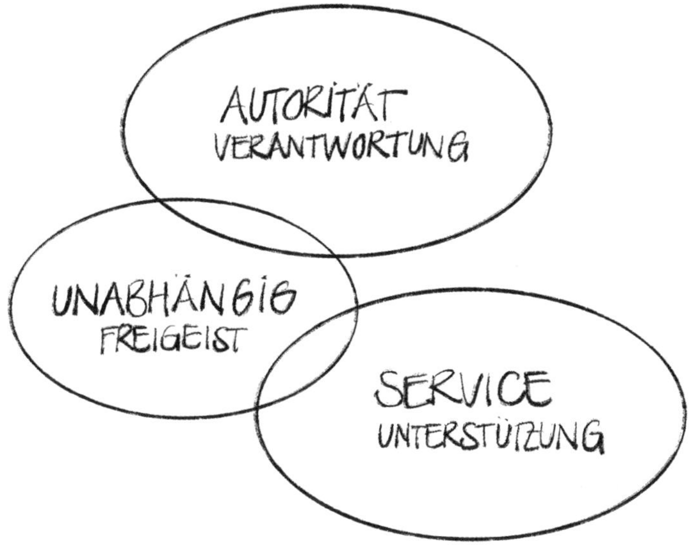

Mischformen zwischen Unabhängigen und dem Service finden sich ebenfalls. Beispielsweise ist das der Fall, wenn ein Unabhängiger ab und an helfend oder unterstützend auftritt, dies aber nicht generell als seine Aufgabe betrachtet.

Eine Mischform zwischen Autorität und Service ist ausgeschlossen, jedoch kann es sein, dass der Helfende durch sein Wirken Einfluss nimmt, dadurch ungewollt in den Brennpunkt des Geschehens rückt und so eine führende Rolle bekommt.

WORAN WIR WEN ERKENNEN

Nehmen wir an, jemand vereint das Talent der Kreativität und das der Bühne in seiner Persönlichkeit. Er ist weniger eine anleitende Autorität (also weder König, Schatzmeister oder Ähnliches), noch gehört er zum Service (Problemlöser oder Diener oder Ähnliches), sondern ihm sind Eigenschaften zuzuordnen, die den individuellen, kreativen Ausdruck eines Menschen erlauben, ohne dass er dabei selbst regieren oder »tragen« müsste. Der Initiator (auch »The Flame«) ist eine solche Person, auch die Stimme (»The Voice«) kann entsprechend wirken.

Wer die Talente Bühne, Kreativität und das des Führens in sich vereint, findet sich passender im Titel »Master of Ceremony« wieder. Ein Meister der Zeremonie hat oder schafft sich eine Bühne, die er nutzt, um kreativ zu vermitteln, zu gestalten und in genau diesem Moment auch zu führen. Er hat aber nicht den Anspruch einer uneingeschränkten und dauerhaften Autorität.

Die Hexe

Wer das Talent der Heilung und Natur besitzt, scheint wie geschaffen für einen Beruf in der Naturheilkunde. Der entsprechende Archetyp wiederum kann sehr unterschiedlich ausgelegt werden. Handelt es sich beispielsweise um eine Persönlichkeit, die gerne kommuniziert und viele Kontakte pflegt, so ist der Archetyp Healer (Heiler) passend für die Beschreibung der Lebensaufgabe. Ist ein Mensch mit gleichen Talenten ausgestattet, zieht sich aber nach getaner Arbeit gerne in die Privatsphäre zurück, dann könnte der Archetyp »Witch«, also Hexe, gewählt werden. Im Altertum lebten als Hexe oder Hexer bezeichnete Menschen außerhalb der Gemeinschaft, oft im Wald. Sie wussten um die Heilkräfte der Natur und wurden deshalb von Hilfesuchenden um Rat gebeten. Wer heute mit seinen helfenden, manchmal auch heilerischen Fähigkeiten den Menschen dienlich sein möchte, sich ansonsten aber fernab des Trubels, der Bühne, bewegt, könnte sich in diesem Archetyp wiederfinden. Schnell fällt einem hierzu das Bild einer zurückgezogenen, vielleicht auf dem Land lebenden Heilpraktikerin ein. Doch gibt es auch andere Kombinationen, um eine Hexe als Archetyp zu manifestieren. Meine amerikanische Agentin besitzt keine heilerischen Talente, doch sie hat eine unglaublich rasche Auffassungsgabe und einen schnell arbeitenden Verstand, was sich im »Talent of Mind«, wiederfindet. Zudem ist sie mit herausragenden Organisationsfähigkeiten gesegnet, also dem »Talent of Organisation«. Sie kann sehr gut mit Menschen jeden Alters, Berufstands und jeder Nationalität umgehen und findet sofort einen Draht zu ihrem jeweiligen Gegenüber, spürt was er oder sie benötigt. Hier finden sich das Talent der Intuition und das Talent der Menschen wieder. Die Geschwindigkeit, wie meine Agentin Probleme löst oder etwas organisiert, ist atemberaubend, ja, sie hat fast etwas Magisches. Ich habe sie oft als meine gute Fee bezeichnet, doch eigentlich ist sie eine Hexe. Ich sage das mit größter Hochachtung. Warum Hexe und nicht Fee? Eine Fee ist selten greifbar, ist mystisch, und erscheint auf eigenen Wunsch. Eine Hexe kann man um Unterstützung bitten, doch natürlich möchte sie im Austausch etwas haben. In meinem Fall ist dies die Agentenprovision. Übrigens: Auch meine Agentin lebt fernab der Großstadt New York allein auf dem Land. Sie möchte sich nicht an einen Menschen binden, sondern verbringt ihre Zeit lieber mit Pferd und Hund in einem kleinen Haus am Waldrand.

NUR SCHEINBAR UNVEREINBAR

Ein Kunde, der sich in Asien an der Börse einen Namen gemacht hatte, besitzt das Talent der Zahlen, der Bühne, der Menschen und der Heilung. Er wusste, wie er mir glaubhaft berichtete, schon immer um diese Fähigkeiten, hatte jedoch keine Ahnung wie er sie gleichberechtigt zusammenfügen konnte.

»Muss ich sie denn alle gemeinsam in einer Tätigkeit leben? Ich bin sehr zufrieden mit meinem Leben, auch wenn ich mich manchmal als ein wenig wechselhaft empfinde«, sagte er zu mir.

»Du musst gar nichts. Es wäre natürlich schön, wenn du für alle deine Talente eine Möglichkeit der gemeinsamen Umsetzung findest. Das geht aber auch getrennt voneinander, zum Beispiel, wenn du dir Zeit nimmst für Hobbys!«

»Dann tue ich das bereits«, versicherte er mir: »Ich hänge es nur nicht an die große Glocke, sonst verliere ich sicher den einen oder anderen finanzstarken Kunden. In meiner Freizeit beschäftige ich mich mit Reiki und habe dort auch schon einen Meistergrad erreicht. Als Nächstes möchte ich mehr über Osteopathie erfahren!«

In seiner Welt sah er sich bisher als scheinbar unvereinbare Mischform der Archetypen Treasurer (Schatzmeister) und Healer (Heiler).

»Na, das ist doch wunderbar«, freute ich mich mit ihm. »Und übrigens kannst du diese Talente auch zusammenführen. Vielleicht als heilender Schatzmeister. Trau dich. Habe keine Sorge, dass du Kunden verlierst, nur weil sie von deinen anderen Interessen und Fähigkeiten erfahren. Die machen dich nämlich zu etwas Besonderem! Und für das Besondere nehmen sich Menschen gerne Zeit und honorieren es auf ihre Weise!«

ÜBERSICHT DER HÄUFIGSTEN ARCHETYPEN

Wer zugleich seinen Schatten und sein Licht wahrnimmt,
sieht sich von zwei Seiten, und damit kommt er in die Mitte.

CARL GUSTAV JUNG

Hier eine Auswahl häufig genutzter Archetypen, die helfen sollen, die Lebensaufgabe eines Menschen zu verdeutlichen. Jeder Archetyp ist geschlechtsneutral, kann also sowohl einer Frau als auch einem Mann zugeordnet werden.

TYPISCHE ARCHETYPEN FÜR AUTORITÄTEN

King (König)

Dieser Archetyp steht für einen »Regenten«. Er ist zufrieden, wenn er die Verantwortung eines Unternehmens, idealerweise seines eigenen, in Händen hält und dort frei gestalten kann. Er hat nicht den Anspruch, etwas zu hinterlassen. Das Talent des Anführens ist ausreichend. Jedoch sollte jeder König durch Lernsätze darauf hingewiesen werden, mit weicher Hand, nicht mit scharfem Schwert zu führen.

People's King (König des Volkes)

Diesem König reicht das bloße Regieren nicht aus. Er will für sein Volk da sein, möchte ihm Schutz und Wachstum bieten. Der Antrieb hierfür kann der Wunsch nach Anerkennung, Respekt oder Liebe sein. In diesem Archetyp finden sich auch die klassischen »Gönner« wieder. Menschen, die es zu etwas gebracht haben, und ihren Reichtum und Besitz dann über Stiftungen mit der Allgemeinheit teilen. Diese Stiftungen tragen oft den Namen des People's King. Neben dem Talent des Anführens sollten hier auch das Talent der Menschen und weitere soziale Fähigkeiten und Begabungen sichtbar sein.

Kingpriest (Königspriester)

Der ideelle Anspruch dieses Archetyps ist hoch. Dieser König möchte, ebenso wie der People's King, nicht nur führen, sondern er will seinem Volk auch spirituell Halt oder Werte geben, etwas Tieferes vermitteln. Ein Kingpriest greift nur im Verteidigungsfall zum Schwert, ansonsten ist er friedliebend und ausgleichend und kann Menschen auf höchster Ebene inspirieren. Auch er kann einer Stiftung vorstehen, doch das Weitertragen seines Namens ist ihm nicht wichtig. Neben dem Talent des Anführens und dem Talent der Menschen sind hier auch Talente des Erschaffens und des Geistes gefragt.

Warlord (Kriegsherr)

Der typische Archetyp für jemanden, dem es Freude bereitet, sich zu messen und zu vergleichen. Seinen Schwerpunkt setzt er im Materiellen und bemisst daran seinen Erfolg. Dieser Archetyp findet sich häufiger im Finanzsektor, besonders bei Hedgefonds-Managern. Er besitzt das Talent des Anführens, aber auch des Kriegers, hat also ausgeprägte »Business Skills«. Häufig gesellen sich weitere Talente hinzu, um ihn zu einem erfolgreichen Kriegsherrn, zum Beispiel auf dem Börsenparkett, zu machen.

Reformer

Dieser Archetyp möchte vorhandene Systeme verbessern, verändern oder retten. Ihm ist nicht am reinen Erhalt gelegen, er wünscht sich eine Entwicklung. Und dieser würde er gerne seine Stempel aufdrücken. Ein Unternehmensberater oder Insolvenzverwalter besitzt einen derartigen Antrieb. Natürlich finden sich Reformer auch in ganz anderen Berufszweigen. Sie sind primär am Erfolg einer Sache interessiert, erst in zweiter Linie geht es ihnen um das Anführen und nicht immer geht es um das Wohl der Menschen. Ein Reformer kann das Talent des Anführens besitzen, das ist aber nicht zwingend. Ebenso verhält es sich mit dem Talent des Erschaffens. Ganz sicher findet sich aber das Talent der Hände, also ein von Pragmatismus geprägtes Vorgehen, beim Reformer. Das Talent des Verstandes, eine analytische Vorgehensweise, sowie eine gute Intuition sind oft gegeben.

Treasurer (Schatzmeister)

Der Schatzmeister ist eine Autorität, die sich primär um materielle Werte bemüht. Es geht ihm darum, diese zu schützen und zu mehren, um sie später möglicherweise einem anderen Zweck zuzuführen. Hier finden sich Berufe wie Treuhänder, Finanzverwalter, aber auch der Kassenwart eines Vereines kann in seiner

Tätigkeit aufgehen, wenn er dazu die Talente besitzt und es als seine Berufung empfindet. Der Schatzmeister hat als Grundlage das Talent der Zahlen, welches oft unterstützt wird von analytischen Fähigkeiten, dem Talent des Verstandes.

Protector of the Mill (Beschützer der Mühle)

Dieser Archetyp ist passend für jene, die gerne einen festen Ort oder Raum ihr Wirkungsfeld nennen. Dort sind sie die uneingeschränkten Autoritäten. Die Mühle wandelt eine Energieform (das ungemahlene Korn) in eine andere, die dem Menschen unmittelbar dient (Mehl). So verhält es sich auch mit der Aufgabe des Beschützers der Mühle. Das kann beispielsweise ein Buchladenbesitzer sein, der dem ratsuchenden Kunden das hilfreiche Buch empfiehlt. Auch die Besitzerin eines Yogastudios könnte sich in dieser Beschreibung wiederfinden. Ihre Kunden kommen mit dem Wunsch nach einem gesünderen Lebensstil, vielleicht sogar wegen eines akuten Gebrechens zu ihr. Durch ihr Kursangebot wandelt sie diese Ausgangssituation in eine gesunde, positive Energie. Für diese Funktion sind soziale Fähigkeiten gefragt. Das Talent der Menschen wird häufig von Talenten flankiert, die sich auch in der jeweiligen Berufswahl zeigen. Talente der Heilung, des Erschaffens, der Kreativität, der Körpers, der Natur, aber auch des Lehrens oder Ratgebens sind hier möglich.

Mother of all (Mutter von allen)

Diese weibliche Autorität kann als Archetyp durchaus auch von einem Mann gelebt werden. In dem Falle sprechen wir vom Father of all. Die männliche Variante treffen wir jedoch weitaus seltener an. Die Mutter von allen ist eine Autorität, die durch ihr großes Herz, aber auch durch ihre Bestimmtheit und, wenn geboten, Strenge überzeugt. Sie leitet häufig eine Gruppe oder führt eine Organisation. In ihr vereinen sich praktische und repräsentative Fähigkeiten. Sie nutzt ihre Autorität nicht für eigene Zwecke, sondern hat das Wohl anderer im Sinn. Dieser Archetyp muss aufpassen, dass er seine Individualität nicht für eine Aufgabe aufopfert. In der Mutter von allen finden sich generell leitende Berufe in der Alten- oder Krankenpflege oder in Sozialeinrichtungen, auch pädagogische Berufe, beispielsweise die Rektorin einer Grundschule, sind hier anzutreffen. Die »bunteste« Mother of all, die mir als Kundin begegnete, war die Besitzerin einer Model-Agentur. Die Talente einer Mutter von allen sind vielfältig. Natürlich ist sie fähig zu führen, sie ist pragmatisch, hat soziale Talente, und ist oft eine gute Ratgeberin. Eine wichtige Voraussetzung für die Vergabe dieses Titels ist auch das Talent der Liebe. Es bewirkt hier ein bedingungsloses Mitfühlen und Geben, auch eine besondere Stärke, Präsenz und Ausstrahlung.

Gamechanger (Spielveränderer)

Dieser Archetyp wird als Titel benutzt, wenn sich die betreffende Person als jemand erweisen könnte, der grundlegende Spielregeln radikal verändert. Das kann der Kurs, die Strategie oder der Charakter von etwas, einer Sache oder Methodik sein. So werden Ergebnisse durch diesen Archetyp stark beeinflusst und Themen, Inhalte, manchmal ganze Märkte neu gestaltet. Häufig finden sich Unternehmer in dieser Rolle wieder. Etwas ganz neu oder ganz anders erdenken und dann umsetzen. Dies setzt viel Pragmatismus, Verstand, Intuition, Kreativität und auch den Wunsch, etwas zu erschaffen, voraus. Nicht zuletzt ist auch das Talent des Geistes dafür gefragt. Schließlich trägt den Gamechanger sein Idealismus.

Starchaser (Sternenjäger)

Wer den Sternen nachjagt, der will hoch hinaus. Doch dieser Archetyp ist mehr daran interessiert, dass andere über sich hinauswachsen. Es handelt sich hierbei um einen Menschen, der sein Wissen, seine Fähigkeiten, seine (materielle) Energie und Beziehungen nutzt, damit weniger Privilegierte ihren eigenen Stern einmal in Händen halten können. Voraussetzung ist, dass der Starchaser selbst seinen Stern zuvor erreichte, sonst kann er kaum als Autorität wahrgenommen werden. Der Sternenjäger verfügt unter anderem über eine hervorragende soziale Kompetenz (Talent of People) und kann Menschen deshalb gut motivieren. Er ist ein Anführer, Ratgeber und zeigt dabei eine gute Mischung aus Pragmatismus und Kreativität. Auch er ist von einem ganz besonderen Geist beseelt, denn ihn erfüllt seine Rolle als machtvoller Unterstützer voll und ganz. Wir finden den Starchaser häufig in Berufen wie Trainer, Talentscout, Mentor, aber auch ein Sozialarbeiter kann diese Position einnehmen.

TYPISCHE ARCHETYPEN FÜR UNABHÄNGIGE

Rebel (Rebell)

Der Archetyp des Rebells steht für viel Unabhängige. Sich nicht in ein Muster pressen lassen, nichts Vorgegebenes akzeptieren, das haben unabhängige Menschen häufig gemeinsam. Doch der wirkliche Rebell will mehr: Er lehnt bestehende Ordnungen ab und wünscht deren unmittelbare Veränderung, wenn nicht gar deren Umsturz. Dabei werden die Folgen oft ausgeblendet. Was zählt, ist die Tat. Der Rebell tut gut daran, diesen Archetyp eher als Durchgangsstation auf seinem Lebensweg zu sehen. Denn, so lehren das chinesische Gesichtlesen und die Geschichte, jeder Rebell wird einst in einer Schlacht fallen. Vielen Rebellen ist das bewusst und sie entwickeln sich im Laufe der Jahre hin zu einem Reformer, König oder gar Priester.

Hero (Held – auch: Idol)

Ein Archetyp, der vielleicht nur einen einzigen, dann aber entscheidenden Auftritt im Sinne seiner Lebensaufgabe hat. Der Held übernimmt Vorbildfunktion, an ihm kann man sich aufrichten, Mut schöpfen. Ihm folgt man in einer ganz speziellen Situation, denn genau da übernimmt er Verantwortung und ist die Autorität. In Krisenzeiten, es muss nicht immer der Krieg sein, fällt dem Helden seine Rolle zu, die er für die Dauer der Krise innehat. Mitarbeiter im Katastrophenschutz, Fluchthelfer oder Feuerwehrleute könne sich in diesem Archetyp wiederfinden. Aber auch weniger krisenbehaftete Berufsbilder sind möglich. Mein außergewöhnlichster Held, den ich in einem Reading kennenlernte, war ein junger Sportlehrer, der in einem sozialen Brennpunkt arbeitete und häufig auch außerhalb der Unterrichtszeit für die Kinder Vorbild und Ansporn war. Als Sportlehrer besaß er das Talent des Körpers, aber auch das Talent des Anführens fiel ihm zu. Nur eben nicht dauerhaft und rund um die Uhr. Er benötigte Auszeiten, um sich für sich und seine Bedürfnisse Zeit zu nehmen. Sein Talent des Geistes suchte ideelles Futter, das er in Büchern fand.

Messenger (Botschafter)

Der Botschafter ist ein Archetyp, der es sich zur Aufgabe gemacht hat, je nach Situation, andere auf etwas hinzuweisen, sie zu warnen, sie anzufeuern, sie aufzuklären, kurz: ihnen durch seine Botschaften einen Rat zu geben. Ist die Botschaft seine eigene, entspringt sie also seinem Wissen und seiner eigenen Erfahrungswelt, so wird sie als authentisch und er als Autorität wahrgenommen. Mehr darf es aber nicht sein. Denn wie der altgriechische Götterbote Hermes zieht es diesen Archetyp schnell wieder weiter. Verbreitet der Botschafter nicht seine eigenen Botschaften, sondern die eines Königs, so ist er in seiner Funktion eingeschränkt und hat sich zum Dienstleister einer anderen Autorität gemacht. Er verwandelt den Botschafter in einen Herold, einer Person, die wir aus dem Mittelalter als Verkündiger von Nachrichten kennen. Ein Herold ist heute ein klassischer Pressesprecher, Texter oder PR-Mitarbeiter, auch Lobbyisten können sich in dieser Kategorie finden. Ein echter Botschafter hat viele Möglichkeiten seine Botschaften mitzuteilen und zu verbreiten. So gibt es Redner, Sänger, Dichter, Politiker und selbst Kabarettisten, die dieser Kategorie zugerechnet werden. Ein Botschafter besitzt neben dem Talent der Kommunikation das Talent der Menschen, der Bühne und auch der Welt. Denn sein unruhiger Geist will in Bewegung bleiben.

Pioneer (Pionier)

Der Pionier ist ein Mensch, der das Neue ergründen möchte. Doch nicht zum Selbstzweck, denn er folgt der Idee, dass einmal Entdecktes und Erforschtes auch an andere weitergegeben werden sollte. Dieser Archetyp ist immer einen Schritt voraus und den geht er oft ohne Begleitung ganz für sich. Hat er sich ein Bild gemacht, die Thematik durchdrungen, macht er – bildhaft gesprochen – wieder einige Schritte zurück »zum Volk«, um diesem das Neue zu vermitteln oder es ins Neue zu »führen«. In diesen Phasen übernimmt der Pionier eine autoritäre Rolle, ansonsten ist er sehr von seinem Wunsch nach Freiheit und Unabhängigkeit bestimmt. Der Archetyp findet sich in fast jedem Berufszweig. Besonders häufig ist er allerdings in Start-up-Unternehmen oder als Trendscout erkennbar. Das Talent des Erschaffens, auch kreative Talente und eine sehr gute Intuition sind hier gefragt. Ebenso ist strategisches Geschick erforderlich.

Pathfinder (Pfadfinder)

Dieser wird oft mit dem Pionier verwechselt. Beide gehen neue Wege. Doch während der Pionier den Fokus auf das Neue richtet, nutzt der Pfadfinder neue Wege, um sie für seine »verirrten« oder festgelaufenen Klienten, Freunde oder ähnlich zu nutzen. Er kennt die Pfade, die alten wie neuen, und berät andere, welcher der passende, der wirklich hilfreiche Pfad ist. Dieser Aufgabe kann man als Psychologe, Mediator oder als Therapeut gerecht werden. Doch gibt es sicherlich noch viele weitere Berufe, die selbiges erlauben. Hier erweist sich das Talent des Ratgebens als überaus wichtig. Auch das Talent der Kommunikation, des Verstands und das der Intuition ist gefragt. Nicht zuletzt sollte der Pfadfinder über soziale Kompetenz verfügen.

Jester / Joker (Hofnarr)

Dieser Archetyp wird oft belächelt und unterschätzt. Tatsächlich handelt es sich bei ihm um eine ganz besondere Teilzeit-Autorität mit vielen Fähigkeiten. Teilzeit, denn hin und wieder gilt es auch für einen Hofnarren, Verantwortung zu übernehmen und zu führen. Er tut dies, indem er den König, den Vorstand, den Hauptverantwortlichen berät. Manchmal leitet er auch selbst die Geschäfte. Im Mittelalter war der Hofnarr kein simpler Unterhalter, der seine Späße zum Wohlgefallen des Herrschers machte und vielleicht noch gesanglich etwas zu Unterhaltung beisteuerte. Im Gegenteil: Gewandt in vielen Sprachen, ausgestattet mit analytischem Verstand und guter Intuition, guter Menschenkenntnis, strategischem Geschick und der Fähigkeit auf einer Bühne zu bestehen, war er häufig die rechte Hand des Königs. In dessen Abwesenheit übernahm er die Regierungsgeschäfte, ob offensichtlich oder hinter den Kulissen. Allein aus dieser Beschreibung heraus wird eine Vielzahl an Talenten deutlich, hinzu kommt das Talent der Unterhaltung, das der Kommunikation und häufig auch das der Welt, da es sich bei diesem Archetyp um eine zumeist weitgereiste Persönlichkeit handelt. Überall, wo jemand einem Mächtigen assistiert durch klugen, durchaus auch humorvollen Rat, erkennen wir den Archetyp des Hofnarren.

Druid (Druide)

Den Druiden als Archetyp wählten mein Meister und ich, weil er in hervorragender Weise eine Persönlichkeit skizziert, die sehr mächtig ist und großen Einfluss besitzt, dies aber nur in Ausnahmefällen nutzt. Ein Mensch mit diesem Archetyp ist am Unbekannten, am Besonderen, interessiert. Es gibt wenige Bereiche des Lebens, die der Druide ausspart. So steht er dem Volk in Zeiten des Krieges zur Seite, aber auch bei geistiger und spiritueller Not und Krankheit weiß er dem Volk »Nahrung« zu geben. Er ist Heiler, Kriegsherr und Priester in einer Person und auf das Wohl vieler Menschen bedacht. Nur eines ist der Druide eben nicht: ein König. Dauerverantwortung, das Regieren an sich, langweilt ihn. Es ist das Mystische, das ihn interessiert. Vielleicht hilft dir zum Verständnis die Rolle des Gandalf aus Tolkiens Roman »Der Herr der Ringe«. Er symbolisiert diesen Archetyp in nahezu perfekter Weise. Druiden sind nicht nur beim Volk, sondern auch bei Königen gerne gesehen, da sie ihnen helfen, aber keinen Anspruch auf den Thron geltend machen. Vielmehr ziehen sie sich nach getaner Arbeit wieder zurück an Orte, wo sich auch andere ungewöhnliche Archetypen gerne aufhalten. Die Talentpalette eines Druiden ist immens. Sie reicht vom Führen, Heilen, Beraten und Lehren bis hin zum Talent des Kriegers, der Menschen und natürlich auch des Geistes. Sein Verstand ist ausgeprägt, aber auch die Intuition und die Fähigkeit, sich mühelos mit Menschen jeder Art zu verbinden. Beruflich finden wir den Druiden an vielen exponierten Positionen in Wirtschaft, Heilung und Bildung.

Witch (Hexe)

Am Archetyp der Hexe scheiden sich die Geister. Manche empfinden diesen Titel als Auszeichnung, aber ich hatte auch schon Kunden, die diesen Archetyp aufgrund seines Namens ablehnten. Solche Vorurteile stammt noch aus der Zeit der Inquisition, einem der dunkelsten Kapitel des Christentums. Viele Heilkundige wurden im Mittelalter aufgrund ihres Wirkens und Wissens gefoltert und verbrannt. Inzwischen hat sich dieses Bild zum Glück gewandelt, weil man dankbar ist für Menschen, die über großes heilerisches Wissen verfügen und deren Wirken als heilend (in jeder Form) betrachtet werden kann. Dieser muss nicht dauerhaft präsent oder greifbar sein. Anderen zu helfen, sich dann aber wieder zurückzuziehen in die eigene Privatsphäre, ist ein Markenzeichen der Hexe. Zurückgezogen, womöglich nur mit Tieren lebend, trennt dieser Archetyp sein berufliches Schaffen vom Privatleben. Diese Persönlichkeit ist nicht an Macht oder Leitung interessiert. Ihr ist Freiheit wichtig, aber auch humanitäres Engagement. Ihre Neugier fördert Erkenntnisse und mehrt ihr Wissen. Talente der Heilung, des Ratgebens, der Natur und des Entdeckers sind kennzeichnend. Hexen finden wir noch heute in vielen Heilberufen, aber auch als persönliche Assistenten, Personal Trainer oder in der Projektleitung.

Oracle (Orakel)

Dinge sehen, die andere nicht wahrnehmen oder ignorieren. Den Schwachen wie den Mächtigen sagen, was Sache ist. Dies kennzeichnet ein Orakel. Im Moment des Befragtwerdens hat es uneingeschränkte Autorität. Der Rat des Orakels wird geschätzt, manchmal gefürchtet. Dies verlangt ein Höchstmaß an Authentizität, Glaubwürdigkeit und Furchtlosigkeit gegenüber möglichen Folgen. Das Orakel möchte selbst entscheiden, wann es »orakelt« und wann andere Dinge wichtiger sind. Dieser sehr unabhängige Geist zeigt immer wieder sehr präsente Momente, nicht aber eine aufreibende Dauerpräsenz. Dieser Archetyp kann praktisch nur in Selbstständigkeit gelebt werden. Das Orakel kann nicht nur ratend tätig sein, sondern auch (an)leitend, stimulierend und initiierend. Dafür besitzt es neben dem Talent der Augen auch das der Kommunikation, der Bühne, der Intuition und des Verstandes. Es hat herausragende soziale Kompetenzen, Entdeckerblut und besitzt zudem Kreativität. Von der Unternehmensberatung und dem Risk-Management bis hin zur Wahrsagerei findet ein Orakel seine beruflichen Spielräume. Auch Berufe, die das Präsentieren auf einer Bühne beinhalten – wenn es mehr als nur Unterhaltung ist – fallen dem Orakel leicht.

The Voice (die Stimme)

Man könnte vermuten, dieser Archetyp und das Orakel seien identisch. Doch dies ist nur auf den ersten Blick der Fall. Beide sind stark in der Kommunikation, Kreativität und auf der Bühne, doch das Ratgeben ist nicht Sache der Stimme. Wenn, dann ist dies ein angenehmer Nebeneffekt. Die Stimme inspiriert, sie drückt aus, was andere nicht auszusprechen wagen oder wofür sie keine Worte finden. Sie kann durch ihre Worte leiten und vorangehen. Wir finden die Stimme häufig im kreativen Bereich. Natürlich sind Berufe wie Sänger, Redner, Kabarettist und Ähnliches naheliegend. Die Stimme zeigt sich aber auch als Sprecher in Organisationen und Initiativen jeder Art.

Master of Ceremony (Meister der Zeremonie)

Eine eigene Aufführung kreieren, dazu einladen und sie leiten, das kann eine Eventmanagerin, eine Yogalehrer, aber auch eine Hochzeitsplanerin. Es gibt viele weitere Möglichkeiten, diese auf einzelne Situationen bezogene Autorität auszuleben, beruflich und im privaten Umfeld. Dazu sind auf jeden Fall auch Talente wie Kreativität, soziale Kompetenz und Pragmatismus nötig und ganz besonders das Talent des Erschaffens.

EXKURS: EIN HOFNARR AM RICHTIGEN PLATZ

In meinen frühen Jahren als Gesichtleser hielt ich mich beruflich immer wieder auf Hawaii auf. Ich wurde anfangs vor allem von Yoga-, TCM- und Feng-Shui-Schulen gebucht, in deren Räumlichkeiten ich Vorträge hielt und Seminare durchführte. Einen meiner Vorträge besuchte Miranda, eine 30-jährige Amerikanerin, die in New York lebte und arbeitete. Sie interessierte sich sehr für Gesichtlesen und befragte mich im Anschluss, als ich schon beim Zusammenpacken war, ausgiebig zu meinem Lebensweg und meinem Beruf. Ihre Neugier war nicht zu übersehen, ebenso wie ihre Unruhe. Es fehlte ihr die Zeit, um mir weitere Fragen zu stellen und tiefer in das Thema einzusteigen, denn am darauffolgenden Morgen war ihr Rückflug geplant. So konnte sie zu ihrem großen Bedauern kein persönliches Reading bei mir buchen.

»Alles braucht seine Zeit, und der richtige Zeitpunkt, der kommt oft unerwartet«, gab ich ihr auf den Weg, ohne zu ahnen, wie sehr dieser Satz auch auf mich zutraf.

Nachdem sie tags darauf ihren Urlaub beendet hatte und wieder in New York angekommen war, schrieb Miranda mir eine kurze E-Mail. Sie fragte an, ob ich auf dem Rückweg nach Europa nicht einen Zwischenstopp in New York einlegen könne. Zwei ihrer Kolleginnen und sie selbst wollten gerne eine Gesichtlesung von mir bekommen. Das klang interessant, ich hatte noch etwas Zeit bis zu meiner nächsten Buchung und in New York war ich schon viele Jahre nicht mehr gewesen. Warum also nicht? Ich sagte spontan zu.

Ein ungewöhnlicher Chef

Fünf Tage später landete ich auf dem JFK-Airport in New York und wurde herzlich von Miranda empfangen. Die Fahrt zu ihrem Unternehmen war kurzweilig und nett. In Mirandas Büro traf ich auf zwei weitere Frauen, beide etwas jünger als meine Gastgeberin. Die drei Damen schienen ein sehr vertrauensvolles Verhältnis zueinander zu haben, denn sie bestanden darauf, dass wir die Readings im Beisein aller drei machten. Die Atmosphäre war entspannt und die Frauen hatten sichtlich Spaß. Häufig lachten sie, wenn sie sich besonders erkannt fühlten.

Plötzlich, wie aus dem nichts, ging die Tür auf und John, der Firmenchef stand vor uns: »Was ist denn hier los? Verpasse ich etwas?«, fragte er neugierig. Seine Stimme klang freundlich. Sie vermittelte keinen Vorwurf. Sein Auftreten war locker, er baute sich nicht körpersprachlich vor seinen Mitarbeiterinnen auf, sondern seine Mimik und seine Haltung verrieten vielmehr, dass er Teil des Geschehens sein wollte. Er schien ein gelassener und sicherlich auch spontaner Vorgesetzter zu sein. Noch während ich dies dachte, wurde ich prompt bestätigt.

»Das ist der Gesichtleser aus Hawaii, von dem ich dir erzählt habe. Er ist einfach sensationell«, rief Miranda euphorisch. Entspannt und etwas flapsig entgegnete ihr Boss: »Na großartig!« Und dann, an mich gewandt: »Dann schauen Sie doch bitte auch mal in mein Gesicht.« Er blickte kurz auf seine Uhr und fügte hinzu: »Ich muss allerdings gleich weiter. Aber drei bis vier Minuten habe ich Zeit. Also: Was fällt Ihnen auf?«

Was für eine Frage! Viel zu viel fiel mir auf, um es in so wenige Minuten zu packen.

»Was für ein Mist«, dachte ich im Stillen. »Nun steht hier ein CEO vor mir, der großen Einfluss in der Immobilienbranche hat und über jede Menge Kontakte verfügt, aber natürlich hat er zu wenig Zeit für ein richtiges Reading. Was wäre das ansonsten für eine Chance!« Ich versuchte, meine Gedanken zu sortieren. Schließlich galt es jetzt, das Beste daraus zu machen.

Ein Speed Reading

»Nur drei Minuten also? Das wird dann ein Speed Reading. Ein Häppchen, keine Mahlzeit«, versuchte ich seine Erwartungshaltung zu schmälern.

»Oh, das ist in Ordnung. Ich habe bereits gegessen«, antwortete er lachend.

Meine Gedanken begannen zu kreisen. Ich konnte sehen, dass John ein Baumgesicht hatte. Es war typisch rechteckig geformt. Dazu besaß er große, volle Lippen. Der leicht schiefe Mund zeigte sich bewegungsfreudig. Die Mundwinkel tendierten beim Sprechen nach oben. Seine Augen waren flink und immer in Bewegung. Ihr Rhythmus passte zum Bewegungsmuster des Mundes. Auf seinen Wangen konnte ich beidseitig Grübchen entdecken.

Die Schlussfolgerung war einfach: Ein so geformter, beweglicher Mund zeigt Kreativität und ein Talent für Kommunikation und Unterhaltung. Die flinken Augen verwiesen nicht nur auf Neugier und Anpassungsfähigkeit, sondern auch auf eine schnelle Auffassungsgabe. Die Kombination der beiden Merkmale verrieten Cleverness und strategische Fähigkeiten. Die Grübchen in der Wange deuteten darauf hin, dass er sanft mit der ihm übertragenen Macht umging und dass er das Talent des Entertainers besaß. Er konnte sich immer auf seine flotten Sprüche verlassen, um Situationen zu entschärfen. Rund um das Kinn herum, ausgehend von den Wangen, erkannte ich eine Falte in U-Form, eine sogenannte »Kümmerfalte«. Sie bedeutet, dass sich ein Mensch extrem verantwortlich fühlt und die Gefahr besteht, dass er sich dabei selbst vergisst. Er war also ein Baum, der Schutz gab, er hatte soziale Talente und war ein Lehrender und Mentor. Das Speed Reading war somit abgeschlossen. Er würde dem, was ich entdeckt hatte, sicherlich zustimmen. Aber war dies wirklich meine Botschaft an ihn? War das der Grund, warum ich ihm hier und jetzt, völlig ungeplant, begegnete?

Meine Gedanken begannen erneut zu kreisen: Wenn ich ihm all diese Eigenschaften und Qualitäten auf den Kopf zusagte, versetzte ihn das möglicherweise in Staunen. Aber diese Wesenszüge und Fähigkeiten kannte er sicher schon. Er schien viel zu neugierig und zu clever, um darüber nicht schon Bescheid zu wissen.

Mit seinen Anfang 50 Jahren hat er natürlich auch schon einiges an Erfahrung. Und außerdem hätte man bei einem Vorstandsvorsitzenden sowieso einige, wenn auch nicht alle, dieser Fähigkeiten vermuten können.

Volles Risiko

Ich war zwar überrascht, dass ich überhaupt nichts »Königliches«, also keine Merkmale wie schmale Lippen, einen ausdrucksstarken Unterkiefer oder eine gewölbte Kinnspitze bei ihm sah. Aber auch das schien mir als Aussage nicht eindrucksvoll genug. Was sollte ich also sagen: »Ich bin überrascht, dass ich keinen König vor mir sehe?« Oder »Ich finde keine Talente, die mit Anführen zu tun haben«? Ich überlegte weiter: Womit konnte ich ihn wirklich beeindrucken oder nachdenklich machen?

Ich schaute ihn unverwandt an, während er sich dabei mit den Frauen unterhielt. Da fiel mir eine starke und tiefe Faltenbildung auf, die sich seitlich seiner Augen zeigte und an den Wangen nach unten führte. Es waren keine Lachfalten, es waren solche, die bei Männern auf eine Belastung der Prostata hindeuteten. Das kann man als Gesichtleser gegenprüfen, indem man am Kinn nach roten Äderchen Ausschau hält. Genau die fand ich bei ihm. Seine Unterlippe war zudem nicht gut durchblutet, sie wies weiße Färbungen auf, was ein Anzeichen für eine gestörte Verdauung sein kann.

Da stand er also vor mir. Ein gutaussehender, sportlich gebauter CEO, der insgesamt einen lebendigen und gesunden Eindruck machte. Was sollte ich ihm sagen? »Sie sind ein Baumgesicht und kümmern sich viel um andere Menschen, dabei sollten Sie sich um Ihre eigene Gesundheit kümmern. Sie haben Prostataprobleme und aufgrund ständiger Blockaden Schwierigkeiten mit der Verdauung?« Das erschien mir anmaßend und besonders in Anwesenheit seiner Mitarbeiterinnen zu privat, egal wie locker es in diesem Unternehmen zugehen mochte.

Fragend blickte er mich an. Mein wortloses Erforschen seines Gesichtes machte ihn schließlich doch etwas nervös. Ich musste mir ein Herz fassen, wenn ich diese Begegnung als Chance nutzen wollte. Plötzlich hatte ich einen Geistesblitz. Auch wenn es schwierig bis unmöglich ist, eine Lebensaufgabe in nur drei Minuten zu erkennen, wollte ich das Risiko eingehen. Es glich einem Glücksspiel, denn für gewöhnlich braucht es mindestens eine Stunde, manchmal sogar eine zweite Sitzung, um eine klare Aussage zur Lebensaufgabe treffen zu können. Da die Situation für mich ja aber auch nicht gewöhnlich war, entschied ich mich für das Risiko.

Ein Herrscher wider Willen

»Ja?«, er schien erraten zu haben, dass ich mit meinen Überlegungen am Ende war.

»Ich bin wirklich sehr überrascht, dass Sie dieses Unternehmen hier führen«, hörte ich mich laut und deutlich sagen.

»Sie sind überrascht? Inwiefern?«, entgegnete er ruhig.

»Nun«, fuhr ich fort, »Sie haben kein Talent zum Anführen. Sie sind kein klassischer Leader.« Sein Blick bedeutete mir, weiterzusprechen. »Sie sind ein Entertainer und können Menschen unterhalten. Sie mögen eine freundliche, eine verbindende Sprache. Nutzen auch Ihren Humor. Sie fühlen sich außergewöhnlich verantwortlich für andere. Sie sind empathisch und haben große soziale Kompetenzen. Sie können gut mit Menschen umgehen. Es wäre schön, wenn es nur solche Chefs gäbe wie Sie. Aber Sie sind nicht der typische Krieger, den ich in anderen Vorstandsvorsitzenden sehe.«

Er schmunzelte: »Erzählen Sie mehr.«

»Sie sind ein Baum«, fuhr ich fort. »Sie wollen schützen, trösten und Schatten spenden. Sie sind aber auch jemand, der gern Witze macht und Sprüche klopft. Sie sind jemand, der viel spricht, aber über sich selbst nicht viel verrät. Und Sie sind vor allem eins: ein Mensch, der Harmonie und Balance sucht. Ich kann es aufgrund der Kürze der Zeit nicht mit hundertprozentiger Gewissheit tun, aber ich denke, ich kann Ihnen Ihre Lebensaufgabe nennen.«

»Meine Lebensaufgabe? Das wird ja immer besser. So was gibt es? Ich dachte immer, die besteht darin zu atmen und zwischendurch zu schauen, dass die Kreditkarten gedeckt sind.«

Ich war auf meine Worte fokussiert und verfolgte nicht seine Mimik, während er sprach. Daher war ich mir nicht sicher, ob er sich lustig machte oder ernsthaft interessiert war.

»Na, kommen Sie schon. Was ist meine Lebensaufgabe und wie lautet sie?«, setze er nach. Ruhig, ihm tief in die Augen blickend, sagte ich: »Sie sind ein Hofnarr.«

»Ich bin ein Hofnarr?« Er musste laut lachen, aber fragte weiter: »Wofür steht der?«

»Nun ja, im Mittelalter war der Hofnarr ein Mensch, der gebildeter war, als die meisten von ihm dachten. Er war musisch, kreativ, er konnte gut unterhalten und war clever. Er war weit gereist und sprach viele Sprachen. Durch seinen großen Erfahrungsschatz war er oft ein wichtiger Ratgeber für den König. Oft leitete der Hofnarr sogar das Königreich, denn der König war mit anderen Aufgaben beschäftigt.

»Das ist ja ein Hammer« sagte er. »Das heißt, wenn ich den Hofnarr lebe, dann lebe ich meine Lebensaufgabe?« Seine Augen leuchteten vergnügt.

»Genau. Wenn Sie Ihren Job ausüben wie ein Hofnarr, nicht wie ein König, dann sind Sie dieser Lebensaufgabe sehr nahe.«

»Sie haben gerade in wenigen Worten die Situation beschrieben, in der ich mich befinde. Mir scheint, ich lebe genau meine Lebensaufgabe.«

Ich wollte seine Euphorie nicht bremsen, aber ich musste meinen Einwand aussprechen: »Sie sind doch aber der König in dieser Firma?«

»Ja, ich bin der CEO. Aber das Unternehmen, wie viele weitere auch, gehört einem, wenn Sie so wollen, Kaiser. Er hat kleine

Könige eingesetzt. Ich bin wohl der Einzige, der zu ihm sprechen kann, wie er will. Nämlich mit einem Spruch, einem Witz, mit genau der flapsigen Sprache, die Sie vorhin beschrieben haben. Von mir kann er einen Rat annehmen, von den anderen weniger gut bis gar nicht. Wenn Sie so wollen, lebe ich also den Hofnarr.«

»Da schau an«, dachte ich mir. Ich wollte nicht allzu froh über meinen Treffer wirken und hielt mich mit meiner Freude zurück.

Eine der anwesenden drei Frauen wandte sich mir zu und war gleichermaßen begeistert wie ergriffen. Ich unterhielt mich kurz mit ihr, während er nach seinem Haustelefon griff und seine Sekretärin anrief. Er erkundigte sich, wie viele Termine er heute noch habe und sagte dann: »Okay, Linda. Sag sie bitte alle ab.«

Dann wandte er sich mir zu und verkündete: »Sie haben mich in drei Minuten überzeugt. Jetzt habe ich mindestens vier Stunden Zeit für Sie.« Ich war überwältigt und gleichzeitig verunsichert. Auch wenn er nun nicht mehr in Zeitnot war – ich war es durchaus. Mein Flieger würde in wenigen Stunden gen Europa abheben. Er schien meinen Zweifeln zu bemerken und sagte: »Um einen Flieger brauchen Sie sich nicht zu kümmern. Ich lasse ein Hotelzimmer für Sie reservieren und besorge ein Ticket für morgen. Kommen Sie schon. Ich möchte unbedingt wissen, was Sie noch in meinem Gesicht sehen.«

Ich sagte zu und folgte ihm in sein Büro. In den nächsten Stunden sprachen wir über seine Eigenschaften als Baum, seinen Wunsch nach Harmonie, über seine Prostata und über die Frage, wie er den Hofnarr wohl noch mehr leben könnte – und zwar nicht nur als Unterhalter, sondern auch als Mensch, der selbst etwas kreiert. Ein Mensch, der etwas hinterlässt, das ihn repräsentiert. Denn genau das fehlte noch in seinem Leben.

Diese Begegnung war mein Einstieg in die amerikanische Geschäftswelt.

TYPISCHE ARCHETYPEN FÜR SERVICE

Guardian Angel of Life (Schutzengel des Lebens)

Dieser Archetyp blüht auf, wenn es ihm möglich ist, Leben zu schützen, zu erhalten und zu retten. Besonders in Krisenzeiten oder in einer akuten Notsituation ist dieser Archetyp gefragt und wird aktiv. Ein Notarzt, ein Freiwilliger bei der Feuerwehr oder ein Tierschützer könnte hier beispielhaft stehen. Menschen mit dem Archetyp »Schutzengel des Lebens« besitzen das Talent der Heilung, das sie häufig auf pragmatische Weise, zum Beispiel durch ihr Talent der Hände, einsetzen. Sie benötigen dafür keine höheren Ideale, anderen zu helfen und beizustehen ist für sie ein Anliegen, ja eine Selbstverständlichkeit, die keiner Erklärung bedarf. Aufgrund ihrer Selbstlosigkeit und weil sie den Eindruck vermitteln, sich auf einer Mission zu befinden, werden sie oft bewundert. Anerkennung und Lob sind jedoch nicht das, was Schutzengel anstreben und worum es ihnen geht, sondern ihnen ist einzig und allein daran gelegen, ihr Leben dem Wohlergehen anderer zu widmen.

Healer (Heiler)

Sicherlich ist dieser Archetyp mit dem zuvor genannten Schutzengel verwandt. Der Heiler versteht seine Arbeit jedoch nicht als »Krisenmanager«, der nur in der Not aktiv wird, sondern er will dauerhaft, ohne Unterbrechungen, nützlich sein. Dabei geht es weniger darum, einen Brand zu löschen, sondern mehr darum, ein Kultivator der Gesundheit des menschlichen Geistes und Körpers zu sein. Die Talente der Heilung sind hier besonders ausgeprägt. Alle weiteren sind unterstützend und verraten Fachrichtungen und Methoden, die der jeweilige Heiler bevorzugt. Beispiel: Besitzt der Heiler auch das Talent der Natur, so ist ihm zu raten, die Naturheilmedizin als sein Werkzeug zu nutzen. Sind das Talent der Hände (praktisch) und das Talent des Körpers ausgeprägt, so wär hier Physiotherapie die bessere Wahl.

Road Companion (Wegbegleiter)

Ein Wegbegleiter klingt nach einer eher passiven Lebensaufgabe. Doch es ist weitaus mehr als ein nur »Dabeisein«, wenn ein anderer Mensch, oft der Partner, seiner Berufung nachgeht. Ohne den Rückhalt und die Inspiration durch den Wegbegleiter wäre dies nicht möglich. Dadurch erhält dessen Leben einen tiefen Sinn und eröffnet ihm ebenso Wachstumschancen. Wegbegleiter lenken oft den Weg und zeigen die Richtung auf. Sie selbst sehen sich als Unterstützung und Hilfe, doch gibt es durchaus Berufe wie beispielsweise den Sterbebegleiter, in denen ein Wegbegleiter eine große Autorität repräsentiert. Tatsächlich finden wir auch viele persönliche Assistenten, die nahe an der Macht sein, aber nicht selbst die Verantwortung tragen wollen, mit dieser Lebensaufgabe. Das Talent des Führens ist bei diesem Archetyp durchaus vorhanden. Es wird nur aus dem Hintergrund oder ganz unauffällig ausgelebt. Überragend ist hier jedoch das Talent des Ratgebens und das Talent der Menschen.

Peacemaker (Friedensstifter)

Mediatoren, Diplomaten, Therapeuten, überhaupt Menschen, die auf Ausgleich bedacht sind, finden sich hier wieder. Ihr Fokus ist das balancierte, das friedliche Miteinander. Es kann sich aber auch um die innere Balance eines Einzelnen drehen. Das Talent der Diplomatie ist hier natürlich gefordert, aber auch ein geschickter Umgang mit Worten, das sich im Talent der Kommunikation ausdrückt, ebenso wie analytische Fähigkeiten. Herausragende Friedensstifter besitzen zudem auch eine nicht unerhebliche Portion strategisches Geschick.

Problem Solver (Problemlöser)

Dieser Archetyp begegnet mir in meiner Arbeit als Gesichtleser sehr häufig. Doch hier gibt es ein Problem. Viele sind mit dem täglichen Lösen ihrer Probleme – oder der anderer – vollauf beschäftigt. Es gibt ihnen kurzzeitig das Gefühl, etwas Sinnvolles zu tun, tatsächlich aber entlarven fehlende Glücksgefühle und die seelische Leere diese Aufgabe. Betroffen sind Menschen, die multitalentiert sind und nicht wissen, wie sie ihre Talente sinnvoll verbinden und erschaffend einsetzen können. Wer viele Talente besitzt, kann dadurch auch für andere schnell Probleme lösen. Er besitzt sozusagen für fast jede Situation ein Werkzeug. Tatsächlich ist ein Problemlöser aber ausreichend ausgestattet, wenn er das Talent der Hände (Pragmatismus) besitzt. Wer ein Multitalent ist, besitzt dadurch viele Facetten und ist an vielen Themen interessiert. Sie sollen ihn wachsen lassen, weiterbringen und ihm helfen, sich selbst zu verwirklichen – nicht den Schaden anderer zu beheben. Sonst ist der Archetyp hier sozusagen »verschenkt«. Nur als

Etappe, um eigene Fähigkeiten auszutesten oder Menschen, die ihm sehr am Herzen liegen, zu unterstützen, hat der Problemlöser auch für Multitalentierte seine Berechtigung. Ansonsten gilt für ihn der Lernsatz: »lass die anderen ihre eigenen Fehler machen!«

Ein unerschöpflicher Fundus

Die hier vorgestellten Archetypen vermitteln einen Eindruck, welch riesigen Fundus an Begriffen und damit Möglichkeiten, den Sinn des Daseins zu benennen, es gibt. Ich selbst arbeite mit vielen weiteren Archetypen und füge hin und wieder noch einen neuen Titel hinzu. Wir sind alle gleich und doch so individuell. Dieser Widerspruch kommt nirgendwo besser zum Ausdruck als dort, wo es um das Finden des Archetyps geht.

DAS WHO'S WHO DER ARCHETYPEN

Wer bis hierher gelesen hat und sich für Politik, Kultur, Geschichte oder einfach fürs Kino interessiert, wird sich vielleicht fragen, welcher Archetyp der einen oder anderen Bekanntheit aus diesen Bereichen zugeordnet wird.

Ich habe nachfolgend einige Persönlichkeiten aufgelistet, deren Archetyp ich im Laufe der Jahre ermittelt habe. Bei manchen der genannten Personen hab ich dies einfach aus Eigeninteresse getan, hin und wieder wurde ich aber auch von einem Kunden oder einem meiner Medienpartner damit beauftragt.

Wenn du Lust hast, dann halte die rechte Spalte der nächsten Seite doch erst einmal zu und überlege mithilfe des Wissens, das dir dieses Buch nun schon vermittelt hat, welchen Archetyp du der jeweiligen Person zuordnen würdest.

Vielleicht wird dich die Antwort, die ich gefunden haben, überraschen, vielleicht fühlst du dich in deiner Einschätzung aber auch nur bestätigt.

BERÜHMTHEITEN UND IHR ARCHETYP

Nelson Mandela	Kingpriest
Sir Winston Churchill	Kingpriest
Elon Musk	Gamechanger
Steve Jobs	Gamechanger
Warren Buffett	Warlord
Barack Obama	Messenger
John Lennon	Messenger
Sir David Attenborough	Messenger
Yoko Ono	Road Companion
Sophia Tolstoi	Road Companion
Leo Tolstoi	Peacemaker
Kofi Annan	Peacemaker
Mutter Teresa	Mother of all
Angelina Jolie	Mother of all
Lady Diana	Mother of all
Dave Ramsey	Jester
Oprah Winfrey	Oracle
Carl Benz	Pioneer
Juri Gagarin	Pioneer
Leonardo DiCaprio	Guardian Angel of Life
Jane Goodall	Guardian Angel of Life
Pharrell Williams	Starchaser
Greta Thunberg	The Voice
Till Schweiger	Fighter for a cause
Brigitte Bardot	Fighter for a cause
Bob Geldof	Fighter for a cause
Arnold Schwarzenegger	People's King
James Dean	Rebel
Che Guevara	Rebel

DIE LEBENSAUFGABE LESEN – VON DER THEORIE ZUR PRAXIS

Du hast in den letzten Kapiteln viel über unterschiedliche Bestandteile erfahren, mithilfe derer du deine Lebensaufgabe ermitteln kannst. Doch vielleicht wünschst du dir auf deinem Weg noch ein wenig mehr Anleitung und praktische Hinweise. Ich möchte dir daher von einem Reading erzählen, in dem ich Schritt für Schritt die Lebensaufgabe gelesen habe. Es beschreibt eine mögliche Reihenfolge, in der du dich einem Gesicht und einer Lebensaufgabe nähern kannst. Du kannst dieses Kapitel wie einen praktischen Leitfaden lesen.

WIE LÄUFT EIN READING AB?

Verwirrung und konfuse Zukunftsszenarien sind ein Teil unseres Findungsprozesses. Sie sind Vorboten von Klarheit.

ERIC STANDOP

Als ich die Co-Autorin dieses Buches, Hannah, kennenlernte, war sie bereits auf dem Weg, ihrer Lebensaufgabe zu begegnen. Ich nahm die Mutter zweier Kinder als ausgeglichene, lebensfrohe Frau wahr, die viele ihrer Talente bereits kannte und diese privat und beruflich auch einsetzte. Das Reading hatte sie gebucht, weil sie unsicher in Bezug auf ihre Zukunftsplanung war. Nachdem sie eine Familie gegründet und die ersten Schritte in ihrer Selbstständigkeit gemacht hatte, war sie nicht sicher, wie es beruflich für sie weitergehen sollte. Sie wollte gern von mir wissen, was ihre Lebensaufgabe sei und wie sie diese in ihrem Beruf leben könne.

Klassischerweise beginne ich ein Reading immer mit dem Lesen der Persönlichkeit. Dafür achte ich in erster Linie auf die Gesichtsform meines Gegenübers.

GESICHTSFORM

Die Gesichtsform kann Hinweise zur Persönlichkeit und zu den Talenten eines Menschen geben. Bei manchen Menschen sagt sie sehr viel aus und lässt auch schon erste Rückschlüsse auf die Lebensaufgabe zu, bei anderen Menschen, wie bei Hannah, hilft die Gesichtsform in dieser Hinsicht eher nicht weiter.

Hannah ist ein Jadebaum, also eine Mischform aus Jadegesicht und Baumgesicht. Der Baumanteil sagt aus: Sie kann schützen, trösten und Schatten spenden. Sie ist reflektiert und vertrauenswürdig, loyal und wissbegierig. Ähnlich wie ein Baum ist sie sehr individuell und will daher nicht verglichen werden. Sie zieht Menschen an. Von außen betrachtet ist sie ruhig, innen aber rastlos. (Wie ein Baum, der ein ganzes Leben wächst.)

Der Jadeanteil sagt aus: Hannah ist ein feinfühliger Mensch, sie ist empfindsam und spürt viel. Sie ist kreativ, neugierig und hat einen Entdeckerdrang. Man könnte sie auch als »warmherzigen Krieger« bezeichnen, als gebenden, helfenden und besonders großzügigen Menschen. In jungen Jahren werden Jadegesichter oft unterschätzt und kleingehalten. Eine ihre Aufgaben besteht darin, sich davon zu befreien. Wenn Jademenschen das tun, haben sie eine starke zweite Lebenshälfte, in der sie gewinnend »jadisch« leben können. Das kommt zum Ausdruck, indem sie zwei ihrer Talente stark ausbilden:

1. die People Skills, also die Fähigkeit, mit Menschen umzugehen, Rat zu geben, zu motivieren, zu inspirieren und gegebenenfalls zu therapieren oder zu lehren,
2. das Kreative, Feinfühlige, das sich oft in der Kunst oder im Feinstofflichen zeigt.

Wir können festhalten: Jade und Baum sind beides Zeichen für die zweite Lebenshälfte. Der Baum, weil er immer weiter lernt und wächst, und der Jadeanteil, weil ein Mensch sich erst dann befreit. Deshalb ist die Lebensaufgabe eines Jadebaums der zweiten Lebenshälfte zugeordnet. Die erste Lebenshälfte war bei Hannah eine Art Training, das dazu diente, Erfahrungen zu sammeln. Wichtig bei Menschen, die ein Jadebaumgesicht haben, ist, dass sie die erste Lebenshälfte nicht verträumen und damit das Training verpassen. Denn die erste Lebenshälfte leistet allem, was danach kommt, Vorschub. Sie ist das Fundament, auf dem die Lebensaufgabe gelebt werden kann.

Bei der Gesichtsform Jadebaum lässt sich die Persönlichkeit nicht so einfach erkennen. In so einem Fall ist es notwendig, die wichtigsten Merkmale eines Gesichts sorgfältig einzeln zu betrachten. Augen und Mund sind dabei von überragender Bedeutung, aber auch Muttermale oder die Gestaltung der Stirnfalten, die uns Auskunft über Denkprozesse, Interessen und

Vorlieben geben, können hier äußerst hilfreich sein. Dies setzt jedoch das Studium verschiedener Gesichtlesetechniken voraus. Die Aussagen zur individuellen Bedeutung von Merkmalen sind zahlreich und von großer Bandbreite. Wer sich darin vertiefen möchte, dem empfehle ich das Studium der chinesischen Gesichtlesekunst. Aber auch in der europäischen Technik der Physiognomik, die ihren Ursprung im antiken Griechenland hat, finden sich hilfreiche Antworten.

Auch wenn sich die Persönlichkeit bei einem Jadebaum nicht einfach erkennen lässt – leicht sieht man, wenn es ihm nicht gut geht. Der Baum lässt dann die Blätter hängen oder verliert sie gar. Übertragen auf den Menschen kann das heißen, dass sich seine Stimmung verändert und ein Hang zu Melancholie und Sentimentalität zum Vorschein kommt.

RISIKEN DER GESICHTSFORM(EN)

In meinen Readings mache ich regelmäßig auf die Risiken einer Gesichtsform aufmerksam. Wie du im letzten Teil dieses Buches erfahren wirst, kann jede Persönlichkeitsausprägung und jede Lebensaufgabe gewinnend und verlierend gelebt werden. Damit Zweiteres nicht passiert, schauen wir auf mögliche Schwierigkeiten und Unsicherheiten. Bei einem Jadebaum besteht die Gefahr, dass er – bildhaft gesprochen – in den falschen Garten gepflanzt wird. Die Kreativität, Schönheit und das kümmernde Element eines Jadebaums sind bei anderen Menschen durchaus beliebt. Es passiert schnell, dass diese Menschen ausgenutzt werden, weil ihr Wert erkannt wird und jemand sie für seine Zwecke nutzen will. Dies muss nicht immer mit Absicht geschehen, es kann auch unbewusst passieren. Der Jadeanteil steht darüber hinaus für Konfliktscheue und Aufopferung. Wenn Jademenschen also nicht gut auf sich aufpassen, kümmern sie sich irgendwann nur noch um die Ziele anderer und opfern sich dafür auf.

WEITERE EINGRENZUNG: TALENTE

Hätte ich bei Hannahs Reading nur diese Aspekte ihres Gesichts in den Blick genommen, wäre eine Vielzahl an möglichen Lebensaufgaben infrage gekommen. Was also tun, um die Bandbreite an Möglichkeiten weiter einzuschränken?

Wir könnten nach dem Ausschlussprinzip vorgehen und zuerst die »Autorität« als Teil ihres Archetyps streichen. Baum und Jade beinhalten beide keinen dauerhaften Führungsanspruch im Sinne einer regierenden Autorität. Von daher entfallen alle königlichen Archetypen wie People's King (König des Volkes) oder die Empress (Eroberin). Anders hingegen sieht es bei den »Unabhängigen« und im Bereich »Service« aus. Der Jadebaum könnte sich in beiden Strömungen wiederfinden. Für mehr Klarheit können, neben weiteren Hinweisen auf die Persönlichkeit, auch die Talente sorgen.

Eine der wichtigsten Komponenten der Lebensaufgabe sind die Talente eines Menschen, die in seinen Gesichtsmerkmalen zum Ausdruck kommen. Sie werden im Anschluss an die Persönlichkeit gelesen, obwohl sie streng genommen ein Teil der Persönlichkeit sind.

Mund

Wo soll man nun beginnen? Es gibt in der Technik des Gesichtlesens keine Vorgaben dazu. Ich selbst rate dazu, den Augen oder dem Mund immer den Vorrang zu geben. Sie sind in ihrer Bedeutung herausgehoben, weshalb es nicht sinnvoll ist, ihnen erst am Ende einer Betrachtung Aufmerksamkeit zu schenken.

Bei Hannah las ich zuerst die Mund-Nasen-Partie: Ihr ausbalancierter großer Mund mit vollen Lippen zeigte ihr Talent für Kommunikation. Die Proportionen verrieten: Dieser Mensch kann sich gut ausdrücken und andere inspirieren. Auch künstlerische Talente wie Schreiben und Singen sind zu vermuten.

Ebenso kommt hier Hannahs Kreativität und ihr Gespür für Ästhetik zum Ausdruck. Das bei ihr breite und tief nach innen gewölbte Philtrum, also die vertikale Rinne, die sich von der Nase bis zur Mitte der Oberlippe herabzieht, fiel mir ebenso gleich auf.

Philtrum, auch Philtron genannt, entstammt dem Altgriechischen und bedeutet so viel wie »Liebeszauber«. Für Gesichtleser jeder Kultur steht dieser Bereich für Anziehungskraft und damit für die Wirkung auf andere. Das Talent der Bühne kann sich hier wiederfinden, wenn das Philtrum auffällig groß und harmonisch geformt ist. Aufgrund von Hannahs starker Ausstrahlung und ihrer offensichtlichen Gabe zu unterhalten (Philtrum mit Lippen in Kombination), war klar: Hier sitzt ein Mensch vor mir, der nicht in der Masse verschwinden darf, sondern auf jede sich bietende Weise Möglichkeiten zum Präsentieren nutzen sollte. Dass Hannah einen großen Teil ihrer Zeit und Energie in ihren Podcast steckte und so anderen Menschen eine Bühne für deren Anliegen gab, war mir bereits bekannt, doch erst jetzt, durch das konzentrierte Lesen ihres Gesichts, wurde mir klar, dass sie selbst ebenfalls eine Bühne benötigte.

Augen

»Die Augen sind das Tor zur Seele« heißt es. Viele Menschen haben mit dieser für sie zu spirituellen Aussage ihre Schwierigkeiten. Nennen wir es daher anders: »Die Augen sind das Tor zu unserem Seelenleben!« Gemeint sind damit unser Gefühlsleben ebenso wie unsere Gedankenwelt. Die Augen, die über den Nervus opticus mit dem Gehirn verbunden sind, verraten nämlich weitaus mehr, als uns vielleicht bewusst ist.

Für Gesichtleser lassen sich auch an den Augen Talente ablesen. Hannahs große, sehr ausdrucksstarke, festhaltenden Augen, in deren Zentrum sich große Pupillen befinden, wiesen auf das »Talent der Augen« hin. Sie nimmt Dinge wahr, die andere leicht übersehen.

In einigen Kulturen wurde man früher mit dieser besonderen Beobachtungsgabe als »Seher« bezeichnet. Ein Mensch mit dem Talent der Augen kann Dinge antizipieren, die anderen widerfahren werden. Das kann zum Problem werden, wenn sich der »Sehende« in der Kommunikation ungeschickt ausdrückt. Neben dem Missverstehen kann die Weitergabe von Wissen – auch wenn es auf einem Talent fußt – als Besserwisserei ausgelegt werden. Schlimmstenfalls gilt der Seher dann als jemand, der immer Probleme an die Wand malt. Tatsächlich aber nehmen derart talentierte Menschen früh Dinge wahr, die sich abzeichnen und deshalb sehr wahrscheinlich auch eintreten werden.

Stirn

Im Reading wandte ich mich nun Hannahs Stirnfalten zu. Sie drücken Interesse auch, eine hohe Gedächtnisleistung und rege Gehirnaktivitäten, insofern sind sie auch ein Ausdruck der Persönlichkeit. An den langen horizontalen Stirnfalten, die keine Brüche oder Wellen aufwiesen, konnte ich Hannahs reges Interesse an vielen Themen und ihren scharfen analytischen Verstand erkennen. Zumal diese Falten im Verlauf des Gesprächs mimisch deutlich eingesetzt wurden.

Direkt oberhalb der Augenbrauen, angedeutet und nicht zusammenwachsend, befanden sich bei Hannah kleine Falten, die im Gesichtlesen dem Instinkt und der Intuition zugeordnet werden. Für mich war dadurch klar, dass sie nicht ausschließlich emotional gelenkt ist, sondern dass sie ihre Entscheidungen gleichermaßen mit Herz und Verstand trifft. Ein chinesischer Gesichtleser würde sagen, dass sie »nicht einbeinig durch die Welt hüpft, sondern mit beiden Beinen durch das Leben schreitet«. Im Deutschen gibt es die Formulierung: »mit beiden Beinen auf dem Boden geblieben«, die etwas Ähnliches meint.

Talent der Liebe

Ein eher selten auftretendes Talent ist das »Talent der Liebe«. Bei Hannah ist es zwar durch die Gesichtsformkombination Jadebaum bereits zu vermuten, aber nicht verifizierbar. Dieses Talent lässt sich oft nur durch eine Vielzahl von Merkmalen entdecken. So ist es in ihrem Falle die Kombination aus großen Augen mit langen Wimpern, den feinen, fast durchsichtigen Härchen auf den Wangen und dem besonderen Haaransatz, der im chinesischen Gesichtlesen den Beinamen »Witwenspitze« trägt. Dieser Haaransatz steht für den Wunsch zu geben, zu unterstützen und zu helfen, aber dasselbe für sich nicht einzufordern. Er steht auch für den interessanten Widerspruch, dass es sich hier um einen Menschen handelt, der gesehen werden möchte, oft auch deshalb die Bühne anstrebt, im Grunde seines Herzens aber schüchtern ist. Diese Mischung aus helfender Präsenz und zarter Feinfühligkeit wird ausdrucksstark unterstützt durch ein einnehmendes Lächeln (sichtbar durch kleine Fältelungen seitlich neben den Augen) und einer positiven Mimik (Mundwinkel, die sich an den Rändern ausnahmslos nach oben bewegen). So verrät die herzliche Ausstrahlung zusätzlich, welchen Stellenwert das Thema Liebe bei einem Menschen hat.

Wer das Talent der Liebe hat, kann sich besonders gut in andere Menschen hineinversetzen, ist sehr empathisch und mitfühlend und hat zudem die Fähigkeit, andere Menschen zum Aufblühen, zu Wachstum zu bringen. Sie fühlen sich wirklich gesehen und dadurch beschützt und geborgen.

Eigenantrieb und Selbstverwirklichung

Im Gespräch mit Hannah fiel mir auf, dass sie, trotz ihrer Feinfühligkeit, um den Kieferbereich eine starke Muskulatur aufgebaut hatte. Diese hatte sie als Kind (natürlich ebenso wie die Falten) sicher noch nicht derart ausgeprägt besessen. Sie weiß also für ihre Themen einzustehen und dafür zu kämpfen, dachte ich mir. Ich rückversicherte mich nochmals bei ihren Augen und nahm, besonders am linken Auge, die spitz zulaufende Form wahr. Ein Zeichen, dass es sich hier um jemanden handelt, der nicht angeschoben oder motiviert werden muss. Augen mit diesem Schnitt sind sogenannte »Self Starter«-Augen. Sie verraten, dass ihre Trägerin oder ihr Träger viel Eigenantrieb und Gestaltungswillen besitzt.

Indem ich diese Information mit der Aussagekraft von Hannahs Ohren verband, erhielt ich ein weiteres Talent. Die Helix, also der wulstartig verdickte Rand der Ohrmuschel, besteht aus einem mit Haut überzogenen Knorpel. Bei den meisten Menschen findet sich hier ein äußerer und ein innerer Rand. Wenn, wie bei Hannah, der innere Rand sichtbar dominiert und den äußeren Rand überragt, spricht man im Gesichtlesen vom Wunsch nach Selbstverwirklichung.

Gestaltungswille, Eigenantrieb und der Wunsch nach Selbstverwirklichung sind klare Hinweise für das Talent des Creators, das Talent des Erschaffens. Häufig findet es sich bei aktiven Menschen, die nichts versäumen wollen und ihr Leben auch daran bemessen, was sie der Nachwelt hinterlassen. Sie möchten weder rasten noch ruhen und schon gar nicht in den Fußspuren ihrer Vorgänger wandeln – sie wollen ihre eigenen hinterlassen.

MIMIK UND STIMME

Viele Talente meiner Kunden erkenne ich durch deren Mimik und Stimme. Das war bei Hannah nicht anders. Das erklärt auch, warum es sehr schwierig ist, die Lebensaufgabe einen Menschen nur anhand von Fotos lesen zu wollen. Hannahs warme, herzliche Stimme, wird Jade zugeordnet. In diesem Falle ein Zeichen für Authentizität, bestätigt sie doch die Gesichtsform des Jadebaums. Überraschend war für mich aber die Bestimmtheit ihrer Stimme. Verantwortlich hierfür sind die Klangfarbe und der Rhythmus. Diese Bestimmtheit verwies auf das Talent des

Anführens. Die Schlussfolgerung lag auf der Hand: Hannah kann gut anleiten, andere bei der Hand nehmen, ohne dass sie ein »Schwert«, ein Machtmittel, dafür benötigt, und ohne dass sie einen wie auch immer gearteten Thron besteigen muss.

Wie so oft in einem Reading warf ich auch bei Hannah nochmals einen schnellen Blick über alle Merkmale. Dabei fiel mir auf, dass ich in ihrer Mimik beinahe einen wichtigen Aspekt übersehen hätte. An der Art, wie ihre Augen sich bewegten – sie sprangen flink, neugierig und umtriebig hin und her –, konnte ich das Talent der Welt ablesen. Hannah reist also gerne, ist gern unterwegs. Mehr noch: Ihre Lebensaufgabe machte dies geradezu erforderlich!

GESICHTSFORM UND MERKMALE ERGEBEN EIN GESAMTBILD

An dieser Stelle fasse ich die Talente und Persönlichkeitsausprägungen gern noch mal zusammen und ergänze sie um Beobachtungen, die nicht durch ein spezielles Merkmal, sondern durch die Kombination verschiedener Merkmale sichtbar werden.

Bei Hannah sah ich eine vertrauenswürdige Person, die dynamisch, unternehmungslustig und einfühlsam ist. Sie kann gut mit Menschen umgehen, ist aufrichtig, feinfühlig und empathisch. Sie ist pragmatisch und analytisch, kann aber auch sehr gut auf ihr Bauchgefühl hören. Eine Frau mit einer interessanten Mischung aus Direktheit, Aufrichtigkeit und einer liberalen Grundgesinnung. Dabei ist sie stets großzügig und hilfsbereit.

Hannah ist eine Wahrheitssuchende, liebt die Schönheit und versteht schnell, was Menschen fehlt. Sie kann die Gefühle anderer gut einordnen und sich in andere hineinversetzen. Sie sieht, was andere nicht sehen, erkennt Zusammenhänge und ist eine gute Beobachterin. Sie kann andere inspirieren und mitreißen, hat eine starke Vorstellungskraft, generiert immer wieder Ideen, initiiert Projekte und ist innovativ. Sie hat hohe Ideale, was für

Missverständnisse sorgen kann, weil andere sich dadurch manchmal unter Druck gesetzt fühlen. Sie ist sehr ambitioniert und drängend, aber auch, was widersprüchlich erscheint, intuitiv und sucht nach Balance und Harmonie. Sie hat einen gewinnenden Humor. Sie bedauert nichts und wenn doch, dann eher nicht, was sie getan, sondern was sie nicht getan hat.

Durch ihre Rastlosigkeit setzt sie sich zeitweise unnötig unter Druck. Sie ist voller Erlebnishunger und Wissensdurst. Sie lernt gern und ist neugierig, was dazu führen kann, dass sie sich ablenken lässt.

WIDERSPRÜCHE

Wie du schon bemerkt hast, spreche ich auch die Gegensätze und Widersprüche an, die mir auffallen, wenn ich ein Gesicht lese. Widersprüche sind wichtig, weil sie von der Individualität eines Menschen zeugen. Ohne sie wären wir alle uniforme, langweilige und nüchterne Wesen, die sich schnell zuordnen ließen.

Bei Hannah gibt es einen auffälligen Widerspruch zwischen ihrer Strukturliebe und ihrer Abneigung gegen zu viel Vereinfachung und Klarheit. Wie oft hörte ich sie im Entstehungsprozess dieses Buches sagen: »Eric, wir müssen da eine Struktur reinbringen!« Wissend um ihre großen Fähigkeiten in dieser Frage nickte ich ihr dann dankbar zu. Der dringliche Wunsch, Systeme zu strukturieren und Prozesse zu veranschaulichen oder zu vereinfachen, führt, wenn er denn umgesetzt ist, aber nicht dazu, dass Hannah zufrieden wäre. Dem Gefühl der Unruhe, weil etwas nicht überschaubar, also unter Kontrolle ist, folgt bei erfolgreichem Strukturieren eine große Langeweile. Hannah braucht also eine Art Zwischending, um wachsen zu können. Ich spreche hier gern vom »geordneten Chaos«.

Auch ihre Liebe für ihr Heim, ein Zuhause, das ihr Schutz und Gleichgewicht schenkt, wirft Widersprüche auf. Denn das

Talent der Welt, welches sie ja in sich trägt, veranlasst sie dazu zu reisen und umtriebig zu sein. Ich riet ihr, sie sollte sich weniger an einer Burg, sondern eher an einem Hafen orientieren, wenn sie für diese Gefühlslage ein Bild benötigt. Damit konnte sie als visueller Mensch gut arbeiten.

Insgesamt sind solche Widersprüche nichts Tragisches, sondern eher normal. Jeder Mensch trägt sie in sich. Sie sind kein negatives Merkmal, sie geben uns schlichtweg Hinweise auf widersprüchliche Eigenheiten, für die wir in unserem Leben einen Weg suchen sollten, auf dem sie sich vereinen lassen.

In Bezug auf solche Widersprüche meinte ich einst zu meinem Lehrmeister, dass man sie nicht immer vereinen könne. »Ein Fisch kann nun mal nicht schwimmen und fliegen zugleich!«

»Das stimmt, Eric, aber fliegende Fische können beides. Nur eben nacheinander!«

An dieser Stelle sei erwähnt, dass wir uns bei Widersprüchen nicht zwingen sollen, eine einseitige Haltung einzunehmen, sondern nach Wegen zu suchen, wie wir für beide Seiten unseres Wesens Möglichkeiten finden, um sie auszuleben.

Die bunte Vielfalt von Hannahs Talenten rund um Kommunikation, Liebe, Wahrnehmung, Führung, den Willen, etwas erschaffen zu wollen und den Wunsch nach Anerkennung macht ihre Lebensaufgabe nicht nur facettenreich, sondern auch komplex – eben nicht einfach zu finden.

ZUORDNUNG EINES ARCHETYPS

Anhand der großen Zahl und Komplexität ihrer Talente spüren Menschen oft, dass vieles möglich ist. Vielleicht *zu* viel.

»Ich könnte so viel machen und sein, ich weiß wirklich nicht, was ich eigentlich tun soll. Was ist denn mein wichtigstes Talent? Vielleicht richte ich mich danach?«, solche Fragen bekomme ich von Kunden häufig gestellt.

Es gibt jedoch kein wichtiges oder unwichtiges Talent. Unsere Begabungen stehen alle gleichberechtigt nebeneinander. Im Zweifelsfall sollten wir uns unserer Multitalentiertheit erfreuen und sie nutzen.

Man kann sich vorstellen, dass es für einen Gesichtleser eine besondere Herausforderung darstellt, einem Menschen, der über sehr viele unterschiedliche Talente verfügt, einen Archetyp zuzuordnen. Dies verlangt Fokussierung, Erfahrung und die Bereitschaft, sich einzufühlen. Bei Hannah war dies auch so. Bei ihr hatte ich mich deshalb für eine Art Ausschlussverfahren entschieden. Ich wollte mögliche Archetypen in meinem Geist abfragen und mit ihren Talenten abgleichen. Diese Vorgehensweise kann ich dir empfehlen, wenn du unsicher bist, welcher Archetyp auf dich zutrifft.

MULTITALENTE

In einer Welt, die in den letzten Jahrzehnten nur den Spezialisten huldigte, wertschätzt ein Generalist nicht mehr seine Bandbreite. Ich darf an dieser Stelle aber darauf hinweisen, dass es die Universalgelehrten sind, die die Menschheit wirklich nachhaltig weitergebracht haben. Ihnen gelang und gelingt es, über den Tellerrand hinauszublicken und den eigenen Interessenschwerpunkt nicht zum Maß aller Dinge und zum Mittelpunkt allen Denkens und Handelns zu machen.

Bei Hannah fielen alle Archetypen weg, die mit herrschen oder erobern zu tun haben (etwa Königin oder Eroberin). Der Jadebaum als Gesichtsform ist für das Herrschen wie gesagt ungeeignet, selbst wenn Hannah durch ihre warme Stimme auch ohne

Thron führen kann. Archetypen, die mit Autorität zu tun hatten, konnte ich also ausschließen, ebenso die des Services. Sie musste also irgendwo im Bereich der Unabhängigen zu verorten sein. Doch auch so war das Angebot noch groß. Das Ausschlussverfahren ging also weiter. Alle mystischen und spirituellen Archetypen (etwa Priesterin, Geistliche) fielen ebenfalls weg, dagegen sprach Hannahs Pragmatismus, den sie mit ihrer analytischen Vorgehensweise vermischte. Ihre Ambitionen und Zielorientiertheit ließen auf andere Archetypen schließen. Der »Explorer oft the Heart« (ein Entdecker, der erkundet und anspricht, was Menschen bewegt) entsprach vielen ihrer Talente, auch ihrem Talent der Liebe. Dagegen stand allerdings, dass sie das Talent der Bühne mitbrachte, was dem Explorer nicht eigen ist. Hannahs Sendungsbewusstsein war mir jedoch nicht entgangen.

Eine seltene Entdeckung: das Orakel

Zu Beginn des Readings empfand ich die Lebensaufgabe des Problemlösers als passend. Ja, Hannah ist mit all ihren Talenten eine perfekte Problemlöserin. Trotzdem wäre ihr, anders als einem Problemlöser, ein Schulterklopfen als Dank zu wenig. Das würde sie nicht glücklich machen. Sie sucht die Aufmerksamkeit und etwas, das sich irgendwo zwischen Anerkennung, Respekt und Liebe bewegt. Der Botschafter war ebenfalls ein naheliegender Archetyp für Hannah, da sie gut kommunizieren und Botschaften überbringen kann. Ein Botschafter benötigt allerdings nicht das Talent der Augen, welches sie besitzt. Mit ihrem Talent der Kommunikation könnte sie auch »The Voice«, also die Stimme sein. Jemand, der anderen, die sich selbst nicht artikulieren können, seine Stimme leiht. Jemand mit diesem Archetyp braucht allerdings ebenfalls kein Talent der Augen. Da ging mir ein Licht auf: Sie ist eine Stimme, die zusätzlich sehen kann. Eine Kombination aus sehen, wahrnehmen, erkennen und ausdrücken können!« Mein chinesischer Lehrmeister sagt bei Menschen, in denen sich diese Talente verbinden: *When eyes meet mouth* – bei ihnen treffen die Augen den Mund. Das war für mich der entscheidende Hinweis. Damit blieb dann nur ein Archetyp übrig. Er begegnet mir nicht häufig: das Orakel.

Ein Orakel sieht Dinge und Zusammenhänge und kann sie in einfachen Worten ausdrücken. Diese Worte werden zur Botschaft des Orakels. Das Orakel ist eine Autorität, aber unabhängig. Ein Orakel muss nicht immer leisten. Wenn es keinen Rat geben oder nicht präsentieren will, dann zeigt es sich nicht. Noch lebte Hannah diesen Archetyp nicht. Die Tatsache, dass sie sich ein Reading für ihre Lebensaufgabe wünschte, verriet mir dies. Mein Lehrmeister sagte einst: »Diejenigen, die ihre Lebensaufgabe bereits leben, werden nicht wegen dieses Themas zu einem Reading kommen. Es sind diejenigen, die sich verlaufen haben auf ihrem Weg dorthin oder die dicht davorstehen.« Bei Hannah war Letzteres der Fall.

Der reisende Schüler als Zwischenstation

Es war also noch eine Wegstrecke hin zu ihrer Lebensaufgabe zu bewältigen. Der Lebensabschnitt, auf dem sie sich gerade befand, wird im Gesichtlesen als »path of the traveling student« bezeichnet. Ein Pfad also, den ein reisender Schüler beschreitet. Dies ist eine nicht klar definierte Lebensphase, wenn es um die zeitliche Zuordnung geht. Wir können bereits als Kinder diesen Pfad beschreiten oder erst viel später, im Alter. Eigentlich jederzeit. Auch muss er nicht am Stück beschritten werden, die zeitlichen Etappen, in denen »der reisende Schüler« uns fordert, damit unsere Entwicklung vorangeht, können unterschiedlich lang sein. Bei mir selbst war die Phase des reisenden Schülers nach meinem Burn-out drei Jahre lang – mit zwei Rückschlägen und einer Wiederholungsphase dazwischen. Dem folgte dann noch die sechsjährige Lehrzeit bei meinem chinesischen Meister.

Ich erklärte Hannah den Archetyp des reisenden Schülers, der genau genommen eine wiederkehrende Zwischenstation bezeichnet. In früheren Zeiten, die stark von ländlichen Dorfgemeinschaften geprägt war, kam es immer wieder vor, dass sich Menschen mit ihren Talenten nicht zugehörig fühlten. Was sollte man beispielsweise mit einem Talent der Bühne und der Kommunikation anfangen, wenn um einen herum beim Fischen, Ackerbau, Fallenstellen, Jagen, Kochen oder Hüttenbau ganz andere Fähigkeiten gefragt waren?

Die Erwartungshaltung der Gemeinschaft, auch der eigene Wunsch, etwas Größerem anzugehören (denn das bedeutete Schutz), sorgte bei solchen Menschen häufig für Anpassung. Leider aber auch für Ignoranz der eigenen Lebensaufgabe. Aggression, Depression oder ein Leben als Außenseiter waren häufig die Folge. Manche verließen auch die Gemeinschaft, weil sie spürten, dass hier kein Wachstum für sie möglich war, dass sie sich in dieser Umgebung nicht verwirklichen konnten. Außerhalb des Dorfes lauerten jedoch Gefahren. Hunger, Krankheit, Überfälle und Krieg konnten den Traum von Freiheit, Selbstbestimmtheit und Talentverwirklichung schnell beenden. Genau deshalb schlossen sich dieses reisenden Schüler mit ungewöhnlichen Talenten häufig einer anderen Autorität an. Das konnte ein Mönch sein, der das Dorf auf seiner Reise besuchte, eine Karawane, die vorbeizog, oder ein Heer, das vor dem Dorf lagerte. Gestern wie heute suchen reisende Schüler nach Möglichkeiten und Unterstützung, um ihren Weg durch Mut und Orientieren beginnen oder fortsetzen zu können.

Alles was sie auf dem Weg lernen, erleben und erfahren, trägt dazu bei, dass sich die Talente eines solchen Menschen schärfen, dass er sie trainiert und ausprägt. Am Ende dieses Abenteuers steht die Lebensaufgabe.

Diese Dinge erzählte ich auch Hannah. Sie hörte aufmerksam zu, fragte dann aber etwas kritisch:

»Aber was ist, wenn man nicht reisen kann? Wenn man Familie hat, Verpflichtungen. Manch einer wird es sich auch finanziell gar nicht erlauben können!«

Ich verstand ihren Einwand und schmunzelte: »Ich sage ja nicht wie Jesus zu den Jüngern: Lasst alles stehen und liegen und folget mir nach!« Diese Reise kann jeder in seinem Tempo und entsprechen seiner Möglichkeiten unternehmen. Außerdem muss es auch keine physische Reise sein. Sie kann auch mithilfe von Büchern, des Internets oder des Besuchs von Vorträgen und Seminaren unternommen werden. Für viele ist schon das Verlassen ihrer Alltagsroutinen ein großer, herausfordernder Schritt.

Getrieben von ihren Ambitionen und ihrem analytischen Verstand sagte Hannah an diesem Punkt des Readings: »Okay, das mit dem reisenden Schüler leuchtet mir ein. Ich glaube auch, dass das Orakel sehr gut zu mir passt. Aber wie finde ich denn den Beruf oder das Thema, das dem entspricht?«

Diese Frage wird mir natürlich oft und in vielen Varianten gestellt. Sie ist nur leider so nicht zu beantworten. Du kannst die Lebensaufgabe nicht mit dem Verstand suchen oder finden. Du musst an Orte gehen und dich mit Themen beschäftigen, wo du ihr begegnen kannst. Du findest deine Lebensaufgabe in einem Umfeld, in dem du nicht zielorientiert oder analytisch vorgehst, sondern wo du Dinge tust, die dir an erster Stelle Freude machen. Wo du deinen Interessen folgst. So wirst du auf ein Thema stoßen, das dir zum Werkzeug wird, um deine Lebensaufgabe zu leben. Deshalb schaue nicht zu sehr, was für ein Beruf passend sein könnte, sondern begib dich zu Themen und Menschen, auf die dein Herz anspringt.

PERSÖNLICHE HERAUSFORDERUNGEN

Jeder Mensch steht, je nach Lebensweg, vor ganz individuellen Herausforderungen beim Finden, Annehmen und Leben seiner Lebensaufgabe. Je nachdem, wie gut ich den Menschen kenne, der mir in einem Reading gegenübersitzt, kann ich ganz konkrete oder eher übergeordnete Hinweise dazu geben.

Hannah kannte ich inzwischen gut und war mir sicher, dass sie richtig damit umgehen würde, wenn ich ihr sagte, dass sie eine Autorität ist. Würde sie dies nicht annehmen können, würde es mit einer wie auch immer gelebten Berufung schwierig werden. Dann würde sie weiterhin »nur« den anderen helfen und ihre eigene Lebensaufgabe nicht leben.

Hannah hatte mir erzählt, dass sie einige negative Beispiele von Autoritäten kennengelernt habe und daher keine positive Assoziation mit dem Begriff und der Rolle habe.

»Dann mach es besser«, sagte ich zu ihr. Sie selbst, und das versuchte ich ihr aufzuzeigen, war nämlich eine Autorität ganz anderer Art. Eine, die durch ihr Sein und durch ihre Energie führte. Eine, die keinen Druck einsetzen muss, um anderen etwas zu vermitteln.

In Hannahs Fall wird es immer Menschen geben, die sie bewusst missverstehen wollen. Und es wird immer Menschen geben, die über sie sprechen, wenn sie nicht dabei ist. Das darf sie jedoch nicht davon abhalten, ihre Autorität anzunehmen.

»Sei nicht angepasst, sei eine ungewöhnliche Autorität«, riet ich ihr. Alle ihre Fragen, alle Unstimmigkeiten und Unsicherheiten, waren in völliger Übereinstimmung mit der Lebensphase, in der sie sich gerade befand.

Diese Botschaft möchte ich auch dir mit auf deinen Weg geben. Verwirrung und konfuse Zukunftsszenarien sind ein Teil unseres Findungsprozesses. Sie sind Vorboten von Klarheit, deshalb können wir sie vertrauensvoll annehmen und ganz bewusst mit ihnen arbeiten.

In diesem Moment des Readings, ich erinnere mich noch gut daran, wurde mir klar, wie dankbar ich für die Begegnung mit Hannah war. Sie war nicht wirklich jemand, der Rat benötigte, sie benötigte Austausch. Sie brauchte keinen Lehrer, keinen Meister, denn der war bereits in ihr. Ich empfahl ihr, sich mehr mit anderen, mit ungewöhnlichen Menschen auszutauschen, sich in unbekannte Umgebungen zu begeben und sich mit neuen Inhalten zu konfrontieren. So würde sie dem Thema, mit dem sie ihre Lebensaufgabe erfüllen konnte, begegnen.

HANNAHS LERNSÄTZE

Um sie auf dem Weg zu ihrer Lebensaufgabe zu unterstützen, gab ich Hannah am Schluss des Readings noch zahlreiche Lernsätze mit. Sie sollten sie zum Nachdenken anregen und als Inspiration dienen. Einige davon möchte ich mit dir hier teilen:

- ◇ Den Schatz findest du nicht in einer Holzkiste (ein Hinweis, nicht im Materiellen Erfüllung zu suchen).
- ◇ 120 Prozent sind hässlich, 90 Prozent sind wunderschön (ein Hinweis, es nicht zu übertreiben mit der Perfektion).
- ◇ Lerne auch mit deinen negativen Energien umzugehen (abgelehnt und missverstanden zu werden sind Lernfelder).
- ◇ Die Meinung der anderen ist auch nur eine Meinung. (Lass dich nicht von Kritik und Kommentaren zu sehr beeindrucken.)
- ◇ Gib nur Rat, wenn du danach gefragt wirst. (Wer seinen Rat anderen aufdrängt, ist bei sich selbst ratlos.)

Mein ganz persönlicher Lernsatz für sie lautete jedoch:
»Wenn du zwei Beine hast, dann renne, wenn du ein Bein hast, dann hüpfe und wenn du kein Bein hast, dann fliege.« Das war zugleich mein Versprechen für ihre Zukunft. Es gibt immer einen Weg. Ich war mir sicher, dass sie kurz vor ihrer Selbstverwirklichung stand, und wiederholte in meinen Worten: »Irgendwann, vielleicht schon sehr bald, wirst du fliegen – wenn du es nur zulässt.«

EINFLÜSSE UND HINDERNISSE AUF DEM WEG

Die individuellen Voraussetzungen eines Menschen haben Einfluss darauf, wie schnell beziehungsweise langsam seine Reise hin zu seiner Lebensaufgabe verläuft. Das Bewusstsein und Verständnis für diese Voraussetzungen kann uns helfen, unseren eigenen Weg wertzuschätzen und anzunehmen.

VON INNEN NACH AUSSEN

Jedes Werden in der Natur, im Menschen, in der Liebe muss abwarten, geduldig sein, bis seine Zeit zum Blühen kommt.

DIETRICH BONHOEFFER

»Kurz bevor die Sonne aufgeht, ist die Nacht am dunkelsten.« Für mich steckt in diesem Sprichwort sehr viel Wahrheit, besonders wenn es um diejenigen geht, die ihre Lebensaufgabe suchen. Mir ist noch niemand begegnet – auch wenn dies vielleicht möglich ist – der, bildhaft gesprochen, auf einer »blumengesäumten Schnellstraße in seine Berufung rast«. Jeder hat auf diesem Weg mit Hindernissen und Herausforderungen zu kämpfen. So gehen manche Menschen durch tiefe Sinnkrisen, andere verlieren für eine Zeit ihre Gesundheit oder alles, was ihnen lieb und teuer ist. Wieder andere verlieren sich in einer ewig anhaltenden Langeweile oder gar im »Nirwana«. Sie reisen rastlos umher in der Hoffnung, auf der Reise wegweisende Antworten zu finden.

Es ist tatsächlich eine Reise, die uns zu unserer Lebensaufgabe führt. Und ja, sie kann hin und wieder auch erfolgreich im Außen stattfinden. Sie ist aber auch immer eine Reise in unserem Inneren, hin zu uns selbst. Egal wohin du reist, du hast dich immer selbst mit im Gepäck.

DER LOCKENKOPF AUS HONGKONG

So ging es auch meinem Klienten Aaron, der viele Flugmeilen und Wege auf sich nahm, um sich selbst zu verwirklichen. 2018 hatte ich den sympathischen Lockenkopf in Hongkong kennengelernt. Er war ein reiselustige Deutscher in der Stadt, in der ich selbst auch viele Jahre verbrachte, daher hatten wir schnell eine besondere Verbindung zueinander. Drei Readings und vier Jahre später erfuhr ich von Aarons Rückkehr nach Deutschland. Aus mehreren Mails und Textnachrichten konnte ich herauslesen, dass es ihm nicht gut ging, obwohl wir seine Lebensaufgabe in einem der Readings erkannt und Schritte für den Weg dorthin definiert hatten. Doch offensichtlich war Aaron auf diesem Weg irgendwo steckengeblieben.

Die eigenen Stärken nicht vergessen

Die Berufung zu erkennen heißt eben noch lange nicht, dass man sie auch annimmt und verwirklicht. Wie wir noch sehen werden, sind dafür viele Faktoren wichtig: Der Ort, der Zeitpunkt, aber auch der Umstand, dass Hindernisse abgebaut werden müssen.

Aaron war also zurück in Deutschland und von der glücklichen Verfassung, in der ich ihn in Hongkong erleben hatte, war nichts mehr zu spüren. Hatte es mit der Pandemie zu tun? War es das Heimweh? Beides konnte ich mir nicht vorstellen. Ich stimmte zu, ihn kurzfristig und trotz vollem Terminplan ein weiteres Mal zu treffen. Er musste allerdings zu meinem Hotel in eine Kleinstadt nahe Hannover reisen. Dort unterstützte ich gerade einige Unternehmen, und wusste selbst nicht genau, wann ich Zeit für ein Treffen finden würde. Doch Aaron war flexibel. Er fuhr einige Hundert Kilometer zu mir und musste dann mehrere Stunden auf mich warten, aber dann konnte unserer Treffen in Foyer des Hotels schließlich stattfinden.

Ich freute mich, Aaron wiederzusehen, auch wenn seine Mimik wenig Anlass für Frohsinn verhieß. Seine Stirn lag in tiefen Falten, sein Blick war unruhig, sein Körper befand sich in rastloser Bewegung. Auch seine Stimme war brüchig und seine Art zu sprechen war nicht die, die ich aus Hongkong kannte. Er wiederholte Sätze und zweifelte sich selbst immer wieder an.

Vor mir saß kein Mensch, der seine Lebensaufgabe lebt. Mein Auftrag war klar: Ich musste ihn an seine Stärken, seine Talente und die daraus resultierende Selbstverwirklichung erinnern. Wir mussten einen gangbaren Weg neu definieren, damit er wieder hoffnungsfroh nach vorne blicken konnte.

Rückkehr auf den eigenen Weg

Viele Stunden später, mitten in der Nacht, erreichte mich eine Sprachnachricht von Aaron, die er wohl auf den letzten Kilometern seiner langen Autofahrt durch eine stürmische und regnerische Nacht aufgesprochen hatte: »Eric, ich wollte dir meine Gedanken mitteilen und mich bedanken. Die Reise zu dir hat sich wirklich gelohnt. Da war so viel Vertrautheit, die mit dem Verständnis kommt, dass ich auf dem richtigen Weg bin. Auf meinem Weg!«

Voller Klarheit resümierte der zuvor noch unruhige Geist nun seine zurückliegenden Jahre, wohl um sich auf diese Weise den Weg hin zu seiner Berufung nochmals zu verdeutlichen:

»Es war mir wirklich wichtig, dich heute zu treffen. Mein Leben lang hatte ich Schwierigkeiten, mich in Kategorien wiederzufinden. Ich habe Interesse am Unternehmertum, bin aber nicht sehr pragmatisch. Ich unterrichte mit Begeisterung, aber sich wiederholende Lehrpläne langweilen mich. Ich liebe es zu lernen, aber Ausbildungen, die mit einer Prüfung abschließen, erzeugen in mir Widerstand. Ich sehne mich nach Erfolg, aber lehne lukrative Jobs ab, wenn ich ein ungutes Gefühl habe, obwohl ich das Geld gerade gut gebrauchen könnte.«

Er hat es auf den Punkt gebracht, dachte ich und war gespannt, welche Erkenntnisse nun folgen würden.

»Diese inneren Gegensätze haben mir in den letzten Jahren viel Kopfzerbrechen bereitet. Nun feiere ich in wenigen Monaten meinen 30. Geburtstag.« Er stockte kurz, suchte nach den richtigen Worten: »Mein letztes Jahrzehnt ist ungewöhnlich verlaufen.

Ich habe keine technische Ausbildung, keinen Uni-Abschluss, und habe mich einem Beruf ohne eindeutige Berufsbezeichnung verschrieben. Wie genau die nächsten Jahre für mich aussehen werden, weiß ich nicht. Und trotzdem fühle ich nach unserem Gespräch eine wachsende Ruhe in mir, genährt von einem besseren Verständnis für meine Persönlichkeit, meine Talente und die Lebensaufgabe, an die du mich wieder erinnert hast.«

Getrieben ohne Antrieb

Ich blickte aus dem kleinen Fenster meines Hotelzimmers auf die triste Kulisse, wie sie vielerorts in Bahnhofsnähe anzutreffen ist. Die freundlichen Worte von Aaron brachten mir ein wenig Licht in den Abend des vollgepackten Tages. Ich erinnerte mich an unser erstes Reading in Hongkong, zu einem Zeitpunkt, den Aaron selbst als »Tiefpunkt meines Selbstwertgefühls« bezeichnet hatte. Seine Freundin Clare, die in Hongkong aufgewachsen war, jedoch an vielen Orten der Welt studiert und gearbeitet hatte, hatte ihn damals zu mir geschickt. Zusammen mit ihr leitete er ein Yoga-und-Movement-Studio in Causeway Bay, ganz in der Nähe von Hong Kongs Central Business District, wo ich zumeist zu tun hatte.

Der Druck, das Studio am Laufen zu halten, später gar unter Pandemiebedingungen, der Wunsch seiner Partnerin nach einer Familie – und dies nicht erst in vielen Jahren –, all das hatte Aaron seinerzeit sehr belastet. »Ich wusste nicht, wie es weitergehen sollte. Das war nicht neu für mich. Schon in der Mittelstufe war mir klar, ich will meiner Berufung folgen, Aber wie die aussah, das wusste ich nicht. Nach dem Abitur zog ich von Frankfurt nach Berlin und jobbte in einem Café am Alexanderplatz. Dann fragte mich ein Freund, ob ich Handstandüberschlag und Rückwärtssalto machen könne. Sein Showteam brauchte dringend einen fünften Mann. Mit dem Aufwand eines halben Probetags und einem fünfminütigen Showauftritt verdiente ich mehr als im gesamten vorherigen Monat als Barista, inklusive Trinkgeld. Das Schönste aber war: Es machte riesigen Spaß. Ich hatte echt Feuer gefangen, schmiss meinen Job im Café hin und tourte als Performer mit dem Parcours Team quer durch Deutschland. Der Erfolg ließ nicht auf sich warten. Mein Name stand im Abspann eines Kinofilms, in dem ich als Stuntman agierte und auch als Sportmodel für namhafte Unternehmen tauchte ich immer wieder auf den Bildschirmen auf. Und doch war da irgendwann eine große Leere. Sie schlich sich ganz plötzlich an, zumindest habe ich sie vorher nicht bemerkt, und ich fragte mich: Wie kann ich im Leben nur so getrieben und zugleich immer antriebsloser sein?«

Wenn sich die innere Leere meldet

Ich wusste, wovon Aaron sprach. Vielen Menschen ergeht es wie ihm. Sie finden einen Beruf, der sie zeitlich ausfüllt und ihnen auch Bestätigung schenkt. Von außen kommen anerkennende Worte, das Konto ist gefüllt. Und doch fehlt etwas. Der Verstand hadert mit dem Gefühlsleben. Sei doch zufrieden, wenn die Zahlen und die Rückmeldungen stimmen. Aber das Gefühl meldet eine Leere.

Aaron bereiste Asien, machte sich selbstständig, gründete Unternehmergesellschaften und setze alle in den Sand. Bis er auf Clare traf und sie gemeinsam das Abenteuer Selbstverwirklichung angingen, in der Hoffnung, dass ihre Berufung dieselbe sein würde. Doch Aaron hat nicht das Talent des Anführens, er ist kein Regent, niemand der »ein Königreich gründet« und in seinem Unternehmen »residiert«, niemand der bereit ist, das Oberhaupt zu spielen, sei es nun im Studio oder in einer Familie.

»Ich weiß noch, wie du mir im Reading erläutert hast, dass ich drei verschiedene Gesichtsformen in mir trage, was eher ungewöhnlich ist. Jade. Feuer. Baum. Das erklärt die Gegensätze, die ich manchmal in mir spüre und warum es mir schwerfällt, mich in einer einzelnen Rolle zu sehen.«

Ich erinnerte mich, wie ich meine Schwierigkeiten hatte, ihm damals einen Archetyp zuzuordnen, zu facettenreich und vielschichtig war sein Gesicht und damit sein Wesen. Am Ende war es eine Mischform, die seiner Persönlichkeit gerecht wurde.

»Du sagtest: Ich trage Aspekte des Botschafters in mir, was mir sofort einleuchtete. Ich liebe es zu lernen, aber nur dann, wenn ich die gewonnenen Informationen auch nach außen tragen kann. Daneben sahst du einen Heiler in mir. Auch das trifft bei mir auf Resonanz. Ich liebe zwar die Bewegung, dabei geht es mir aber nicht um Wettbewerb. Für mich sollte sie heilsam und mit Freude verbunden sein. Ich möchte meine Kunden glücklich machen. Schon vor Jahren hatte ich in Singapur einen mehrmonatigen Kurs geleitet, bei dem ich Parcours mit Aspekten der Persönlichkeitsentwicklung verband. Noch Jahre später schrieben mir Teilnehmer, um mir zu erzählen, dass sie durch den Kurs einen anderen Zugang zu sich, zum Sport und zur Bewegung gefunden hätten. Heute unterrichte ich Soft Acrobatics. Ich gebe Workshops, Privatunterricht und bin im Kontakt mit Künstlern und Lehrern, die über die gesamte Welt verstreut sind. Leidenschaftlich begleite ich meine Schüler bei der Reise, ihre motorischen Fähigkeiten zu verbessern. Freude an Bewegung empfinden, das ist etwas Heilsames. Sie lassen auch mein Herz aufblühen.«

Ja, genau das war es. Er hatte es begriffen. Er war Botschafter und Heiler in einer Person, nicht ein König. Es ging nicht um das Präsentieren einer Leistung: »Schaut mal, wie toll ich bin«, sondern das Anbieten der eigenen Botschaft, der eigenen Kompetenz und des Wissens, damit andere Menschen gesünder, balancierter und damit glücklicher durchs Leben gehen. Gerade für einen Botschafter gilt: Um Menschen zu inspirieren, musst du ihnen nicht deine Superkräfte vorführen, sondern ihnen ihre eigenen zeigen.

Ob und wann wir unsere Lebensaufgabe finden und leben können, kann von vielen äußeren Einflüssen abhängen. In der Geschichte von Aaron sind einige dieser Einflüsse sichtbar geworden.

BALLAST

Das Leben ist wie eine Ballonfahrt. Manchmal musst du Ballast abwerfen, um wieder zu steigen.

VERFASSER UNBEKANNT

Je mehr Probleme wir im Leben angehäuft haben, desto schwerer fällt ist uns, uns ohne Druck auf unsere Berufung einzulassen. Die Lebensaufgabe darf nicht als Grund zur Flucht dienen. Sie ist auch kein Ort, an den wir uns zum Träumen zurückziehen, damit wir uns nicht mit der Wirklichkeit konfrontieren müssen.

Einige meiner Klienten glauben, ihre Lebensaufgabe sei eine Möglichkeit, um Sorgen und Mühsal zu entkommen. Doch diese Ansätze sind weder langfristig erfolgreich, noch verheißen sie dauerhaftes Glück. Was aus tiefstem Herzen gesucht wird, wird nur halbherzig gelebt, wenn der Mensch lehrreiche Kreise nicht schließt – so die bildhafte Erklärung der Gesichtlesen-Meister.

Das Offenlassen, das Nicht-abschließen-Können wichtiger Themen ist ein nicht zu unterschätzender Hinderungsfaktor für das Erkennen und Erleben der eigenen Berufung. Wie könnte man beispielsweise eine hingebungsvolle und erfüllte Liebesbeziehung leben, wenn man noch der alten Beziehung nachhängt? Steckt ein Mensch gerade in einer Trennungsphase oder durchlebt er eine Zeit der Trauer, sind seine Energien in bestimmten Lebensbereichen gebündelt. Dies lässt das Schließen eines Kreises nicht zu, der eine Voraussetzung zur Umsetzung der Lebensaufgabe ist. Im Gesichtlesen spricht man dann davon, dass der Kreis der Familie, der Gesundheit oder des Abschieds noch nicht geschlossen ist. Es gibt viele weitere Kreise, deren Titel sich an den Herausforderungen eines menschlichen Lebens orientieren.

Energien können noch aus weiteren Gründen gebunden sein. Einige davon sind persönlichkeitsbedingt, andere anerzogen, wieder andere finden sich in der Identität eines Menschen. »Ich bin Bauer, wie meine Vorfahren seit nunmehr zwölf Generationen. Da verlasse ich nicht einfach Hof und Aufgabe«, sagte mir einst ein Kunde, der allerdings überhaupt kein Talent dazu hatte, den großen Hof seiner Eltern zu führen. Da die Eltern sich dies jedoch sehnlichst wünschten, trat der gelernte Industriekaufmann in die Fußstapfen seines Vaters. Nur schade, dass diese von Nostalgie geprägte Vorstellung nicht Hand in Hand mit der Persönlichkeit des Sohnes ging. Er besaß kein Händchen für Tiere und interessierte sich auch nicht für Getreide und Gemüse (Talent der Natur), sondern er sah den elterlichen Hof, den es zu optimieren galt, nur aus der Sicht eines Projektmanagers. Hier hatte er seine Stärken. Er war analytisch, konnte gut mit Zahlen umgehen und erfreute sich an allerlei »Papierkram«. Das Ausfüllen unterschiedlicher Formulare und Anträge gelang ihm mühelos. »Was machen Sie, wenn Sie alle Schweine und Kühe durchgezählt und genau berechnet haben, wie viel Kilo Futter pro Jahr pro Tier eingesetzt werden müssen? Was machen Sie, wenn alles durchoptimiert ist? Die Liebe zur Scholle wird auch dann nicht erwacht sein«, provozierte ich ihn absichtlich.

»Das wird sich finden«, antwortete der Bauer. »Wichtig ist nur, dass die Tradition fortlebt!« Seine Antwort kam bestimmt und ließ keinen Spielraum für Kompromisse oder neue Ideen.

So endete unser Treffen etwas unbefriedigend für beide Seiten. Er erhielt von mir nicht die erhoffte Bestätigung für seine Pläne, ich wiederum konnte ihn nicht zu einem Leben, das sich an seiner Persönlichkeit und seinen Talenten orientierte, inspirieren. Leider endete die Geschichte tragisch. Der Vater verstarb binnen eines Jahres nach Übergabe des Hofes. Die Mutter erkrankte zwei Jahre später an Demenz und wurde zum Pflegefall.

Der Sohn, der in den drei Jahren den Betrieb zahlentechnisch zwar optimiert, ertragsmäßig jedoch geschmälert hatte, verkaufte den Hof und finanzierte mit einem Teil der Summe den Platz in einem Heim für seine pflegebedürftige Mutter.

In einem ähnlichen Falle hatte ein Klient ebenfalls die Absicht, das namhafte Familienunternehmen in die Hände seines Sohnes zu übergeben. Im fortgeschrittenen Alter sah er sich nicht mehr gerüstet für die vermeintlich großen Aufgaben der Zukunft. Mit einem Generationenwechsel wollte er die Veränderung einleiten. Der Sohn ließ jedoch schnell durchblicken, dass er wenig Interesse an der Geschäftsführung eines Unternehmens hatte, auch die Familientradition bedeutete ihm nicht viel. Durchaus Interesse zeigte er jedoch an der Macht und dem Verdienst, welche mit der Position einhergingen, und nahm deshalb die Leitung an. Nach kurzer, jedoch ob der Inkompetenz sehr schmerzhafter Beobachtung des Geschehens an der Firmenspitze reagierte der Vater. In weiser Voraussicht hatte er sich rechtlich eine Hintertür offen gelassen. Er setzte auf Vernunft statt familiäre Sentimentalitäten, entfernte den überforderten Sohn aus der Geschäftsleitung und wandelte das Unternehmen in eine Stiftung um. So konnte das Vermächtnis der Vorväter gewahrt bleiben. Der Sohn wiederum musste fortan keinen Vorbildern gerecht werden, die er selbst nie gewählt hatte. Einige Jahre später fand er dann seine Passion in der Bienenzucht.

Nicht immer gelingt es uns, den Ballast auf die eine oder andere Weise abzuschütteln. Viele Menschen schleppen ihn ein Leben lang mit sich herum. Dies steht ihrer Selbstverwirklichung dann häufig sehr im Weg.

»Wie kann man sich der eigenen Lebensaufgabe zuwenden, wenn sie beispielsweise durch Loyalität, Verantwortungsgefühl oder ein erhöhtes Sicherheitsbedürfnis blockiert ist?« werde ich oft gefragt.

»Schwerlich bis gar nicht«, antworte ich dann zumeist: »Wer seine Freiheit der Sicherheit opfert, der steht am Ende mit nichts von beidem da!«

DIE BÜRDE DER FREMDBESTIMMTHEIT

Anerzogene Ängste, Abhängigkeiten, ein kleingehaltenes Selbstbewusstsein, kulturelle Schranken und Restriktionen kennen auch Frauen aus Indien, die früh in arrangierte Ehen verheiratet werden. Ich habe dies in Readings mit zahlreichen Frauen erlebt. Daraus ergaben sich nicht selten Situationen, die für meine Kundinnen ebenso schwierig waren wie für mich, da sie meinen Rat nicht so einfach umsetzen konnten. Die meisten dieser Frauen haben gerade noch die Schule fertig gemacht, ehe sie dann, häufig noch vor dem 20. Lebensjahr, verheiratet werden. Ihre Männer sind häufig wohlhabende Geschäftsmänner die in Hongkong oder New York leben und arbeiten.

In Dubai hatte ich einige Readings mit solchen Frauen. Eines davon, es war in 2015, ist mir noch immer gut in Erinnerung, da es gleichzeitig eine große Lehre für mich war. Eine Frau kam zu mir ins Hotel, das Madinat Jumeirah, das mich eingeladen hatte, dort meine Readings abzuhalten. Die Frau war Mitte 50, zweifache Mutter und bereits Großmutter. Ihre Kinder und Enkelkinder lebten in London und Melbourne, also weit weg von ihr.

Ihr Mann war Welt- und Handelsreisender und fast ausschließlich unterwegs, was dazu führte, dass sie eine beträchtliche Zeit allein in ihrem luxuriösen Haus mit Angestellten verbrachte. Dieses Leben, das auf den ersten Blick viele Freiräume bot, war bei näherem Hinsehen mit großer Langeweile verbunden. Genau die, aber auch ihre Neugier, führten die Frau schließlich zu mir. Denn tatsächlich bekümmerte sie die Tatsache, dass sie nichts mit sich und ihrem Leben anzufangen wusste.

»Mein Leben war schon immer fremdbestimmt«, begann sie ihre Situation zu schildern. »Alles drehte sich um meine Kinder, um meinen Mann und um die Organisation unseres Alltags. Nun bin ich an einem Punkt, an dem ich wissen möchte, wer ich selbst eigentlich bin. Ich möchte erfahren, was meine Berufung ist und was wirklich zu mir passt. Was kann ich überhaupt noch tun? Können Sie mir helfen?«

Bestimmt würde ich ihr raten können, da war ich mir recht sicher. Aber wie würde sie damit umgehen? Ich begann, einige ihrer Wesensmerkmale zu beschreiben. Mir fiel auch die ovale Form ihres Gesichtes auf, die im chinesischen Gesichtlesen dem Feng-Shui-Element Metall zugeordnet ist. Da Dubai als Stadt auch dem Metall zugeordnet ist, konnte man vermuten, dass sie an diesem Ort gut aufgehoben war. Ich stieg mit dieser Feststellung ein, was uns einen harmonischen Start in das Reading brachte. Die Frau war interessiert und spitzte die Ohren. Erfreut über das, was ich sagte, nickte sie immer wieder mit dem Kopf. Sie schien sich in meinen Beschreibungen wiederzufinden. Die Minuten verstrichen und irgendwann kamen wir an einen Punkt, an dem sie zunehmend unruhiger wurde.

Ich war überrascht, dass ich im Gesicht einer Frau ihren Alters bereits erste Falten sah, die senkrecht aus den Augenbrauen liefen. Für Chinesen, die das Gesichtlesen auch in gesundheitlichen Zusammenhängen nutzen, stehen derartige Falten für »das große Vergessen«. Sie geben Hinweise auf eine Überlastung des Denkens, was im Alter dazu führen kann, dass ein Mensch immer vergesslicher wird. Die Falten zeigen auch eine Disposition für entsprechende Krankheiten.

Wenn er die Gesundheit beiseitelassen und nur auf die Persönlichkeit schauen würde, dann würde ein Chinese in so einem Fall sagen, dass es sich um einen Menschen handelt, der mental und emotional überfordert ist und dem es sehr schwerfällt, glückliche Momente zu erleben und Freunde zu finden. Es ist ein Mensch, der deshalb auch wankende Grundsätze und Prinzipien hat. Das Glück ist ihm nur selten hold. Als ich der Dame all das sagte, nickte sie, ohne es selbst zu merken. Sie war ein Mensch, der sich häufig verantwortlich fühlte, fast überverantwortlich. Diese Überverantwortlichkeit war an den Querfalten zu erkennen, die sich am oberen Teil des Nasenrückens zwischen den Augen zeigte. Diese Falten sind auch ein Merkmal für ein geschäftiges, hektisches Leben, aber nur, wenn gleichzeitig Färbungen unter den Augen zu sehen sind. Das war bei ihr nicht der Fall. So jemand hat, wenn es gut läuft, viele Menschen um sich herum. Bei ihr war das leider ganz und gar nicht so. Der soziale Austausch fehlte ihr gänzlich.

Wenn das Ausleben der Talente unmöglich ist

Die Schwierigkeiten der Frau waren nun also erkannt, doch wir wussten noch nicht genau, wo sie herrührten. Wir konnten uns darauf verlassen, dass wir anhand ihrer Merkmale ihre Talente sehen können. Interessanterweise zeigte sich ihr stärkstes Talent durch ein Muttermal neben der rechten Augenbraue, an der Außenseite in Richtung der Haare. Ein Muttermal an dieser Stelle ist ein Zeichen, dass sein Träger umtriebig und beweglich ist. Dieses sogenannte »Mal des Reisenden« kennzeichnet einen Menschen, der mental und körperlich beweglich ist und diese Beweglichkeit idealerweise mit seinem Beruf verbindet. Das Muttermal beschreibt auch ein Talent, das »Talent der Welt«. In früheren Jahren war es durchaus eine Kunst, unterwegs zu sein, ohne zu verhungern, getötet zu werden oder seine Gesundheit aufs Spiel zu setzen. Wenn man dieses Talent hatte, war man prädestiniert dafür zu reisen.

Noch heute spüren Menschen mit so einem Talent, dass sie gerne unterwegs sind. Es sind oft Fernfahrer, Piloten und andere Berufe, bei denen man sich in der Welt bewegen kann.

Diese Frau also hatte ein derartiges Muttermal, doch ihr unbeweglicher Lebensstil hier in Dubai stand in krassem Gegensatz dazu. Sie bewegte sich kaum aus dem Haus heraus und war nur ein einziges Mal »richtig« gereist, als sie von Indien nach Dubai gekommen war. Im Laufe der Jahre hatte sie zwar kleinere Reisen für Besuche in die Heimat unternommen, aber etwas Neues hatte sie auf diesen Reisen nicht kennengelernt. Ihr Mann hingegen reiste viel, doch da konnte sie nur zuhören, nicht mitfahren. Es gab in ihrem Gesicht ein weiteres Muttermal, das sofort auffiel. Das sogenannte »Mal der Träne«. Es handelt sich dabei um ein Mal, das dominant mittig unterhalb eines Auges zu finden ist und einer Träne gleicht. Es verrät, dass man anfällig ist für emotionale Rückschläge.

Ich sprach meine Klientin auf die fehlende Möglichkeit zu reisen an und beschrieb, wie gut es ihr tun würde, in die Welt hinauszukommen, weil dies ihrem Wesen entspreche. Da begann sie zu weinen.

»Mein Mann reist nicht gerne, doch er muss es wegen des Berufs«, sagte sie traurig. »Ich hingegen reise sehr gerne, doch er möchte mich nicht mitnehmen, weil seine Reisen nur geschäftlichen Zwecken dienen. So sitze ich den ganzen Tag zu Hause und alles, was ich übers Reisen sehe, sind Dokumentationen im Fernsehen.« Sie machte kein Geheimnis aus ihrer Frustration.

Mir fiel auf, dass sie einen großen Mund hatte, er war volllippig und beweglich, sie wollte also kommunizieren. Aber ich sah auch, dass dieser Mund schon oft geschwiegen hatte. Denn oberhalb, unterhalb und auf den Lippen selbst waren kleine Fältchen zu sehen. Sie weisen auf ein, wie Gesichtleser sagen, »geschlossenes

Buch« hin. Damit ist jemand gemeint, der nicht klagt, der seine eigenen Gefühle und Belange hintanstellt. Es ist zwar jemand, der durchaus sprechen kann, aber eben nicht über sich selbst. Die Frau zeigte Zahnfleisch, was für einen gebenden Menschen steht, der anderen helfen und für sie da sein möchte. Das konnte sie nicht mehr. Ihre Kinder und ihr Mann waren aus dem Haus, sodass ihr auch diese Möglichkeit genommen worden war. Sie wollte kommunikativ und mit ihren Taten helfen, aber es fehlte ein Gegenüber dafür.

Wann ein Reading enden muss

Ich hatte eigentlich vor, ihr noch mehr über ihre Talente und ihre Persönlichkeit zu erzählen, vielleicht sogar ihre Lernsätze aufzuzeigen, aber es sollte nicht sein. Denn nun brach es endgültig aus ihr heraus. Die nächsten 30 Minuten verbrachte sie damit, mir unter Tränen Episoden aus ihrem Leben zu erzählen.

Genau deshalb sind solche Readings für mich schwierig. Ich könnte Rat geben, ich gebe ihn auch in Teilen, aber ich muss gleichzeitig erkennen, dass es Bedingungen gibt, die es einem Menschen erschweren bis unmöglich machen, diesen Rat umzusetzen. Das können kulturelle Gründe sein, ein überhöhtes Verantwortungsbewusstsein, Loyalität, Selbstzweifel, Ängste oder ein großes Sicherheitsbedürfnis. Es gibt zahlreiche Faktoren, die es einem Menschen erschweren, seine Lebensaufgabe zu leben.

Sich von ihrem Mann zu trennen, Dubai zu verlassen und ein neues Leben zu beginnen – ein mögliches Szenario, um ihre Lebensaufgabe zu finden –, wäre für diese Frau zu viel gewesen. Die Konsequenzen zu dramatisch. Auch wenn sie finanziell keine Probleme gehabt hätte – denn bei einer Scheidung hätte sie Angesichts des Reichtums ihres Mannes ausgesorgt gehabt –, hätte sie natürlich in anderer Hinsicht vor dem Nichts gestanden.

Sie weinte und weinte. Ihr war klar, dass vieles von dem, was sie ausmachte und was ihr auf dem Weg zum Finden ihrer Berufung helfen würde, das Kommunizieren, der Austausch, das Helfenwollen, das Reisen – dass sie all das nicht lebte.

Nach einer Weile fragte ich sie vorsichtig: »Darf ich Ihnen helfen, das umzusetzen?«

Sie blickte mich mit traurigen Augen an und sagte etwas, das mich noch heute beschäftigt. »Sie haben mir bereits geholfen. Sie haben mir geholfen, mein Herz zu erleichtern. Wenn Sie mir jetzt einen Rat geben, dann würden Sie es vielleicht wieder beschweren.«

Das Leben dieser Frau steht beispielhaft für viele Frauen, die ihre erste Lebenshälfte nicht für sich selbst nutzen konnten, weil sie zu schnell nach der Pubertät in die Ehe gedrängt wurden. Meiner Erfahrung nach sind diese Frauen fast ausnahmslos besonders ergriffen, wenn sie dann endlich jemand wahrnimmt und ihnen etwas über sie selbst erzählt; über ihre Talente, über ihre Persönlichkeit, über das, was sie ausmacht. Über das, was andere ignorieren und nicht sehen wollen.

Häufig fließen dabei Tränen. Aus den zahlreichen Rückmeldungen dieser Klientinnen habe ich gelernt, dass auch diese Art von Reading, in dem es nur um Wahrnehmen und Anerkennen geht, eine Hilfe sein kann. Für viele ist es eine Erleichterung, die ihnen Kraft gibt, weitere Jahre zu meistern.

Ich muss zugeben, dass ich dabei hin- und hergerissen bin. Ich freue mich natürlich, wenn ein Reading etwas Trost und Leichtigkeit schenken kann, aber die scheinbare Ausweglosigkeit der Situation ist doch ernüchternd und wirft für mich die Frage auf: Wie sehr schmerzt es, die eigene Lebensaufgabe zu sehen und sie nicht umsetzen zu können oder zu wollen?

TIMING

Das Gras wächst nicht schneller, wenn man daran zieht.
AFRIKANISCHES SPRICHWORT

Die Zeit ist reif – ein Satz, der uns in vielen Redewendungen, Liedtexten und Gedichten begegnet. So seltsam es klingen mag: Zeit kann tatsächlich reifen. Manchmal müssen wir sie sogar reifen lassen, damit ein Ergebnis genießbar wird. Denken wir an eine Frucht, die an einem Baum hängt. Unsere Bemühung um mehr Selbsterkenntnis gleicht dem Wachstum dieser Frucht. Nur weil wir gerade Appetit auf die Frucht haben, heißt es nicht, dass sie schon reif ist. Sie hat ihre eigene Geschwindigkeit, in der sie wächst und reift. Irgendwann werden wir sie ernten können.

In meinem letzten Buch »Ich lese dich« erzählte ich von einer Frau, die mit über 80 Jahren noch als Immobilienmaklerin arbeitet. Gleichzeitig kümmert sie sich um ihren demenzkranken Mann und ist dabei voller Lebensfreude, weil sie, so ihre eigenen Worte »noch viel vorhat«. Als ich ihr in einem Reading ihrer Lebensaufgabe aufzeigen durfte, verlieh ihr dies zusätzliche Motivation und Energie.

DER MANN MIT DEN TRAURIGEN AUGEN

An das folgende Reading im traditionsreichen Hotel Halekulani in Honolulu auf Hawaii erinnere ich mich noch genau, weil es am letzten Tag stattfand, bevor im März 2020 die Pandemie ausbrach. Ich saß im dafür vorgesehenen Besprechungsraum und wartete auf meinen nächsten Kunden.

Herein kam ein leicht übergewichtiger Mann Ende 50 in einem etwas kitschig-bunten Hawaiihemd. Er hatte von meinem Angebot durch ein Interview in der Lokalzeitung erfahren und war neugierig, was sein Gesicht über ihn preisgeben würde. Seine glasigen Augen und die rotknollige Nasen ließen einen hohen Alkoholkonsum vermuten. Seine Stimme war höher, als ich es erwartete. Er hatte ein sehr angenehmes Auftreten und auch seine Art, sich auszudrücken, war sehr freundlich. Als ich ihn zu lesen begann, fiel mir seine Traurigkeit auf. Die glasigen Augen in den tiefen Höhlen rührten wohl doch nicht nur vom Alkohol her. Seine Pupillen waren groß, die Augen waren von der Spitze her nicht der Nase zugerichtet, sondern fielen nach außen ab. Allein die Stellung seiner Augen wies auf eine Müdigkeit, Traurigkeit, auch auf Passivität hin. Ich sah eine tiefe Falte unter einem seiner Augen. Gesichtleser nennen sie häufig die »Linie des gebrochenen Herzens«. Sie beginnt an den inneren Augenwinkeln und zieht sich senkrecht über die gesamte Wange.

Ein gebrochenes Herz

Glasige Augen, Alkoholkonsum und diese Falte ließen mich vermuten, dass es in diesem Reading um die Liebe, um sein gebrochenes Herz ging. Etwas, das er nicht aussprechen konnte, aber das ich vielleicht thematisieren sollte. Da der Mann das Thema des Readings mir überlassen hatte, sprach ich ihn ohne Umschweife darauf an: »Wie ich in Ihrem Gesicht sehe, ist Ihr Herz gebrochen. Vielleicht ist das einer der Gründe, warum wir uns heute sehen.«

»Es ist das, was mich seit Jahren bewegt. Sieht man mir das so deutlich an?«, fragte er mit trauriger Miene.

»Man muss kein Gesichtleser sein, um Ihre Traurigkeit zu bemerken. Im Gegenteil – man müsste ignorant sein, sie nicht zu sehen. Die Trauer hat Sie inaktiv werden lassen. Sie haben sich vom Leben abgemeldet, alles einfach schleifen lassen!«, stellte ich fast im Erzählstil fest.

Er schaute demonstrativ an sich hinunter und bestätigte: »Ja, Ernährung, Sport, mein Körper … Das ist für mich nun alles unwichtig, seit mein Partner nicht mehr in meinem Leben ist.« Auf meine Nachfrage stellte sich heraus, dass er fast zwei Jahrzehnte verheiratet gewesen war, bis sein Mann nach langer Krankheit an einem Krebsleiden verstarb. Die beiden waren sehr verschieden gewesen. Sein Ehepartner war ein erfolgreicher Geschäftsmann an der amerikanischen Westküste gewesen, den vor allem

Zahlen, Geld und Status interessiert hatten. Mein Klient hingegen war eine gebende Persönlichkeit, ein humanitärer Mensch, ein Kümmerer, ein Pfleger. Tatsächlich war er das auch im Berufsleben. »Ich bin Krankenpfleger«, erzählte er beiläufig.

»Den Beruf üben Sie aber nicht mehr aus, oder?«

»Nein«, entgegnete er schluchzend. »Mit der Diagnose meines Mannes habe ich diesen Job an den Nagel gehängt. Wegen seiner Krebserkrankung hat er meine gesamte Aufmerksamkeit und Zeit benötigt.«

Er sprach immer leiser und undeutlicher, so rückte ich etwas näher, um ihn besser verstehen und noch weitere Details in seinem Gesicht ausmachen zu können. Er war ein typischer Jadebaum. Das Gesicht besaß eine rechteckige Form mit geraden Linien, wobei der Jadeanteil auch deutlich war. Seine Augen hatten große Pupillen, er hatte lange Wimpern und zudem einen einladend großen Mund mit vollen Lippen. Diese Merkmale gab es nun wahrlich selten bei einem Mann dieses Alters. Und genau diese Jadeanteile verliehen ihm Sensibilität und Feinfühligkeit. Oft können sich Menschen mit diesen Wesensmerkmalen gut in andere einfühlen. Jadegesichter haben sogenannte People Skills, sie können sehr gut mit Menschen umgehen. Häufig haben sie »Therapiefähigkeiten«, kreative und auch soziale Talente und nicht selten sind sie ideale Kümmerer. Der Beruf des Krankenpflegers überraschte also nicht.

Die Augen des Mannes verrieten, dass er zu Melancholie und Romantik neigte. Ein Muttermal auf seiner linken oberen Wange mittig unterhalb des Auges verstärkte diesen Eindruck. Es gilt den Siang-Mien-Meistern als warnender Hinweis, dass das Herz seines Trägers leicht gebrochen werden kann.

Erfüllung als Wegbegleiter finden

Er begann, von seinem Partner zu erzählen, mit dem er stets aktiv gewesen war und viel erlebt hatte. Er beschrieb, wie wohl er sich dabei gefühlt habe, seinen Mann bei seinen Aufgaben und Terminen zu begleiten. Es hatte ihm gefallen, ihm gutgetan. So war es ihm ein Herzenswunsch gewesen, seinen Partner auch in dessen langer, schwieriger Krankheitsphase zu begleiteten. In dieser Phase lebte er die Lebensaufgabe »Wegbegleiter« (Road Companion). Sie erfüllte ihn vollkommen, denn sie war getragen von Liebe. Liebe war für diesen Mann, wie für die meisten Jadegesichter, ein sehr hohes Gut. Das von Liebe getragene Engagement, das er für seinen Partner und davor für seine Patienten aufgebracht hatte, hatte er vielfach wieder zurückbekommen, das war ein Teil seines Glückes gewesen.

Nun war sein Partner verstorben und das hatte ihn über Nacht zu einem Menschen gemacht, der niemanden mehr begleitet. Er war ohne Aufgabe. Was seine Lebensaufgabe ausgemacht hatte, schien beendet. So war eine Leere und Ideenlosigkeit entstanden, die der Mann mit Oberflächlichkeit füllte. Er ertrank seinen Schmerz im Alkohol und verbrachte seine Zeit mit dem Glücksspiel. Er verlor nie zu viel und gewann auch nie im Übermaß. Er schlug einfach die Zeit tot.

Neuer Zeitabschnitt, neue Lebensaufgabe

»Wollen Sie Ihre verbleibende Lebenszeit verspielen und damit verbringen, Ihren Körper zu schädigen? Oder wollen Sie Ihre Lebensaufgabe leben?«, fragte ich bewusst provokant.

»Sie sagen ja selbst, dass mein Partner ein Teil meines Lebens war. Wen soll ich denn stattdessen begleiten?«

»Vielleicht ist »der Weggefährte« nicht mehr Ihre Lebensaufgabe. Vielleicht war sie lediglich ein Zwischenschritt hin zu einer höheren Aufgabe.«

Er schaute mich mit großen Augen an. »Wie könnte diese große Aufgabe denn aussehen?«, fragte er.

Ich erklärte ihm, dass eine Lebensaufgabe immer da liegt, wo die Talente eines Menschen zu Hause sind. Seine Talente sah ich im sozialen Bereich. Er hatte die Fähigkeit, sich um andere zu bemühen und für sie da zu sein. Auch wenn man dies in Europa leider nicht mehr so sehr als Talent ansieht, ist es in Wahrheit etwas Großartiges. Damit verbunden sind die Eigenschaften eines Mentors oder Lehrers. Als ich das Wort »Lehrer« sagte, begannen die Augen des Mannes zu leuchten.

»Jetzt strahlen Sie aber! Warum ist das so?«, fragte ich.

»Als ich vor der Berufswahl stand, habe ich überlegt, ob ich Lehrer oder Krankenpfleger werden soll. Ich entschied mich für den Krankenpfleger und war damit auch lange Zeit glücklich. Ich kann es mir aber jetzt nicht mehr vorstellen.«

»Können Sie sich denn vorstellen, Lehrer zu sein?«

Der Mann sah mich zweifelnd an. Er hatte Bedenken, die sich vor allem um sein Alter drehten. Mit knapp 60 Jahren hielt er es für unsinnig, noch einen Neustart als Lehrer zu wagen.

»Als Jadebaum haben Sie die Fähigkeit, Menschen Rat zu geben, sie zu unterrichten und dadurch zu begleiten. Sie haben besondere Fähigkeiten zu lehren. Und da Sie alles mit dem Thema Liebe verbinden, würden Sie mit viel Liebe lehren. Vielleicht wollen Sie das, was Sie im Leben gelernt haben, an andere weitergeben?« Ich war mir sicher, dass es dafür eine Möglichkeit und bestimmt auch zahlreiche Plattformen gab. Und selbst wenn es sie noch nicht geben sollte, hatte mein Kunde doch so viel Geld von seinem Partner geerbt, dass er selbst eine gründen konnte.

Seine neu definierte Lebensaufgabe hieß also »Lehrer«. Sie passte ganz hervorragend zu ihm, zumal er sie mit dem »Weggefährten« durchaus kombinieren konnte. Er konnte als begleitender Lehrer anderen Menschen eine Richtung geben und dadurch selbst seinen Weg finden. Im Gegenzug würde er Respekt und Anerkennung erhalten. Das ist für chinesische Lehrmeister die höchste Form der Liebe.

»Ich bin mir sicher, dass Sie in dieser Aufgabe auch die Chance bekommen, Ihr gebrochenes Herz zu heilen. Ich glaube sogar, dass es ganz automatisch geschehen wird.«

Er nickte zustimmend, seine glasigen Augen hatten an Klarheit gewonnen und blickten erstaunt: »Ich hätte nicht gedacht, dass mein Gesicht so viel Gesprächsstoff bietet. Gestern war ich noch neugierig auf Sie und das Reading mit Ihnen. Jetzt bin ich wieder neugierig auf mich und das Leben.«

Ich war überwältigt von seinen Worten. Gerade war ich aufgestanden, da hatte ich das Gefühl, mich erst einmal wieder hinsetzen zu müssen. Doch dazu kam ich nicht, denn er trat mir einen Schritt entgegen und umarmte mich eine gefühlte Ewigkeit. Als wir uns verabschiedeten, versprach er, den Erfolg seines Readings nicht mit Alkohol zu begießen, sondern einem ausgedehnten Spaziergang barfuß am Waikiki Beach zu machen.

Die Leiter in Richtung Klarheit emporsteigen

Dieser bemerkenswerte Mann ist mir noch lange in Erinnerung geblieben. Seine Geschichte zeigt, dass wir den zeitlichen Aspekt und die Lebensphase, in der wir uns befinden, bei unserer Suche berücksichtigen müssen. Nicht nur muss der richtige Zeitpunkt für eine Erkenntnis kommen. Es kann auch sein, dass wir in einer Lebensphase einer Aufgabe nachgehen, die zwar nicht unsere Lebensaufgabe ist, die aber gerade wichtig ist, um eine neue Ebene zu erreichen. Oder, um es mit einem anderen Bild auszudrücken: dass wir die Sprossen einer Leiter hinaufsteigen, um am Ende dort anzukommen, wo endlich Klarheit herrscht.

ORT

Wohin du auch gehst, gehe mit ganzem Herzen.
KONFUZIUS

Der Ort, an dem du lebst und die Umgebung, in der sich deine Arbeit und dein Alltag abspielen, kann deinen Weg entscheidend beeinflussen. Es gibt Regionen, die besser zu uns passen und unsere Talente, allein durch ein uns gewogeneres Umfeld, fördern und es gibt solche, die uns einschränken. Dort fühlen wir uns im wahrsten Sinne des Wortes fehl am Platz.

Um zu erkennen, welcher Ort zu uns passt und uns aufblühen lässt und welcher Ort uns eher schadet, hilft die Fünf-Elemente-Lehre aus dem chinesischen Feng-Shui, wenn diese mit dem Gesichtlesen verbunden wird. Die Elemente Wasser, Feuer, Holz, Metall und Erde erklären dabei die Ordnung der Welt, Formen, Farben und die Architektur ganz allgemein. Sie werden im Bereich Gesundheit, Nahrung und Geschmack genutzt, aber eben auch, wenn es um die Persönlichkeit und das Gefühlsleben eines Menschen geht. Für die Ermittlung von Talenten, und damit auch der Lebensaufgabe, halte ich sie weniger geeignet, da ihnen der Facettenreichtum anderer Gesichtlesetechniken fehlt. Diese Herangehensweise generalisiert stärker. Wenn es jedoch um die Ortswahl zum Ausleben der Lebensaufgabe geht, ist sie hilfreich.

Deshalb wiederhole ich hier einige der Informationen, die bereits in meinem Buch »Ich lese dich« zu finden sind. Die Zuordnung der Elemente ist für jedes Gesichtsmerkmal einschließlich der Mimik möglich. Im Fall der Lebensaufgabe, insbesondere in Verbindung mit dem Ort, genügen jedoch die Gesichtsformen und ihre Elemente-Zugehörigkeit. Hier eine Übersicht:

GESICHTSFORM – ELEMENT HOLZ

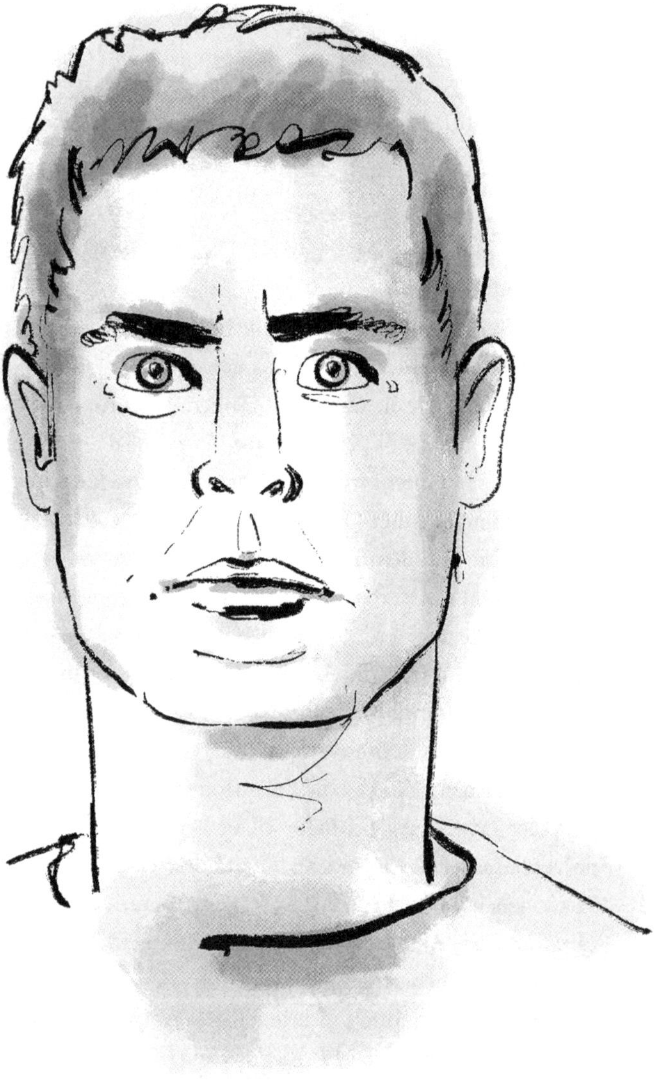

Merkmale / Vergleiche

Eine rechteckige Gesichtsform, ähnlich dem Baumgesicht, kennzeichnet den Menschen, der dem Element Holz zugeordnet wird. Stark ausgeprägte Denkerfalten zwischen den Augen lassen auf mentale Aktivitäten schließen, die mit innerer Unruhe einhergehen. Ein angestrengter, oft energischer Gesichtsausdruck ist nicht selten, ebenso wie ein prüfender oder kontrollierender Blick.

Auffällige Merkmale sind die Augenbrauen und der Unterkiefer. Der Körper ist häufig groß und schlaksig. Wenn kleiner, ist er umso energischer und muskulöser.

Eigenschaften des Elements

Das Element Holz wird der Geduld und dem Verständnis zugeordnet, weshalb man diesen Menschen eine gewisse Wärme, soziale Kompetenz und Großzügigkeit nachsagt. Sie sind intelligent und gewinnen leicht Freunde.

Weitere Zuordnungen

Jahreszeit: Frühling
Wetter: Wind
Farbe: Grün
Bedürfnisse: Tun, Fokus, Intensität
Klang/Ton: Schreien
Sinn: Sehen

GESICHTSFORM – ELEMENT FEUER

Merkmale / Vergleiche

Auch bei diesem Element gibt es Überschneidungen mit der süd-chinesischen Lesart der Gesichtsformen. So ist die Gesichtsform, die vom Element Feuer geprägt ist, nahezu identisch mit dem Feuergesicht. Jedoch reicht es in diesem Fall, wenn der Träger ein spitz zulaufendes Gesicht besitzt. Weitere Merkmale sind von keiner großen Bedeutung.

Der Körper ist eher klein, mit schmalen Hüften, die drahtige Erscheinung zeigt wenig Neigung zu Körperfülle. Die Haut ist schnell entflammbar und weist leicht Rötungen auf.

Eigenschaften des Elements

Diesem Element wird Leidenschaft und Enthusiasmus nachgesagt. Charakteristisch sind eine sehr bewegliche Mimik, ein mitreißendes Lachen und lebendige Augen. Spontanität, Abenteuerlust und die stete Bereitschaft für Herausforderungen können jedoch auch für Extreme sorgen. Menschen mit einer Gesichtsform, die dem Element Feuer zugeordnet wird, sind nicht sehr geduldig und wechselhaft in ihren Stimmungen.

Weitere Zuordnungen

Jahreszeit: Sommer
Wetter: Hitze
Farbe: Rot
Bedürfnisse: Spielen, Licht, Kommunizieren
Klang/Ton: Lachen
Sinn: Fühlen

GESICHTSFORM – ELEMENT ERDE

Merkmale / Vergleiche

Das eher quadratische Gesicht beim Element Erde hat am Kinn oder den Wangen kleine Aufsätze. Die grobporige Haut, die rundliche Nasenspitze und die Auffälligkeit der unteren Wangenpartie sind weitere Hinweise auf diese Gesichtsform.

Der Körperbau ist oft rundlich-stämmig; chinesischen Gesichtleser bezeichnen ihn auch als fleischig.

Eigenschaften des Elements

Ernsthaftigkeit, Erdung und Stabilität werden mit dem Element Erde verbunden. Dieser Typ ist praktisch, kümmernd, verantwortungsbewusst und verlässlich. Schwierigkeiten bereitet das Loslassen von Altem. Veränderung wird selten begrüßt. Komfort und das Materielle werden dagegen sehr geschätzt. Sturheit und Sicherheitsbedürfnisse können die Entwicklung eines Menschen, der diesem Element zugeordnet wird, aufhalten.

Weitere Zuordnungen

Jahreszeit: Spätsommer
Wetter: Dunst
Farbe: Braun
Bedürfnisse: Familie, Komfort, Materielles
Klang/Ton: Singen
Sinn: Schmecken

GESICHTSFORM – ELEMENT METALL

Merkmale / Vergleiche

Die ovale Gesichtsform des Elements Metall wird durch eine schlanke Nase, kräftige Wangenknochen und auffällige Augen betont. Dieses Element neigt zu Muttermalen bei eher heller Hauttönung. Die Ohren sind mittelgroß bis groß. Die Mimik präsentiert sich sehr harmonisch.

Der Körperbau ist zumeist schlank, wobei Männer zu muskulösen Rundungen neigen und auch Frauen eine definierte Muskulatur zeigen. Die Bewegungen, auch die Gestik, sind eher fließend.

Eigenschaften des Elements

Menschen dieses Typus sind ambitioniert, unabhängig und scheuen nicht den Wettbewerb. Sie sind scharfe Beobachter und legen Wert auf Austausch. Die Zahl der Sinnsuchenden ist unter ihnen besonders groß.

Weitere Zuordnungen

Jahreszeit: Herbst
Wetter: Trockenheit
Farbe: Weiß
Bedürfnisse: Auftrag, Reinheit, Begrenzung
Klang/Ton: Klagen
Sinn: Riechen

GESICHTSFORM – ELEMENT WASSER

Merkmale / Vergleiche

Mit dem Element Wasser wird eine runde Kopfform verbunden. Überhaupt spielen hier Rundungen eine große Rolle. Das Kinn, die Stirn und die Wangenknochen können in dieser Hinsicht besonders auffällig sein. Schattige oder verträumte Augen, betont durch Augenlider, die einen Teil des Augapfels bedecken, sind ein Markenzeichen dieses Typus.

Der Körperbau ist von stabiler Natur. Dicke Knochen, breite Hüften und eher zu viel als zu wenig Gewicht sind typisch für das Element Wasser.

Eigenschaften des Elements

Dieser behutsame, feinfühlige Typ nimmt auf der Gefühlsebene vieles wahr. Er bezieht vieles auf sich und reagiert deshalb nicht immer gut auf andere Meinungen und Kritik. Die beobachtende, diplomatische und empathische Persönlichkeit ist freundlich und kann dabei durchaus eine gewisse Stärke zeigen. Sinnsuche findet im Alleinsein statt. In Gesellschaft ist für dieses Element zu viel Ablenkung geboten.

Weitere Zuordnungen

Jahreszeiten: Winter
Wetter: Kälte
Farbe: Schwarz
Bedürfnisse: Sein, Zeit für sich, Kreativität
Klang/Ton: Stöhnen
Sinn: Hören

FEHL AM PLATZ

Welche Hinweise wir den Elementen in Zusammenhang mit der Gesichtsform und den Orten, an denen wir wirken, entnehmen können, vermittelt dir die nachfolgende Geschichte.

Vor vielen Jahren lernte ich in Chiang Mai im Norden Thailands einen jungen Japaner kennen. Mein guter englischer Freund, der Fotograf Richard Pilnick machte Porträts und empfing dafür Menschen, die sich in verschiedenen Posen fotografieren lassen wollten. Als ich ihm dabei zusah, derweil ich selbst auf meinen nächsten Kunden wartete, kam ein etwa 25 Jahre alter Japaner an die Reihe. Während er fotografiert wurde, schaute ich ihn an und dachte: Er sieht sehr traurig aus. Das lag nicht nur an seinen feuchten und ins Leere blickenden Augen. Auch sein Mund ließ mich dies denken, wies er doch Zeichen von Verbitterung auf. Die vollen Lippen des Mannes ließen zwar auf Lebenslust und Kreativität schließen, doch die Art und Weise, wie er sie bei der Porträtaufnahme, die ihn ja in bestem Licht zeigen sollte, aufeinanderpresste, ließ nichts Gutes erahnen. Auch die Mundwinkel begannen sich bereits auffällig nach unten zu senken, was für einen Menschen dieses Alters viel zu früh ist.

Als der junge Mann schließlich fertig war und seine Sachen zusammenpackte, sprach ich ihn an und fragte, was er in Thailand mache. Er war freundlich und offen, so kamen wir schnell ins Gespräch. Er erzählte, sein Name sei Haruki und dass er hier eine Auszeit nehme, aber schon bald wieder nach Japan zurückmüsse, wo die Arbeit auf ihn warte.

»Sie wartet auf dich? Das klingt ja nicht besonders motivierend. Was machst du denn beruflich?«, fragte ich neugierig. Er erzählte, dass er als Grafikdesigner arbeite. Der Beruf war wohl viele Jahre sein Traumjob gewesen, doch seit einiger Zeit übte er ihn nicht mehr so gern aus. Eine Alternative hatte er allerdings auch nicht in Aussicht.

»Ich habe wohl die falsche Berufswahl getroffen. Aber ich weiß auch nicht, was sonst das Richtige für mich wäre«, schloss er seine Ausführungen. Er war ein kreativer Geist, daran gab es keinen Zweifel. Sein Jadegesicht, die verträumten Augen und die vollen Lippen standen allesamt für die schönen Künste. Die modische Wollmütze, die er trotz hoher Temperaturen auf dem Kopf trug, und seine schicke Brille verrieten, dass er sich für Präsentation und seine Außenwirkung interessierte. Sein feingliedrige Körper war nicht geschaffen für schwere körperliche Arbeit. Und die mit Haaren verdeckte Stirn zeigte deutlich, dass ihm nicht an Konfrontation oder Auseinandersetzung gelegen war. Vor mir saß kein Anführer. Fehlende mimische Bewegungen oberhalb der Augen verrieten ebenso, dass es sich bei ihm nicht um einen Wissenschaftler, Denker oder gar Philosophen handelte. Es musste also einen anderen Grund geben, warum ihm sein Beruf keine Freude mehr bereitete.

Wenn der Wohnort inneres Wachstum verhindert

»Haruki, wo genau bist du denn in Japan tätig?«, fragte ich ihn. Er beschrieb mir seinen Arbeitsplatz. In einer mittelgroßen Stadt nahe Tokio war er bei einem Unternehmen angestellt, das Motorbauteile herstellte. Er war als Grafikdesigner unter anderem für die Erstellung von Katalogen und Werbematerialien verantwortlich. Besonders kreativ durfte er bei seiner Arbeit allerdings nicht sein. Seine Vorgesetzten hatten genaue Vorstellungen, wie was auszusehen hatte. Sie betrachteten ihn als eine Servicekraft, nicht als einen kreativen Geist, der Dinge besonders aussehen lassen kann. Er bekam haargenau gesagt, wie die Ausgestaltung der Kataloge und das Design der Werbemittel auszusehen hatte. Kurz: Er war Befehlsempfänger, nur damit beschäftigt umzusetzen, nicht damit zu kreieren. Das frustrierte ihn und lies ihn an sich selbst zweifeln.

Ich dachte nach, ob es wohl nur am Unternehmen lag, das ihn auf seinem Weg der Selbstfindung ausbremste, oder ob es noch mehr Gründe für seinen Zustand gab. Das Unternehmen lag in einer ländlichen Region, die dem Element Metall zugeordnet wird. Ich schaute mir noch einmal sein Gesicht an. Es war von ovaler Form und damit in der Fünf-Elemente-Lehre ebenfalls dem Element Metall zugeordnet. Das schien auf den ersten Blick zusammenzupassen. Die Schwierigkeit bestand darin, dass er bei einer solchen Doppelung der Elemente, »zu Hause« war. Er war in keiner Region, die ihn förderte und wachsen ließ, sondern in einer, die ihm Schutz bot und die ihn akzeptierte. Bestenfalls konnte er dort das Gefühl entwickeln, gebraucht zu werden. Er hatte zwar jene Sicherheit und Routine, die sich viele Menschen wünschen, doch um zu wachsen, und das war, wie er spürte, sein unbewusstes Ziel, passte dieser sichere Hafen nicht. Er brauchte einen Ort, der dem Element Erde zugeordnet war. Aus der Erde kommt das Erz, also das Eisen.

Beflügelnde Orte

Ich überlegte, was ich ihm raten sollte? Ich konnte schlecht sagen: »Geh an einem Ort, der dem Element Erde zugeordnet ist.« Dazu findet sich außer in China keine Literatur und die, die es gibt, ist meines Wissens nicht übersetzt. Ich selbst hatte das Glück, die Lehre von den Elementen damals von meinem Meister lernen zu können. So packte ich die Sache anders an. Ich wusste schließlich, dass er gerne reiste.

»Wo auf deinen Reisen hat es dir besonders gut gefallen?«, fragte ich.

»Singapur in Asien und München in Europa« kam es wie aus der Pistole geschossen. Beide Orte sind interessanterweise dem Element Erde zugeordnet.

»Wenn du wachsen willst und spüren möchtest, dass deiner Neugier immer wieder neue Kraft zufließt, dann geh an einen Ort, der dir das ermöglicht«, riet ich ihm. »Dieser Ort muss nicht der Ort sein, der rational naheliegt, weil man dort Japanisch spricht oder deine Familie in der Nähe wohnt. Es kann ein ferner Ort sein.« Ich erklärte, dass ein Ort wie München ihm viel Energie geben könne, allein durch das tägliche Dortsein, durch das Erleben der Stadt. Vielleicht würde ihn ein Unternehmen in München auch mehr wertschätzen, nicht nur, weil er von weither gereist kam. Es war auch denkbar, dass er sich dort leichter selbstständig machen konnte als in seiner Heimat.

In dem jungen Mann brodelte Kreativität und Reiselust, das war deutlich zu spüren. Nicht mehr an sich und seinen Talenten zu zweifeln, sondern den für sich passenden Ort zu finden und diesen mit seinen Fähigkeiten zu verbinden, das wurde zu seinem neuen großen Ziel. Unser Austausch hatte jenen Urinstinkt in ihm geweckt, der vielen Menschen noch innewohnt. Hinauszuziehen, »wo das Gras grüner ist«, wo Herausforderungen, aber auch Chancen auf Wachstum und Selbstverwirklichung warten.

Ich konnte nicht einschätzen, wie tiefgreifend die Veränderung sein würde, zu der unser Gespräch ihn veranlasste. Menschen sind häufig sehr in Verantwortlichkeiten, Loyalitäten, und einem Wunsch nach Sicherheit gefangen. In einigen Kulturen, so auch in Japan, scheint dies besonders ausgeprägt zu sein. Doch natürlich sind dies nur Stereotypen und von denen halten wir Gesichtleser uns tunlichst fern. Jeder Mensch ist anders. Dies bewies auch Haruki, der mich in den darauffolgenden Jahren immer wieder mit E-Mails und kleinen Aufmerksamkeiten überraschte.

Bereits kurze Zeit nach unserem Treffen kündigte er seine Stellung und suchte sich eine neue berufliche Herausforderung in Singapur. Zwar brachte ihm das neue Unternehmen dort viel Wertschätzung entgegen und ermöglicht ihm deutlich mehr Eigenständigkeit, doch mein japanischer Freund hatte nun »Morgenluft geschnuppert«. Er hatte mehr Selbstbewusstsein und sein Entdeckerblut war geweckt. »Was steckt noch in mir? Wie kann ich mich verwirklichen?«, fragte er sich bereits nach einem guten Jahr im neuen Arbeitsumfeld. Nach ein paar weiteren Monaten wagte er den Sprung ins kalte Wasser, machte sich selbstständig und arbeitet seitdem als gefragter Grafiker für verschiedene Unternehmen in Singapur und Australien. 2017 erhielt ich einen Brief von ihm, dem ein Foto beigelegt war. Es zeigte Haruki in bayrischer Trachtenkleidung auf dem Oktoberfest in München. Auf der Rückseite des Fotos stand:

»私の道を思い出させてくれてありがとう Watashi no michi o omoidasa sete kurete arigatō.«
Danke, dass du mich an meinen Weg erinnert hast.
Haruki

Ich bin glücklich, dass mich Haruki über seinen Weg auf dem Laufenden hält. Ich freue mich immer, wenn ich Menschen kennenlerne, die nicht in einem Leben, in dem sie nicht glücklich und unerfüllt sind, verharren, sondern die ihr Herz in die Hand nehmen und beschließen, ihre Lebensaufgabe zu leben.

Und wie wir hier gesehen haben, ist es manchmal nicht die falsche Berufswahl, weshalb jemand seine Berufung nicht richtig leben kann. Harukis Lebensaufgabe könnten wir getrost als »The Artist«, der Künstler, bezeichnen, daran hatte ich nie einen Zweifel. Jedoch benötigt es auch den passenden Ort, um den großen Schritt hin zur Selbstverwirklichung glücken zu lassen.

KLEINE ORTSKUNDE DER ELEMENTE

Nachfolgend findest du beispielhaft einige Städte, denen ich für meine Klienten bereits ein Element zuordnen konnte. Hierbei sind die Topografie, die Geschichte und weitere Besonderheiten wie Wirtschaft, Kultur und Religion zu berücksichtigen. Eine aufwendige Recherche ist also Voraussetzung. Wer dies scheut oder das Erlernen der entsprechenden Technik als zu mühsam empfindet, kann sich auch einfach auf sein Gefühl verlassen. Häufig helfen die folgenden Sätze, die unserem Gefühlsleben in klarer Weise Ausdruck verleihen:

- Ich fühle mich hier wie zu Hause. (gleiches Element)
- Ich fühle mich frei / ich fühle mich inspiriert. (förderndes Element; beide siehe Abbildung: nährender Zyklus)

- Hier geht's mir gar nicht gut. (destruktives Element)
- Hier will ich nicht leben. (destruktives Element; beide siehe Abbildung: destruktiver Zyklus)

- Nie passt es so ganz. (störendes Element)

▷ Irgendetwas fehlt hier noch. (störendes Element; beide siehe Abbildung: kontrollierender Zyklus)

Die nachfolgenden Abbildungen geben dir zusammengefasst einen Eindruck, wie die Elemente in ihrer Beziehung zu dir und zu deinem im Gesicht repräsentierten Element stehen.

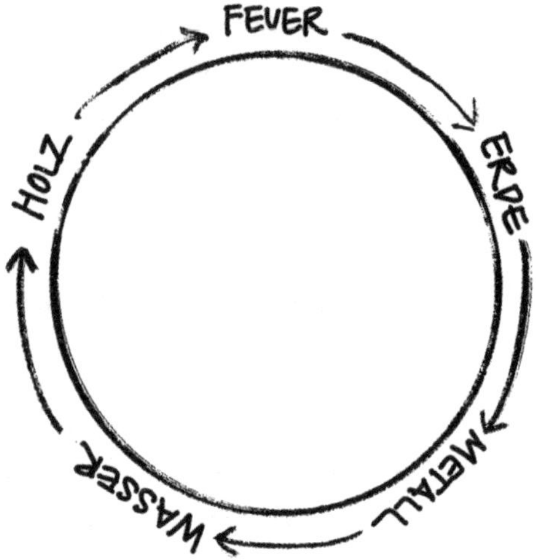

Zuordnung der Kontinente

Wenn es um die Zuordnung der Orte zu verschiedenen Elementen geht, ist es wichtig zu wissen, dass bereits die Kontinente den Elementen grob zugeordnet werden: So ist Afrika Erde, Europa Metall, Nordamerika Holz, Südamerika Feuer und Asien/Australien Wasser. Wenn ein bestimmter Kontinent bevorzugt als Reiseziel gewählt wird, lässt sich dies möglicherweise auch durch diese Zuordnung erklären.

Zuordnung der Städte

Die folgende Übersicht gibt dir einen kleinen Überblick über verschiedene Städte und ihrer Zugehörigkeit zu den Elementen:

Erde	München, Wien, Singapur, Bern, Adelaide, Luxemburg, Madrid
Feuer	Köln, New York, Los Angeles, Hong Kong, Rio de Janeiro
Wasser	Hamburg, Basel, Shanghai, Phoenix, Amsterdam, San Diego
Holz	Leipzig, Salzburg, Barcelona, Kapstadt, San Francisco
Metall	Berlin, Paris, London, Tokyo, Graz, Frankfurt, Stuttgart

Ursprünglich waren die Elemente Regionen zugeordnet und weniger Städten. Auch kann es sein, dass eine Stadt, Insel oder Region schon aufgrund der Größe oder der Unterschiedlichkeit ihrer Landschaft zwei Elementen zugeordnet wird. Besonders auffällig ist dies jedoch bei Städten, die durch Flüsse geteilt sind.

BEMERKENSWERT

Alle Hawaii-Inseln lassen sich unterschiedlichen Elementen zuordnen, was vielleicht deren besonderen Zauber für Menschen auf der ganzen Welt erklärt.

ANNEHMEN DER UMSTÄNDE

Befülle dein Leben mit Abenteuern, nicht mit Dingen.
So wirst du in der Lage sein, Geschichten zu erzählen,
anstatt nur Sachen vorzuzeigen.

ERIC STANDOP

Manchmal ist es also alter Ballast, der uns aufhält oder den Weg zu unserer Lebensaufgabe blockiert. Manchmal ist auch noch nicht der richtige Zeitpunkt gekommen. Und manchmal kann es, wie du gerade erfahren hast, auch an deiner Umgebung liegen, dass eine glückliche Umsetzung deiner Talente für dich noch nicht möglich ist. Für den einen oder anderen mag das ernüchternd sein. Ich habe immer wieder Kunden, die enttäuscht sind, wenn ihre Zeit noch nicht gekommen ist oder wenn sie sich für das Abenteuer ihres Lebens nochmals, zumindest örtlich, verändern müssen. Ich darf all jenen versichern, dass auch mein Weg kein umwegloser Spurt zu meiner Berufung war.

Nach zwei Burn-outs Anfang und Mitte 30 war mir zwar klar, dass ich so nicht weiter leben und arbeiten wollte, aber ein »Ersatzmodell« für meinen bisherigen Lebensstil, der eng an die Karriere geknüpft war, konnte ich trotzdem nicht so schnell finden. Manchmal reicht es eben nicht, nur zu erkennen, dass es so nicht weitergeht.

Auch nach eineinhalb Jahren an der Seite meines ersten Lehrmeisters, als ich überzeugt war, dass das Gesichtlesen fortan in meinem Leben eine wichtige Rolle spielen würde, ging es alles andere als flott voran bei mir. Ich hatte mir vorgenommen, die

Technik des Gesichtlesens auch in Europa wieder bekannt zu machen und damit dann meinen Lebensunterhalt zu verdienen. Mir war zwar klar, dass ich als Pionier – zu diesem Zeitpunkt existierte nicht einmal der später von mir geprägte Begriff Gesichtlesen, stattdessen wurden speziellere Begriffe wie Physiognomik, Antlitzdiagnostik oder die englische Variante Face Reading auch in Deutschland verwendet –, vor Herausforderungen stehen würde. Doch ich hatte damals nicht die geringste Ahnung, wie lange der Weg sein würde. Ich fürchte, sonst hätte ich mein persönliches Abenteuer wohl nie gestartet. Nicht nur das Timing stimmte nicht – denn vor Jahrzehnten interessierten sich im deutschsprachigen Raum nur sehr wenig Menschen für derartige Themen –, sondern mit der von mir gewählten Hinterhofpraxis in der Südstadt von Karlsruhe, meiner Geburtsstadt, stimmte auch der Ort nicht. Doch letztlich war damals kein Ort in Deutschland, Österreich oder der Schweiz für das Thema Gesichtlesen günstig. Und damit nicht genug, schleppte ich auch noch eine Menge Ballast mit mir herum. Nur dass ich das damals alles nicht wusste, von diesen Dingen erfuhr ich erst viel später in Hongkong.

Ich erinnere mich an meinen zweiten Kunden als Gesichtleser, der aufgrund des Flyers, den ich ausgelegt hatte, einen Termin bei mir buchte. Ich fragte ihn, was ihn an meinem Werbematerial wohl besonders angesprochen hätte – denn bei nur zwei Kunden in drei Monaten musste ich meine Werbemaßnahmen überdenken und die Stärken besser herausarbeiten.

«Angesprochen? Eigentlich wenig bis nichts. Vielleicht war es nur meine Neugier. Ich hab mir Ihr Foto hier auf dem Flyer angesehen und dachte mir …« Nun war ich wirklich gespannt, was ihm durch den Kopf geschossen war. »Da bin ich aber mal gespannt, was so ein angeschlagener Typ mir für tolle Tipps für mein Leben geben kann!« Heute kann ich darüber schmunzeln, aber ich muss gestehen, dass mich diese entwaffnende Offenheit doch erst einmal schwer schlucken ließ.

Nach zwei Stunden Reading und einem tiefgründigen Austausch verließ der Kunde zufrieden meine Praxis und versprach, mir weitere Kunden zu schicken, was jedoch nie geschah.

Ich schaute mir noch am selben Abend ganz genau mein Bild auf dem Flyer an und wunderte mich, wie blind ich bei der Erstellung der Werbebroschüre gewesen sein musste. Es zeigte mich auf einem Foto, etwa ein Jahr zuvor, noch schwer gezeichnet vom zweiten Burn-out. Ich trug also noch viel Ballast mit mir herum. »Kein Wunder, dass niemand kommt«, dachte ich mir, »das Gesicht schreckt mehr ab, als dass es einlädt!«

Halt die Klappe, Verstand!

Doch ich gab nicht auf und veränderte den Flyer und meine Website. Es half nur wenig. Zweimal wechselte ich noch die Praxis, hielt hin und wieder einen Vortrag vor wenigen Interessierten, hatte weiterhin wenig Kunden und arbeitete, um mich über Wasser zu halten, als Barista in einem Coffeeshop. So vergingen weitere Jahre, bis ich auf einer Reise nach Südamerika, wo ich in Kolumbien zufällig auf einen anderen Gesichtleser traf, eine Idee hatte. Ich fragte mich, wie es denn sein konnte, dass dieser Mann in seinem armen Land mit dieser Tätigkeit ein Auskommen hatte, mir das im reichen Europa aber nicht gelang?

»Ich muss das, was ich in Deutschland gelernt habe, dorthin bringen, wo es geschätzt wird«, sagte ich eines Abends bei einem Glas Wein in der Altstadt von Cartagena zu mir selbst. Meine Recherche ergab, dass dies ganz klar in China sein musste. Die Technik des Gesichtlesens hatte dort als Werkzeug, um Rat zu geben, die Jahrhunderte überdauert. »Aber du kannst kein Chinesisch?! Egal, in Hongkong spricht man auch Englisch!«, unterhielt sich mein Verstand mit sich selbst. »Was sollen die mit einem Gesichtleser aus Deutschland anfangen? Auf dich wartet dort niemand!« Die Einwände meines Verstandes waren gehört und auch auf Papier notiert, doch etwas war stärker in mir.

Ich erinnere mich, wie ich auf dem Rückflug von Bogotá nach Madrid meinem noch immer argumentierenden Verstand Folgendes verkündete: »Deine Einwände sind mir egal. Du warst es, der mich in diese Situation gebracht hat! Wo war deine Kritik, als ich gesundheitlich immer mehr abbaute? Wo warst du, als meine Karriere mein Leben ruinierte? Also tu mir einen Gefallen und halte die Klappe!«

Mein Entschluss war also gefasst. Die mühevollen Lehrjahre und der Kampf, damit mein Herzensthema endlich wahrgenommen würde, sollten ein Ende finden.

Tatsächlich verlief mein Start in Asien zuerst doch sehr holprig. Es dauerte einige Wochen, bis ich als Facereader im altehrwürdigen Mandarin Oriental Hotel in Hongkong Fuß fasste. Doch irgendwann gab es kein Halten mehr. Ich war ausgebucht, gab Interviews und hatte wundervolle Rückmeldungen. Und doch fehlte mir noch viel Wissen und Erfahrung, um meine Berufung umfassend leben zu können. Ein Jahr später lernte ich meine chinesischen Meister kennen – es folgten sechs weitere Lehrjahre.

WEITERE MÖGLICHKEITEN, DIE LEBENS-AUFGABE ZU FINDEN

Die Techniken des Gesichtlesens liefern Einsichten, zeigen Zusammenhänge auf und sorgen nicht selten für Aha-Momente. Jedoch sind sie so komplex, dass es manchmal hilfreich ist, auch noch andere Methoden hinzuzuziehen, die beim Finden der Lebensaufgabe helfen. In diesem Kapitel stelle ich dir drei Ansätze vor. Wenn dir mehr als einer davon liegt, kannst du sie auch miteinander kombinieren oder durch persönliche Vorlieben ergänzen.

DER ERLEBNISORIENTIERTE ANSATZ

Geduld ist nicht gleichzusetzen mit Abwarten.
Wir werden fündig durch aktives, von Interesse und Neugier geprägtes Warten,
bei dem wir neue Erlebnisse bewusst anstoßen.

ERIC STANDOP

Im Kapitel »Timing« haben wir über die Bedeutung der Zeit gesprochen. Sie spielt auf dem Weg zu unserer Lebensaufgabe immer wieder eine Rolle. Wenn wir auf den goldenen Moment hinarbeiten zum Beispiel. Dem erlebnisorientierten Ansatz liegt die Idee einer Art Lernschleife zugrunde, die uns diesem Moment näher bringt. Ziel ist es, dass du verschiedene Dinge austestest und Erlebnisse initiierst, um herauszufinden, was dir liegt. Deine Erfahrungen kannst du dann reflektieren und die nächsten Schritte auf den Erkenntnissen aufbauen, die du gewonnen hast. Das mag logisch klingen und dennoch ist es wichtig, den Kerngedanken dieses Ansatzes zu verstehen. Wenn ich dir empfehle, den Druck aus deiner vielleicht krampfhaften Suche nach deiner Berufung zu nehmen, kann sich das wie eine Einladung zu passiven Abwarten anhören. Genau das ist aber nicht gemeint.

Geduld und eine gewisse Leichtigkeit sind elementare Eigenschaften in diesem Prozess. Sie sind allerdings nicht gleichzusetzen mit tatenlosem Hoffen. Gerade Menschen, die besonders unsicher sind oder von früheren Erfahrungen enttäuscht wurden, verlässt der Mut, etwas Neues auszuprobieren. Sie ziehen sich zurück und warten auf einen glücklichen Zufall oder dass eine Erkenntnis vom Himmel fällt. Zufälle mag es zwar geben und Spontaneingebungen auch, aber genau genommen werden sie stets durch unser Handeln angestoßen.

Wenn du im Urlaub zufällig jemanden aus der Nachbarschaft triffst, kann das nur passieren, weil du dorthin gereist bist. Wenn du zufällig als Talent in einer Sache entdeckt wirst, ist das nur möglich, wenn du diese Sache auch tust. Nicht, indem du nur darüber nachdenkst. Dein *Tun* befördert Zufälle! Es sorgt dafür, dass du andere Menschen kennenlernst, dich selbst neu erkunden kannst und damit das Erleben des goldenen Momentes erst möglich machst.

Beim Geduldigsein geht es nicht darum einfach abzuwarten. Das Spannende ist, wie wir uns verhalten, wenn Dinge länger dauern als gedacht. Habe ich von Paulo Coelho gelernt. Konkret bedeutet das: Probiere dich aus. Begib dich in neue, inspirierende Umgebungen. Tue Dinge, die dir Freude bereiten, unabhängig davon, ob du damit einem Ziel näher kommst. Einfach der Freude wegen. Gehe an Orte, an die es dich – aus bisher unbekannten Gründen – schon lange zieht. Setze deine Talente ein. Wenn du sie noch nicht kennst, gehe auf die Suche. Wenn wir unsere Berufung finden wollen, geht das vor allem über unsere Sinne. Sie sind die Verbindung von unserem Inneren zur Außenwelt. Setze deine Sinne ein und nimm wahr, wodurch du berührt wirst.

Der Autor John C. Maxwell hat einmal behauptet, dass Hoffnung keine Strategie sei. Ein wichtiger Satz. Damit ist nicht gemeint, dass Hoffnung etwas Naives oder gar Schlechtes ist. Er will damit nur sagen, dass durch Hoffnung allein keine Veränderung entsteht. Sie ist ein wunderbares und kraftvolles Tool, um dein Handeln zu unterstützen. Für sich allein genommen hingegen ist die Hoffnung – zumindest in diesem Zusammenhang – machtlos.

Die Worte meines chinesischen Lehrers erinnern mich – und vielleicht auch dich – immer wieder daran, wie wichtig unsere Handlungen sind. Er sagte einst: »Der Unterschied, zwischen dem, wer du bist, und dem, wer du sein möchtest, besteht in dem, was du tust.« Gedanken sind wichtig, Ruhe ist essenziell. Aber der Lernprozess, der durch unser Handeln und das anschließende Reflektieren darüber möglich wird, bringt uns einen Schritt näher zur nächsten Version unserer selbst. Und damit einen Schritt näher zu unserer Berufung. Deshalb gehe raus und erlebe die Welt.

UNTERSTÜTZEND KANN SEIN:

- Schreibe deine Erfahrungen und Erkenntnisse regelmäßig auf. Geschriebenes bleibt besser in Erinnerung. Etwas auszuformulieren bringt Klarheit.
- Befrage andere Menschen, wie sie dich wahrnehmen. Ergänze die Liste deiner Stärken und Talente durch das Feedback von anderen.
- Lass dich auf den Weg ein: Genieße den Prozess des Entdeckens, anstatt auf ein bestimmtes Ende hinzusteuern. Die Ergebnisorientierung hindert uns oftmals an Erkenntnissen.
- Umgib dich mit Menschen, in deren Gesellschaft du ganz du selbst sein darf. Menschen, bei denen du dich nicht schämst oder wertlos fühlst, Menschen, die sich über deine Erfolge freuen.
- Begib dich in Umgebungen, die dich inspirieren. Das können ganz »normale« Orte sein wie die Natur oder ein bestimmtes Café. Hier entsteht Kreativität, hier kannst du dich am besten mit dir selbst verbinden.

DER REFLEKTIERENDE ANSATZ

Glaube an dich und du schaffst das Unmögliche.

VERFASSER UNBEKANNT

Wenn wir dem erlebnisorientierten Ansatz entsprechend unser Verhalten steuern möchten, ist es hilfreich, unseren Gedanken Beachtung zu schenken. Denn unser Denken, da sind sich Wissenschaftler und Psychologen einig, steuern unser Verhalten. Wenn ich beispielsweise denke, dass ich meine Berufung sowieso nicht finde, wird es mir schwerfallen, im Sinne der Erlebnisorientierung Neues auszuprobieren und Möglichkeiten zu schaffen, um ihr zu begegnen. Durch meine Gedanken verschließe ich mich indirekt meiner Berufung.

Unser Glaube, was möglich und was unmöglich ist, kann eine Erkenntnisbarriere darstellen. Unsere Berufung liegt schließlich nicht irgendwo in der Zukunft, sondern vergraben in uns. Das, was sie für uns unzugänglich macht, sind unter anderem destruktive Denkmuster und limitierende Glaubenssätze. Diese haben wir uns durch den Einfluss unseres Umfeldes und unserer Bezugspersonen (Eltern, Freunde, Lehrer, Partner) angeeignet. Wir sind nicht mit Selbstzweifeln auf die Welt gekommen. Wir wurden nicht geboren und fühlten uns nicht gut genug. Irgendwo auf unserem Weg wurde uns das vermittelt. Zum Problem wurde es, als wir begonnen haben, es zu glauben.

Dieser Glaube hält uns davon ab, unsere Lebensaufgabe zu finden. Er wirkt wie eine sich selbst erfüllende Prophezeiung. Unsere Erwartungshaltung gleicht dann einer Vorhersage der Zukunft.

Vielleicht kennst du den Satz: »Ich glaube es erst, wenn ich es sehe.« Er beschreibt die Grundproblematik bei der Verwirklichung unserer Ziele. Wenn wir ein Ergebnis erst sehen müssen, um es zu glauben, setzen wir eines der stärksten Instrumente, unseren Glauben, also dass wir etwas, das noch nicht da ist, für möglich halten, nicht gewinnbringend ein. Das ist entscheidend. Es ist nämlich ausgeschlossen, dass du deine Berufung findest, wenn du erst im Moment des Findens daran glaubst. Du musst zuerst daran glauben, um ihr Auftauchen möglich zu machen.

UNTERSTÜTZEND KANN SEIN:

- ◇ Notiere Affirmationen, um ein bestimmtes Ziel zu erreichen. Idealerweise als Reim, weil so leichter deine Denkweise beeinflusst wird.
- ◇ Platziere die Liste deiner Affirmationen an einem Ort in deiner Umgebung, an dem du sie häufig siehst (Kühlschrank, Spiegel, als Post-it an den Computer).
- ◇ Integriere diese Sätze in deine Routinen. Schreibst du Tagebuch oder machst morgens eine Tagesplanung? Gewöhne dir an, die wichtigsten Sätze zu notieren und dich an sie zu erinnern.
- ◇ Gestalte dir einen Handyhintergrund, der dir ermutigende Sätze anzeigt.
- ◇ Am wirkungsvollsten ist die Wiederholung deiner neuen Glaubenssätze, wenn du dich dabei bewegst. So arbeiten Körper und Geist als Einheit zusammen. Beim Sport oder Spazierengehen etwa kannst du dir eine Aufnahme anhören, die du selbst gesprochen hast oder du sprichst die Sätze beim Bewegen einfach aus.

Das bedeutet nicht, dass wir uns willkürlich Talente aussuchen und uns einreden sollen, sie tatsächlich zu besitzen. Das ist eben gerade nicht authentisch. Es geht darum, dass wir in Übereinstimmung mit dem handeln, wer oder was wir zu sein glauben und was wir zu können meinen. Das Bewusstsein über diesen Zusammenhang soll uns wachsam für die Kraft unserer Gedanken machen und uns dazu bringen, sie bewusst und bestärkend einzusetzen.

Wenn wir uns nichts zutrauen, an uns zweifeln und uns für zu unkreativ oder zu glücklos für das Finden unserer Lebensaufgabe halten, bremst uns diese Überzeugung natürlich aus. Wesentlich besser ist unser Glauben eingesetzt, wenn wir ihn als positiven Wegbegleiter nutzen, der uns an vorhandene Stärken erinnert und uns damit motiviert, unterstützt und vorantreibt.

ÜBUNG: GLAUBENSSÄTZE ERKENNEN UND VERÄNDERN

Notiere auf der linken Seite alle Gedanken und Zweifel, die dir in den Sinn kommen, wenn es um das Finden deiner Berufung geht. Wenn du damit fertig bist, formuliere auf der rechten Seite einen ermutigenden Satz dazu.

Satzbeispiele

Negativer Gedanke: Ich bin viel zu alt, um meine Berufung zu finden.
Ich habe keine Talente.
...

Bestärkender Gedanke: Jetzt blühe ich auf. Ich bin reif für meine Berufung.
Ich freue mich darauf, meine Talente zu entdecken.
...

Mach dir bewusst, dass über Jahre gefestigte Denkmuster nicht von heute auf morgen verändert werden können. In der Wiederholung liegt die Kraft. Wenn du ermutigende Sätze für dich formuliert hast, ist es wichtig, diese in deinen Alltag zu integrieren, sodass sie dir immer wieder begegnen.

EBENEZER SCROOGE

Ein weiterer Hebel, um Veränderungen in unserem Denken oder Handeln anzustoßen, ist unsere Vorstellungskraft. Vielleicht kennst du das Buch oder den Film »Eine Weihnachtsgeschichte« von Charles Dickens (Original: »A Christmas Carol«). Die Hauptrolle spielt ein griesgrämiger Geschäftsmann mit dem Namen Ebenezer Scrooge. Er ist verbittert, geizig und hat nichts als Geringschätzung für seine Mitmenschen und seinen Angestellten übrig. Als ihm in einer Weihnachtsnacht der Geist seines verstorbenen Geschäftspartners erscheint, der seinerzeit genauso hartherzig war wie er selbst, beginnt er über sein Leben nachzudenken. Marley, so der Name des Geschäftspartners, will Scrooge vor den Folgen seines Denkens und Handelns warnen. Er kündigt ihm an, dass ihn in jener Nacht drei Geister besuchen werden.

Es erscheinen, wie vorausgesagt, drei Geister. Der Geist der Vergangenheit, der Geist der Gegenwart und der Geist der Zukunft. Der Geist der Vergangenheit zeigt den kleinen Scrooge, wie er einsam und verlassen in einer Familie ohne Mutter lebt und ihn der Vater nicht akzeptiert. Seine Schwester hingegen liebt ihn über alles und auch bei seiner Arbeit ist er zufrieden. Seine Lehre macht er in guter Umgebung. Er sieht, wie die Arbeiter gemeinsam eine Weihnachtsfeier veranstalten.

Der Geist der Gegenwart zeigt ihm unter anderen das Leben der Familie seines Angestellten. Er sieht, dass der Sohn seines Angestellten schwer krank ist und aller Voraussicht nach nicht mehr lange zu leben hat.

Der Geist der Zukunft zeigt ihm, wie sich Menschen über den Tod eines Geschäftsmannes freuen und dessen Habseligkeiten gestohlen werden. Als ihn der Geist auf einen Friedhof führt, sieht er ein Grab, auf dem sein Name steht. Ihm wird schlagartig bewusst, dass es sein eigener Tod ist, über den sich all diese Menschen freuen.

Als er am nächsten Tag aufwacht, beschließt er, sein Leben zu verändern. Er spendet Geld, hilft armen Menschen und heilt zerbrochene Beziehungen. Die Konfrontation mit den Folgen seines Handelns hat ihn motiviert, etwas zu verändern.

Wir können aus dieser Geschichte eine Methode ableiten, bei der wir in unserer Vorstellung die Zukunft durchleben und spüren, wie es sich anfühlt, wenn wir so weitermachen wie bisher. Dabei können positive und negative Dinge sichtbar werden. In Bezug auf die Lebensaufgabe könnten wir uns, je nach Glaubenssätzen, die wir ändern wollen, fragen:

Wie wird es mir und meiner Familie gehen, wenn ich in drei, fünf oder zehn Jahren immer noch nicht aufgehört habe, an mir zu zweifeln und auf der Stelle trete? Oder, für eine positive Bestärkung: Wie wird es sich wohl anfühlen, wenn ich meine Lebensaufgabe in einigen Jahren lebe? Welche Auswirkung hätte das auf mich und meine Beziehungen?

Je stärker und intensiver wir uns auf die Gefühle einlassen, die bei der Vorausschau entstehen, desto wahrscheinlicher ist es, dass wir die Konsequenzen als gravierend einschätzen und uns entscheiden, eine Denk- oder Verhaltensweise zu ändern.

ERINNERUNGEN AN DIE KINDHEIT

In unserer Kindheit liegt noch ein weiterer, vielleicht der wichtigste Schlüssel zu unserer Berufung. Menschen, die ihre Berufung kennen und sie leben, berichten häufig von prägnanten Erinnerungen aus ihrer Kindheit. Das sind Momente, in denen sie bereits als Kind eine Vorahnung hatten, was sie später tun oder von was sie umgeben sein würden.

Deine frühkindlichen Neigungen, deine Hobbys, die Beschäftigungen, denen du mit Leidenschaft nachgegangen bist, können Hinweise darauf sein, was dir entspricht. Verbinde dich mit deinen Wurzeln und blende andere Stimmen (zum Beispiel die deiner Eltern) aus. Fühle, ob es ein Muster oder einen Kern gibt, der dir Hinweise auf deine tiefsten Wünsche gibt.

Beim Zurückblicken ist es wichtig, nicht zu verkopft zu sein. Versuche nicht sofort, Zusammenhänge zu erkennen oder gar Berufsbezeichnungen zu finden, die sich aus deinen früheren Interessen ableiten lassen. Erinnere dich mit deinem Herzen. Spüre in vergangene Situationen hinein, denke mit Interesse und Neugier zurück, was diese jüngere Version deiner selbst gerne getan hat. Was waren deine liebsten Spielzeuge? Was hat dich damals begeistert? Welche Berufswünsche hattest du, die du irgendwann begonnen hast als Unfug abzustempeln? Notiere dir diese Erinnerungen, ohne sie zu bewerten. Erfreue dich daran, wenn du sie wieder aufrufen und nachempfinden kannst.

Hinschauen hilft!

Hin und wieder werde ich von Kunden gebeten, die Talente ihrer Kinder, die noch nicht einmal die Grundschule besuchen, zu lesen. Bevor ich die Gesichter der Kleinen mustere, stelle ich den Erwachsenen häufig die folgende Frage: »Haben Sie Ihrem Kind schon einmal aufmerksam und beim Spielen zugeschaut? Und zwar nicht nur zu Hause in gewohnter Umgebung mit ausgewähltem Spielzeug, sondern wie und was spielt Ihr Kind in der Natur oder im Kindergarten, insbesondere wenn Gleichaltrige um es herum sind?«

Bei freier Auswahl wird das Kind zu dem Spielgerät greifen, zu dem es eine besondere Verbindung spürt, sei es nun ein Ball, eine Schaufel, ein Musikinstrument, Malstifte, Pflanzen, ein Kochtopf und so weiter. Diese Verbindung könnte man auch als Talent bezeichnen. Kinder mit dem Talent des Körpers wollen sich bewegen, Kinder mit kreativen Talenten werden eher malen und Kinder, die gerne schaufeln und baggern, sind in der Mehrzahl mit dem Talent der Hände und damit mit praktischen Fähigkeiten gesegnet. Auch den Anführer werden wir schnell entdecken, den Organisator, den Gerechtigkeitsliebenden, den Sänger und den Entdecker. Viele weitere Talente lassen sich durch ruhiges und geduldiges Beobachten erkennen und sind die Grundlage der individuellen Lebensaufgabe. Wer seinem Kind bereits in dieser Phase durch Förderung hilft, macht es ihm leichter, im Erwachsenenleben den eigenen Weg zur Selbstentfaltung zu gehen. Der Schritt zur Lebensaufgabe ist dann nur noch ein kleiner.

DER ACHTSAMKEITSORIENTIERTE ANSATZ

Achtsamkeit ist kein Tool zur Selbstoptimierung.
Sie ist ein Weg zu Erkenntnissen über dich selbst.

ERIC STANDOP

Achtsamkeit ist – zumindest auf den ersten Blick – ein neuartiges Modewort. Ob als Hashtag in den sozialen Medien oder in Texten von Meditations-Apps; es begegnet uns auf den unterschiedlichsten Kanälen. Was nicht wenige von uns als neuartig wahrnehmen, ist jedoch keineswegs ein Phänomen unserer Zeit. Als siebtes Glied des achtgliedrigen Pfades des Yoga ist Achtsamkeit seit Tausenden von Jahren ein zentrales Element der buddhistischen Lehre.

Achtsamkeit bedeutet im Buddhismus, durch zielgerichtete Aufmerksamkeit zu erkennen, was ich wahrnehme, was ich fühle oder was in mir und der Welt vorgeht. Achtsamkeit ist also kein Tool zur Selbstoptimierung oder eine Praxis, mit der man vorher festgelegte Ziele erreicht. Versteht man Achtsamkeit im Kontext ihrer ursprünglichen Bedeutung, so geht es mehr um die Einsicht, wer ich bin und aus welchen Motiven ich handle. Sie ist ein Weg, um Erkenntnisse über sich selbst zu gewinnen.

Wenn wir unsere Lebensaufgabe finden wollen, dann können Achtsamkeitspraktiken helfen, um den dichten Nebel zu klären und um weniger gedankliche Ablenkungen zuzulassen. Du kannst es dir so vorstellen: Wenn du einen Gegenstand – sagen wir einen Apfel – über längere Zeit betrachtest, werden dir immer mehr Eigenschaften und Merkmale an ihm auffallen. Du beginnst Details wahrzunehmen und den Apfel wirklich zu sehen. Genauso ist es mit uns selbst. Je ungestörter und ununterbrochener wir uns selbst wahrnehmen, desto mehr werden wir uns verstehen können. Es fallen uns plötzlich Dinge auf, die schon immer da waren, die wir aufgrund von ungenauem Hinsehen aber nicht erkannt haben. Achtsamkeit schärft also unseren Blick für uns selbst und für andere.

ACHTSAMKEIT IM ALLTAG

Achtsamkeitstechniken gibt es so viele, wie es spirituelle, religiöse oder psychologische Ansichten gibt. Wenn wir eine Achtsamkeitspraxis in unseren Alltag integrieren wollen, ist es wichtig, dass wir sie nach unseren Vorlieben aussuchen. Wer gerne in Bewegung ist und mit dem Körper arbeitet, ist beispielsweise im Yoga gut aufgehoben. Von dem Wort Yoga sind viele Bedeutungen überliefert. Eine besagt, dass Yoga die Bündelung des Geistes (ekâgrata) ist. Eine andere beschreibt mit dem Begriff »karmasu kousalam« das achtsame Handeln. Allen Yogaformen ist gemein, dass der Atem mit Bewegung verbunden wird.

Wer es lieber ruhig mag, der kann sich auch mit Meditationen eine Achtsamkeitspraxis aufbauen. Ebenso gilt das Laufen in der Natur oder ein einfacher Spaziergang ohne Handy oder Musik als Möglichkeit der Einkehr. Besonders wirksam sind Achtsamkeitspraktiken, wenn wir sie regelmäßig ausführen statt nur sporadisch, wenn es gerade irgendwo klemmt.

Nicht einfach loslegen

Viele Menschen beginnen eine Achtsamkeitspraxis mit Enthusiasmus und Motivation. Nach kurzer Zeit lassen diese Impulse jedoch in der Regel nach und der Alltag mit all seinen Ablenkungen hat uns dann wieder fest im Griff. Wenn wir versuchen, eine neue Gewohnheit in unseren Alltag zu integrieren, kann es sinnvoll sein, nicht einfach nur damit loszulegen, sondern die neue Aktivität mit Struktur in unseren Tag zu verankern.

UNTERSTÜTZEND KANN SEIN:

- ◇ Die neue Gewohnheit muss zu deinem Leben und Alltag passen. (Eine zweistündige Achtsamkeitspraxis ist als Morgenroutine ungeeignet, wenn kleine Kinder da sind.)
- ◇ Nutze das so genannte *habit stacking*, also das Stapeln von Gewohnheiten: Füge deine neue Gewohnheit einer bereits bestehenden Gewohnheit deines Alltags hinzu. (Die Formulierung lautet dann: Nachdem ich X gemacht habe, mache ich Y. Ein Beispiel: Nachdem ich gefrühstückt habe, meditiere ich fünf Minuten. Nachdem ich Zähne geputzt habe, mache ich einen kurzen Spaziergang.)
- ◇ Lege alle Details deiner neuen Gewohnheit fest: Wann genau willst du sie machen? Zu welcher Uhrzeit? Was genau machst du und wie lange?
- ◇ Bereite deine Umgebung auf die neue Gewohnheit vor. Mach die neue Gewohnheit so leicht umsetzbar wie möglich (zum Beispiel, indem du die Yogamatte schon am Vorabend für deine Morgenroutine rauslegst).
- ◇ Lobe dich selbst und feiere deinen Erfolg. Wenn wir keine Anerkennung in Form von Lob bekommen, ist unsere Motivation geringer, die Gewohnheit aufrechtzuerhalten.

So geben wir der Veränderung durch eine gewisse Routine überhaupt erst die Möglichkeit. Besonders gut kann uns das gelingen, wenn wir einige Dinge beachten.

Im Hier und Jetzt achtsam zu sein, fußt also auf vielen Säulen. Wer wirklich alle seine Sinne nutzt, wer sich seiner Persönlichkeit bewusst ist und sich frei macht von Bewertungen, der spürt die große Entspannung und Gelassenheit. Es ist wichtig zu unterstreichen, dass es nicht *den einen* Weg gibt, um die eigene Berufung zu finden. Im Gegenteil. Die Wege sind so individuell wie wir Menschen. Eines steht jedoch fest: Mit dem Verstand findest du deine Lebensaufgabe nicht. Höre auf dein Herz und lass dich von deiner inneren Stimme leiten. Denn sie ruft dich schon lange. Du musst nur lernen hinzuhören.

DU KENNST NUN DEINE LEBENSAUFGABE – UND JETZT?

Deine Lebensaufgabe zu kennen ist nicht das Ende deines Weges. Es ist in gewisser Weise erst der Anfang. Denn nun kannst du beginnen deinen Archetypen zu interpretieren und kannst deine Talente entsprechend deiner Vorlieben, Interessen und der Lebensphase, in der du dich befindest, gewinnend einsetzen. Suche dabei keinen Weg, den schon jemand anders gegangen ist. Gehe deinen eigenen Weg. Er entsteht, indem du ihn gehst.

ERFOLG ODER BERUFUNG

Jede Erkenntnis beinhaltet die Chance für einen Neuanfang.

ERIC STANDOP

Wenn Menschen zu einem Gesichtleser kommen, bringen sie in den meisten Fällen eine konkrete Frage mit. Das ist hilfreich, denn so kann sich das Reading an den Bedürfnissen des Kunden orientieren. Neben der konkreten Frage »Was ist meine Lebensaufgabe?« stellen Menschen auch andere Fragen, die sich bei genauerem Hinsehen ebenfalls auf die Lebensaufgabe beziehen.

Einen solchen Fall durfte ich bei meinem Lehrmeister in Hongkong miterleben. Eine Hongkong-Chinesin, die fließend Englisch sprach, suchte ihn mit der Frage auf: »Warum bleibt mein Erfolg aus?«

Ich saß in einer kleinen Ecke der Küche meines Lehrmeisters (hier hielt er fast alle seiner Readings ab) und beobachtete das Geschehen. Die junge Dame, sie war Anfang 20, erklärte mit großen, leuchtenden Augen, dass sie ihre Berufung bereits gefunden habe. Sie sei Instagram-Influencerin. Eine Aufgabe, die sie völlig erfülle. Innerlich musste ich schmunzeln. Mein mittlerweile 80 Jahre alter Meister wusste mit Sicherheit nicht, was damit gemeint war. Seine Mimik war voller Fragezeichen, sie drückte dieses Unverständnis gut sichtbar aus. Fast sah ich mich genötigt einzuspringen, doch das wäre natürlich völlig unangemessen gewesen.

Auf seine Nachfrage hin erklärte ihm die junge Dame ausführlich, was es mit Instagram und den sozialen Medien auf sich hatte. Sie beschrieb, dass sie anderen Frauen Produkte empfehle, die diese dann, oft vergünstigt, kaufen könnten. Als Beispiel

führte sie Schuhe, Handtaschen und Pflegeprodukte an. Sie bekam für diese Empfehlungen eine Art Provision. Als sie mit ihren Erklärungen fertig war, schluchzte sie und sagte: »Meister, ich habe nur 30 000 Menschen, die mir folgen. Damit kann ich zwar etwas Geld verdienen, aber es reicht bei Weitem nicht zu einem luxuriösen Leben, wie ich es mir erträume. Ich muss immer wieder bei meinen Eltern um Geld bitten. Ich schaffe es nicht aus eigener Kraft.« Während sie all dies wort- und gestenreich ausführte, studierte mein Meister sie aufmerksam und richtete mehrmals sein rechtes Ohr (auf dem er deutlich besser hörte) in ihre Richtung. Ich konnte ahnen, dass er weniger den Inhalt ihrer Worte, als ihre Stimme und Tonlage zu erfassen versuchte.

»Was genau wünscht du dir nun?«, entgegnete er schließlich, leicht irritiert, jedoch mit einer Stimme voller Güte.

»Ich bin mir sicher, ich würde mehr Geld verdienen, wenn ich nur mehr Follower hätte. Mehr Menschen, die meinem Ratschlag folgen.« erklärte die junge Frau. »Was kann ich tun, um mehr Follower zu bekommen und so meinen Traum einer erfolgreichen Instagram-Influencerin zu leben?«

Hatte die junge Dame gerade meinen 80-jährigen Lehrmeister gefragt, wie sie sich auf Instagram präsentieren solle? Oder sogar ihr Gesicht verändern könne, damit sie mehr Follower bekomme? Spätestens jetzt musste ich mich wirklich zusammenreißen und die Luft anhalten, um nicht laut zu lachen. Diese Szene war einfach grotesk. Glaubte sie wirklich, dass mein Lehrmeister auf so eine Frage eine nützliche Antwort für sie hatte? Ich war verwundert und zugleich amüsiert.

Der Meister hatte die junge Frau während ihrer Beschreibungen genau beobachtet und ihre Mimik studiert. Sie machte, entgegen ihrer Aussage, keinen glücklichen Eindruck. Ständig presste sie die Lippen aufeinander, ihre Mundwinkel zogen sich nach unten und sie spielte mit der Zunge an der Innenwand ihrer Wange. Ich hatte gelernt, was dieses Zungenspiel bedeutet: »Ich möchte eigentlich noch mehr dazu sagen, aber ich halte mich zurück.« (Wobei das, was man noch sagen möchte, meist nichts Positives ist.)

Ihre Gesichtsform sprach dafür, dass sie Menschen mit ihrem Aussehen und ihrer Art beeinflussen konnte. Sie hatte ein schmales, am Kinn spitz zulaufendes Feuergesicht, sie war also gemäß ihrer Talente geeignet für die Bühne und die Kommunikation. Ihre eindrucksvollen Augen waren ungewöhnlich groß, sie nahmen viel Raum ein und dominierten schon deshalb ihr Gesicht.

Im chinesischen Gesichtlesen werden solche Augen Vollmond-Augen genannt und stehen für einen Menschen, der nahezu alles wahrnimmt, dem nichts entgeht. Auch nicht das Unterbewusste. Das Gefühlsleben dieser Menschen ist jedoch extrem empfindsam. Ihre Emotionen kochen sehr schnell über. Sie sind empfänglich für Kritik, hinterfragen sich oft und sind leicht aus der Fassung zu bringen. Auch der Mund der Chinesin war ausdrucksstark und einfangend. Zwar war er etwas klein und deshalb zum Verkünden und Präsentieren nicht ideal geeignet, doch ihre Lippen waren voll und schön geschwungen.

»Was stimmt hier nicht?«, fragte ich mich. Ich wandte meinen Blick ab von den Merkmalen und folgte den mimischen Bewegungen der jungen Frau. Ihre Mimik war tatsächlich nicht von Schönheit und Herzlichkeit geprägt. Sie sah verbissen aus, verkniffen, ja fast wütend. In dieser Kombination fehlte ihr jegliche Ausstrahlung. Sie hatte eindrucksvolle Merkmale, aber es fehlte etwas Magnetisches, eine einfangende Ausdruckskraft. Es fehlte ihr Charisma.

Wenn die Aufgabe noch nicht die richtige ist

Glücklicherweise war ich nicht in der Position, einen Ratschlag geben zu müssen. Trotzdem fragte ich mich natürlich, was ich ihr nun raten würde. Im Geiste sah ich mich schon im Internet auf Recherche gehen, damit die junge Frau die nötige Bühnenpräsenz aus sich herausholte und ihre Mimik gewinnend einsetzte. Denn das Talent zur Bühne hatte sie ja. Ich stoppte meine ins Leere führenden Gedankengänge gerade noch rechtzeitig, um die knappe Antwort meines Lehrmeisters zu hören: »Why do you want to rise when you don't shine?« Warum willst du aufsteigen, wenn du nicht leuchtest? Mir blieb der Mund offen stehen und der jungen Kundin ging es augenscheinlich nicht anders. »Eine Frage wie eine Ohrfeige«, dachte ich und fixierte den Ratgeber. Nachdem er den Satz ausgesprochen hatte, drehte er sich weg und sah fortan nur noch auf den Boden. Ich kannte diese Reaktion inzwischen. Sie hieß so viel wie: Die Sitzung ist beendet. Die junge Dame hatte eine Antwort auf ihre Frage bekommen. Mein Meister hatte nichts mehr zu sagen.

Im Gesicht der jungen Frau sah ich anfänglich eine Mischung aus Ratlosigkeit und hilfloser Überraschung. Doch schon wenig später schwenkte sie um in ein Nachdenken darüber, was der alte Lehrmeister damit sagen wollte. Die Aktivitäten auf ihrer Stirn verrieten, dass es in ihr arbeitete.

Das tat es auch in mir. Noch oft habe ich über seine Worte nachgedacht. Ich konnte mir nicht vorstellen, dass Instagram-Influencerin eine Lebensaufgabe sein soll. Aber was wollte er ihr sagen? Sollte sie zuerst daran arbeiten zu leuchten und zu strahlen und dann würde der Erfolg als Influencerin folgen? Oder war es gar nicht ihre Aufgabe zu strahlen und anderen damit den Weg zu weisen und deshalb war die Idee, als Influencerin zu reüssieren, nicht wirklich sinnvoll?

Es gibt nicht wenige Menschen, die davon überzeugt sind, ihre Lebensaufgabe bereits zu leben. Sie sind so beschäftigt und ausgelastet damit, dass sie gar nicht auf die Idee kommen, dass ihre Lebensaufgabe womöglich ganz woanders auf sie wartet. Umso erstaunter sind sie dann häufig, dass ihr Wirken nicht zu der Zufriedenheit führt, die sie sich ersehnen. In vielen Fällen bleibt schlichtweg der Erfolg aus oder sie haben Erfolg und sind trotzdem nicht glücklich. Ihr Verstand sagt ihnen: »Das ist toll, was du machst. Du bist wichtig und wirst gebraucht. Mach weiter so!« Aber in vielen Fällen täuscht dieses dauerhafte In-Aktion-Sein darüber hinweg, dass es noch eine höhere, weitaus passendere Aufgabe für sie gibt.

DIE LEBENSAUFGABE ANNEHME

»Meister, wie erkenne ich, ob ich Fortschritte mache?«
Meister: »Du wirst es wissen, wenn du über die Dinge lachen kannst, die dich einst wütend machten.«

Die meisten Menschen sind erleichtert, wenn sie hören, welche Lebensaufgabe sich ihrem Gesicht ablesen lässt. Trotzdem gelingt es ihnen nicht immer, diese Information sofort anzunehmen. Es dauert oft einige Zeit, manchmal sogar einige Jahre, bis der Verstand bereit ist, die Lebensaufgabe in die sogenannte Realität zu integrieren und sie nicht als romantische Träumerei anzusehen oder für unerreichbar zu halten.

Eine Situation ist mir noch gut in Erinnerung, obwohl sie über zwölf Jahre zurückliegt. In meiner Anfangszeit als Facereader arbeitete ich im Mandarin Oriental Hotel in Hongkong. Meine Readings fanden in einer schönen Räumlichkeit innerhalb des Spa-Bereichs in den obersten Stockwerken des Hotels statt. Während die meisten Gäste nur wegen des Readings kamen, buchten es einzelne Spa-Besucher auch aus Neugier oder Langeweile als zusätzliches Angebot zu ihrem Wellnessprogramm.

DIE REISENDE MUTTER

Eines Tages kam eine schick gekleidete Frau Ende 50 zu mir ins Reading. Sie war Australierin, lebte mit ihrem Mann, einem ehemaligen Piloten einer namhaften Airline, aber schon seit vielen Jahren in Hongkong. Wie ich später erfuhr, war sie für einen Wellnesstag im Hotel und war durch den Aushang, dass für

Besucher und Gäste auch Face Readings angeboten würden, auf mich aufmerksam geworden.

»Ich möchte zu gerne wissen, was mein Gesicht über mich erzählt«, teilte sie mir entspannt mit. Umgeben von asiatischem Raumduft, in den tiefen, bequemen Sesseln des Spa-Bereichs sitzend, begann ich also ihr Gesicht zu lesen. Ich erzählte ihr, wofür ihre Persönlichkeit stehe, wo ihre Talente lägen und auf was sie bei ihrer Ernährung achten könne. Sie hatte großen Spaß dabei, machte sich eifrig Notizen und freute sich auch deshalb, weil sie sich in ihrer Selbsteinschätzung bestätigt sah. Als ich das Reading gerade abschließen wollte, sagte sie euphorisch:

»Das war alles so wundervoll zutreffend und hilfreich. Ich habe gesehen, Sie haben auch das Thema Lebensaufgabe im Angebot. Können Sie mir dazu auch noch etwas sagen?«

»Das kann ich«, bestätigte ich. »Allerdings ist das bei Ihnen etwas herausfordernd, denn ich kann sehen, dass Sie Ihre Lebensaufgabe derzeit nicht leben.«

»Genau, den Eindruck habe ich auch«, entgegnete sie wenig überrascht. »Woran haben Sie das denn erkannt?«

Ich erklärte ihr, dass ich es an ihrer Mimik sehe. Sie war nicht von Glück erfüllt, auch wenn sie gerade im Reading Spaß hatte. Sie kam nicht mit strahlenden Augen und hochgezogenen Mundwinkeln daher. Auch ihre Wortwahl und die Art, wie sie sprach, war nicht von Optimismus geprägt. Vielmehr wirkte sie gestresst, fasste sich ständig ins Gesicht, kratzte sich am Kopf, blickte nach unten und war streckenweise außer Atem. Ein Mensch, der seine Lebensaufgabe lebt, strahlt etwas anderes aus.

»Jetzt machen Sie mich neugierig. Wenn ich meine Lebensaufgabe nicht lebe, was lebe ich denn dann?«, fragte sie.

»Sie haben mir vorhin geschildert, wie Sie Ihr Leben gestalten. Sie haben drei erwachsene Kinder, zwei sind bereits verheiratet und haben selbst Kinder. Keines der Kinder lebt in Hongkong. Eins ist in San Francisco zu Hause, das andere in London und das dritte in Sidney. Sie besuchen die Kinder mehrfach im Jahr und bleiben einige Wochen bei ihnen. Diese Rundreisen machen Sie ohne Ihren Mann. Sie kümmern sich sehr gut um Ihre Kinder. Ich bin zwar nicht sicher, ob die das gut finden, wenn Sie so oft unangekündigt dort auftauchen und sagen, wie es mit den Enkelkindern zu laufen hat. Aber dennoch: Sie kümmern sich. Diese Lebensaufgabe heißt ›Mutter von allen‹. Ein Mensch, der diese Lebensaufgabe hat, möchte alle Schäfchen zusammenhalten. Er möchte alle an Bord behalten und niemanden verlieren. Die Mother of all, wie wir sie im Englischen nennen, ist eine Autorität. Sie ist eine starke Frau, eine führende Frau, eine problemlösende Frau. Sie löst die Probleme aber nicht selbst, sondern sie weiß, welche Fähigkeiten dafür vonnöten sind und wen sie beauftragen muss. Mutter Teresa war so eine Frau. Die ›Mother of all‹ ist eine Lebensaufgabe, aber eben nicht Ihre.«

Die Frau schaute mich aufmerksam an und bat mich weiterzusprechen.

»Mir fällt auf, dass Sie in der Liebe eine schwierige Zeit durchmachen.« Es hatte ihr nicht gefallen, dass ich das Reisen so kritisch sah. Nun aber nickte sie zustimmend. »Schon lange läuft es in Ihrer Partnerschaft nicht gut. Sie haben nicht die Ausstrahlung einer Frau, die verliebt ist. Das muss man nach vielen Ehejahren auch nicht mehr sein, aber Sie sehen nicht so aus, als ob Sie die Sicherheit einer Beziehung genießen würden. Vielleicht suchen Sie deshalb die Liebe bei Ihren Kindern und Enkelkindern, reisen von A nach B und C.« Sie stimmte zu.

»Was muss ich denn anders machen, um meine Lebensaufgabe zu leben?«, entgegnete sie.

»Ich muss gestehen, es ist schwer, Ihnen dies in den verbleibenden Minuten zu erläutern, aber auf wenige Sätze gebracht: Ich glaube, Sie sollten wieder mehr Kontakt zu Ihrem Mann aufnehmen. Denn wenn Sie das nicht tun, macht es womöglich jemand anders. Durch Ihr ständiges Reisen gibt es für Ihren Mann Freiräume, die er wird füllen wollen. Vielleicht sucht er Leidenschaft, vielleicht sucht er das Abenteuer. Sie suchen das nicht bei ihm. Sie suchen es in den Besuchen bei Ihren Kindern. Sie werden zur ›Mutter von allen‹, dabei ist Ihre Lebensaufgabe die eines Wegbegleiters, des Road Companion.«

Ich beschrieb ihr ihre Lebensaufgabe. Sie war ein klassischer Wegbegleiter. Jemand, der kommentiert. Jemand der hilft und unterstützt. Das sind sehr flexible Menschen (häufig durch eine spontane Mimik gekennzeichnet), sie sind neugierig und besitzen eine besondere Gewitztheit (oft erkennbar durch kleine, nach unten verlaufende Schrägfältelungen an der Nasenwurzel) und Abenteuerlust, die sich beispielsweise durch flinke Augenbewegungen verraten kann. Die Lebensaufgabe des Wegbegleiters kann man als Autorität leben, zum Beispiel als Sterbebegleiter, weil dieser dem Sterbenden die Ängste nimmt. Natürlich kann man sie auch eher passiv leben, indem man den Weg eines anderen begleitet. Man stärkt dann eine gemeinsame Sache.

Ich wurde konkret: »Sie sind Ihren Weg lange Zeit an der Seite Ihres Mannes gegangen, haben ihn oft auf seinen Flügen und Reisen begleitet, seine Karriere durch Ihre Kraft und Liebe erst ermöglicht. Irgendwann haben Sie beide diesen Weg des Miteinanders verlassen. Warum das der Fall ist, kann ich hier nicht ermitteln. Vielleicht ist es auch nicht sichtbar von außen. Klar ist, dass Sie sich eine neue Lebensaufgabe gesucht haben. Nur stößt diese weder bei Ihren Kindern auf Begeisterung noch bei Ihnen selbst, wenn Sie ehrlich zu sich sind. Denn Ihr Gefühlsleben kommt dabei zu kurz.«

In diesem Moment schossen ihr die Tränen in die Augen, sie stand auf und stürmte aus dem Raum. Kurz kamen Zweifel in mir hoch: Hätte ich mich vorsichtiger ausdrücken sollen? Der Dame das, was ihr Gesicht verriet, nicht so offen sagen sollen? Aber sie hatte ja danach gefragt.

Den Nagel auf den Kopf getroffen

Als zwei Stunden später mein nächstes Reading zu Ende war, kam die Hair-Stylistin des Hotels zu mir. Sie war wie meine vorherige Kundin ebenfalls in Melbourne aufgewachsen und kannte die Frau daher schon viele Jahre. Sie klärte mich auf. Die philippinische Haushälterin des Paares war im Laufe der Zeit zur Geliebten des Mannes geworden. Durch ihre langen Abwesenheiten hatte die Frau ihrem Mann und seiner Geliebten die Gelegenheit gegeben, diese »Freiräume auszuleben«, so ihre Worte. Meine Kundin wusste das und wollte ihre Ehe dennoch nicht aufgeben. Sie forderte ihren Mann nicht dazu auf, seine Affäre zu beenden. Sie sprach das Thema, wohl aufgrund ihrer Angst vor einer Scheidung, nicht einmal an.

Nachdem sie den Raum so schlagartig verlassen hatte, war meine Kundin erst zur Hotelleitung gestürmt, um sich zu beschweren und dann zu besagter Hair-Stylistin gelaufen, der sie von dem Reading erzählte.

»Das kann er mir doch nicht einfach so ins Gesicht sagen. Wer glaubt er eigentlich, wer er ist«, hatte sie geschimpft.

»Doch, das kann er«, hatte die Stylistin geantwortet. »Denn du hast danach gefragt. Er ist ein Ratgeber, kein Unterhalter. Vielleicht solltest du seine Beobachtung wertschätzen.«

Ich atmete tief durch, bedankte mich bei der Stylistin für ihre Reaktion und Unterstützung. Nun war ich beruhigt; offensichtlich war ich nicht nicht der Einzige, der das so sah.

Als ich am nächsten Tag zur Arbeit kam, rechnete ich mit einer Rüge, vielleicht gar Abmahnung der Hoteldirektion. Ich hörte sie schon sagen: »Übermitteln Sie Ihre Botschaften in Zukunft etwas diplomatischer.« Statt einer Beschwerde fand ich auf meinem Schreibtisch jedoch eine kleine Schachtel mit Süßigkeiten, die aus der Konditorei des Hotels stammten. Dabei lag ein kleiner Zettel mit einem gezeichneten Herzen und dem Satz: »Thank you for all.« Ich wusste nicht, von wem die kleine Aufmerksamkeit stammte, hatte ich in den Tagen zuvor doch viele Kunden gehabt und es stand kein Name darunter.

Gerade als ich überlegte, eine der verlockenden Schokokugeln zu verzehren, erhielt ich einen Anruf der Spa-Direktorin. Sie teilte mir mit trockener Stimme mit, dass sich gestern eine Kundin lautstark über mich beschwert habe.

»Das überrascht mich gar nicht«, antwortete ich und wollte gerade ansetzen, um ihr den Sachverhalt aus meiner Sicht zu schildern und zu erklären, warum ich mich so und nicht anders verhalten hatte, doch sie ließ mich nicht zu Wort kommen:

«Sie hat heute Morgen bei mir angerufen, ihre Beschwerde zurückgezogen und sich bedankt, dass es so ein wunderbares

Angebot im Hotel gibt.« Mir wurde ausgerichtet, dass sie eine gesprächsreiche Nacht mit ihren Kindern am Telefon und mit ihrem Mann gehabt habe. Sie blicke nun hoffnungsvoll und guter Dinge nach vorne und sei zuversichtlich, dass ihr Leben bald anders aussehen werde, als es zuletzt der Fall gewesen sei.

»Eric, kannst du mir bitte sagen, was hier eigentlich los war?«, fragte die Spa-Direktorin zum Schluss.

Inzwischen hatte ich mich entspannt zurückgelehnt und die ersten Pralinen verzehrt.

»Ja, das kann ich. Ich würde sagen, ein Mensch hat der Wahrheit ins Auge gesehen. Nun herrscht Klarheit, Ballast kann abgeworfen und die Lebensaufgabe gelebt werden. Etwas, das wirklich Freude bereitet!«

»Wie dem auch sei, Hauptsache, die Kundin ist glücklich«, eilte die ob meiner Worte etwas verwunderte Spa-Direktorin dem Gesprächsende entgegen, fügte aber noch hinzu: »Ich hoffe doch, du kannst so ein Reading auch mal mit mir machen!«

WIE ERKENNE ICH, OB ICH MEINE LEBENSAUFGABE BEREITS LEBE?

Vielleicht benötigt man keinen Rat, kein Reading oder eine anders geartete Methode, um seine Berufung zu finden. Vielleicht lebt man sie ja bereits? Diese Frage ist durchaus berechtigt, da wir häufig sehr unachtsam durchs Leben gehen und unser Glück erst dann erkennen, wenn wir im Begriff sind, es zu verlieren. Gerade in Partnerschaften, aber auch im Berufsleben oder bei Ortswechseln kann dies der Fall sein.

In meiner eigenen Arbeit war mir bereits klar geworden, dass sich niemand diese Frage stellt, der bereits seine Lebensaufgabe lebt. Auch deshalb fragte ich meinen Meister, übrigens erst lange nach meiner Zeit als sein Schüler, ob es möglich sei, dass jemand seine Lebensaufgabe lebt und es gar nicht bemerkt.

»Nichts ist unmöglich«, meinte der Weise, »jedoch ist dies fast ausgeschlossen. Wer sie lebt, verspürt Glück und Erfüllung bei dem, was er tut, selbst im Alltag. Ein solcher Mensch weiß einfach, dass er den passenden Platz für sich gefunden hat. Wer danach sucht, wer sich nicht sicher ist, ob das, was er tut, das Richtige ist, der lebt nicht seine Lebensaufgabe.«

DER GOLDENE MOMENT

Die wichtigste Stunde im Leben ist immer der Augenblick;
der bedeutsamste Mensch im Leben ist immer der, welcher uns gerade gegenübersteht; das Notwendigste in unserem Leben ist stets die Liebe.

LEO TOLSTOI

DER WALRETTER

Ich erinnere mich noch gut an einen Neuseeländer, den ich auf einem Health-Retreat in Koh Samui, Thailand, kennengelernt habe. Er war aus Auckland angereist, um hier einige Tage zu entspannen. Scin Gesicht war ein typisches Feuergesicht, hatte also eine nahezu dreieckige Form. Seine Augen und sein Mund waren in hektischer Bewegung, die Wangen immer etwas gerötet, er glühte. Die Lippen liefen spitz zu, was sich beim Sprechen noch deutlicher abbildete. Ein Muttermal zierte seinen linken Unterkiefer. Vier Tage in Folge sprach der Mann mich abends auf meine Tätigkeit als Gesichtleser an. Ich spürte, dass ihn die Thematik interessierte, er zugleich aber große Vorbehalte hatte. Ein typisches Phänomen bei Menschen, die sich nicht auf ein Thema einlassen können, wenn sie dabei Kontrollverlust befürchten.

»Von allen Gästen, mit denen ich gesprochen habe, habe ich nur Positives über dich gehört. Mich würde ja auch so ein Reading interessieren, aber …« Die Aufzählung der »Abers« nahm so viel Zeit in Anspruch, dass ich gewillt war, dem Abwägen irgendwann ein Ende zu setzen. »Die Zeit dafür ist bei dir vielleicht noch nicht gekommen. Oder aber dir ist es doch nicht so wichtig, weil du schon alle Informationen hast, die du für dein aktuelles Leben benötigst.«

»Stimmt, das ist in der Tat so. Hier werde ich gesundheitlich wieder auf Vordermann gebracht, an einer Beziehung bin ich derzeit nicht interessiert und meiner Berufung gehe ich schon lange nach«, bestätigte er meine Worte.

Ich wurde neugierig: »Für jemand, der seine Lebensaufgabe lebt, bist du ungewöhnlich unruhig und hinterfragst sehr viel. Was ist denn deine Berufung?«

»Das kann ich dir gern sagen. Ich sitze mit weiteren Aktivisten in Schlauchbooten und halte japanische Walfangboote von ihrem grässlichen Treiben ab. Ja, ich rette Wale!«, sagte der Mann kampfeslustig.

»Das ist mutig und bewundernswert. Ich bin mir aber sicher, dass dies nicht deine Lebensaufgabe ist.« Mein etwas flapsiger Kommentar ließ ihn irritiert bis wütend zurück.

Ein Schubs in die richtige Richtung

Am nächsten Morgen klopfte es an der Tür, die zu meinem Besprechungsraum in einer luxuriös gestalteten Bambushütte führte. Ich war überrascht, da stand tatsächlich mein kritischer Gesprächspartner.

»Du hast meine Neugier geweckt. Warum ist das Retten von Walen nicht meine Lebensaufgabe, wo kann man das bitte sehen und was soll sie stattdessen sein?«

»Hab ich deine Neugier geweckt oder dein Ego gekitzelt? Vielleicht willst du mich davon überzeugen, dass du das Richtige für dich gefunden hast und dies ist dir sogar die Gebühr für dieses Reading wert«, antwortete ich, ohne groß zu überlegen.

Inzwischen hatten wir Platz genommen und saßen uns an einem kleinen runden Tisch gegenüber.

»Sei mir nicht böse, aber dein Auftreten ist sehr von Eitelkeit geprägt, man kann es leicht kränken«, erklärte ich ihm. Tatsächlich strich er sich bei einer Unterhaltung häufig durch die Haare, lächelte gefällig, wenn er über seine gefährliche Tätigkeit sprach, und schaute dabei etwas schamvoll nach unten. Er überprüfte und korrigierte ständig seine Körperhaltung. Es ging ihm wohl darum, sich auch im Sitzen aufrecht und breitbeinig zu positionieren. Zudem tat er etwas übertrieben interessiert, aber nur um im gleichen Atemzug von sich und seinen Erkenntnissen, seinem Wissen und seinen Erfolgen zu berichten. Diese Kombination steht im Gesichtlesen für Eitelkeit.

Das alles teilte ich ihm mit. Danach sah ich erstmals eine gewisse Ruhe in seine bisher so hektische Mimik einkehren. Er reflektierte. Ein guter Moment, um ihm zu erklären, was es mit seiner Lebensaufgabe auf sich hatte.

»Jemand, der Wale rettet, ist für mich ein ›Guardian Angel of Life‹. Er hat Talente, die mit Heilung und mit Pragmatismus zu tun haben. Und natürlich ist das Talent der Natur hier auch wichtig!« Das Gesicht des Neuseeländers blieb starr, er lauschte aufmerksam. »Dein Gesicht sagt mir, dass du das Talent der Kommunikation besitzt und Aufmerksamkeit suchst, denn du hast das Talent der Bühne. Die Unruhe verrät, dass du noch nicht deine Berufung gefunden hast, aber hartnäckig dranbleibst. Das verrät dein Muttermal am Unterkiefer.«

»Bühne? Kommunikation? Soll ich Schauspieler werden?«, entgegnete er mir irritiert.

»Nein, da wärst du nicht gut aufgehoben. Du trägst nicht gerne den Text eines anderen vor. Du willst vortragen, was du selbst erkannt und erlebt hast!« Er nickte fast schuldbewusst. »Ich glaube sogar, dass das Retten von Walen oder von anderen Tieren oder Menschen dein Thema sein könnte. Denn aus deinen Erzählungen sprüht viel Eifer, Leidenschaft und Enthusiasmus. Sie wären allerdings noch stärker und tiefer, wenn sie sich mehr um das Thema und weniger um dich selbst drehen würden.«

»Ich könnte also auf Bühnen von meinen Erfahrungen berichten«, murmelte der Neuseeländer.

»Du könntest auch auf Bühnen von diesem großen Verbrechen berichten, von der Schönheit der Wale und von den Menschen, die sich für deren Rettung in große Gefahr begeben. Hierfür bist du mit deinen Talenten und den Facetten deiner Persönlichkeit bestens ausgestattet«, nahm ich seinen Gedanken auf. »Du wirst dafür viel Aufmerksamkeit und positive Rückmeldungen erhalten. Deine Lebensaufgabe heißt im Gesichtlesen ›The Voice‹. Sei die Stimme für dieses große und wichtige Thema. Nutze es nicht, um dich selbst zu profilieren!«

Es herrschte Stille. Wie ungewöhnlich, dachte ich, saßen hier doch zwei sehr kommunikationsfreudige Typen beieinander. Nach gefühlten Minuten griff sich der Walretter ans Kinn und legte den Zeigefinger über den Mund, so als ob er sich das Sprechen verbieten wolle, sagte dann aber nachdenklich: »Das nennt man wohl Augen öffnen, danke!«

Im Gesichtlesen würde man diesen Moment als den »goldenen Moment« bezeichnen. Er beschreibt eine Situation, in der eine Erkenntnis, die lange gereift ist, plötzlich sichtbar wird. Es ist ein Moment der Klarheit, der uns die eigene Lebenssituation in einer nie dagewesenen Präzision und Helligkeit vor Augen führt. Einzelne, bisher unzusammenhängende Puzzleteile fügen sich zu einem Bild zusammen, Lebensereignisse ergeben plötzlich einen Sinn, vergangene Erfahrungen rücken in ein neues Licht. Es entsteht eine tiefe Einsicht in die eigene Persönlichkeit und den individuellen Lebensweg.

MEIN EIGENER GOLDENER MOMENT

In jedem Leben gibt es Schlüsselmomente, die den weiteren Verlauf entscheidend prägen. Verlasse ich mein Land? Aus welcher Beziehung wird eine Ehe, welche endet vorzeitig? Studiere ich oder fange ich eine Lehre an?

Bei Entscheidungen, die wir noch Jahre und Jahrzehnte später als gut getroffen feiern, bezeichnen Gesichtleser den Zeitpunkt der Wahl als einen »goldenen Moment«. Diesen Moment der Klarheit, in dem wir uns unserer Situation und Möglichkeiten (zusehends) bewusst werden, kann in unterschiedlichen Situationen auftauchen.

Im Zusammenhang mit der Lebensaufgabe kennen wir beim Gesichtlesen drei verschiedene Arten von Situationen, in denen wir einen goldenen Moment erleben können: Entweder solch ein Moment ereilt uns in einem guten Gespräch, also in Gesellschaft, oder in der stillen Kontemplation oder auch, während wir aktiv sind, während wir etwas tun, uns für etwas einsetzen.

Einen goldenen Moment im Gespräch erlebte der neuseeländische Kunde von mir, von dem ich gerade erzählt habe. Unsere Unterhaltung half ihm, seine Situation zu reflektieren, seine Potenziale zu erkennen und daraus Rückschlüsse für seinen weiteren Weg zu ziehen.

Einige, die meinen Lebensweg kennen, meinen, dass das erste Aufeinandertreffen mit einem Gesichtleser in Südafrika ein goldener Moment für mich gewesen sein muss. Zwar war dies der Augenblick, in dem ich das erste Mal mit dieser wundervollen Technik in Kontakt kam, doch ein goldener Moment war es dennoch nicht für mich, denn meine damals entstandene Idee, ebenfalls Gesichtlesen zu lernen, zielte noch darauf ab, es in meinem Beruf als Manager anzuwenden.

Auch der erste Besuch bei meinem chinesischen Lehrmeister, nach dem meine Tätigkeit als Gesichtleser – die bis dahin ein mühevolles Abrackern und Kämpfen um Aufmerksamkeit gewesen war –, plötzlich federleicht wurde, war dennoch nicht so ein Schlüsselmoment.

Der goldene Moment meiner Lebensaufgabe war viel weniger spektakulär, als man es vermuten würde. Etwa ein Jahr, nachdem ich bei meinen ersten Lehrmeister begonnen hatte, stand ich eines morgens vor einem Badezimmerspiegel im Hotel und schaute mich länger an als üblich. Ich wollte die Merkmale, die ich tags zuvor gelernt hatte, bei mir entdecken. Da schoss mir, scheinbar aus dem Nichts, eine Erkenntnis durch den Kopf: »Du kannst nicht mehr in deinen alten Beruf zurück. Du lernst das hier alles nicht, damit du deine Geschäftspartner und Konkurrenten im Job besser einschätzen kannst, du willst anderen helfen, ihnen beratend zur Seite stehen und sie ihre Potenziale erkennen lassen!« Und doch, trotz dieser Klarheit, dauerte es noch einige Jahre, bis ich das Thema, welches mir so ans Herz gewachsen war, als Berufung leben konnte.

Die dritte Situation, in der so ein goldener Moment auftauchen kann, ist weitaus berauschender, klarer und lässt wenig

Spielraum für innere Zweifel. Denn nicht nur im Gespräch oder durch intensives Nachdenken kann solch ein Moment entstehen, sondern auch, während wir aktiv sind. Findet unser Tun im Einklang mit unseren Talenten statt und ist die Thematik, um die es geht, eine, die uns auf allen Ebenen anspricht, dann fördert dies Gewissheit. Ich bin da angelangt, wo ich hingehöre, wo ich mich authentisch zeigen darf und mich selbst verwirkliche.

HANNAHS GOLDENER MOMENT

Diese Art von goldenem Moment hatte Hannah, die Co-Autorin dieses Buches nur wenige Monate nach unserem Reading. Beim Reading hatte ich ihr den Rat mit auf den Weg gegeben, sie sollte Dinge tun, die zum Wesen eines Orakels passen. Meine Idee dabei war gewesen, dass sie die Wesensart ihres Archetyps ausleben und dann beobachten sollte, wo es sie hintreibt. Das ist, gerade für strukturierte, zielorientierte Menschen, keine einfache Aufgabe. Dabei ist es oft so ein diffuser, zielloser Weg, der uns an ein besonderes Ziel führt. Ein Ziel, von dem wir nicht wussten, dass wir es erreichen wollen.

Kurze Zeit nach unserem Reading bekam Hannah die Chance, eine große Benefizgala zu moderieren. Mit ihrer gewissenhaften Art und ihrem hohen Verantwortungsbewusstsein bereitete sie sich gut vor, führte Vorgespräche mit ihren Interviewpartnern und machte sich vor Ort ein Bild von der Veranstaltungslocation. Am Abend der Gala war sie zwar aufgeregt, aber voller Vorfreude und Selbstvertrauen. Mit dem Gefühl, das sie dann während der Moderation erlebte, hatte sie allerdings nicht gerechnet …

Wie sie es mir später lebhaft beschrieb, war sie nach anfänglicher Nervosität auf der Bühne aufgeblüht und hatte sich ganz in ihrem Element gefühlt. Sie hatte sich auf ihre Gesprächspartner eingelassen und spielerisch mit dem Publikum interagiert. Sie war in einen Flow-Zustand gekommen, in dem sie ganz selbstverständlich ausblendete, was sie hätte ablenken können. Alles fühlte sich leicht an, anstrengungslos. Alle Selbstzweifel, die sie bei anderen Aufgaben üblicherweise begleiteten, waren verflogen und die Nervosität, die sie bis kurz vor ihrem Auftritt verspürt hatte, wurde von mächtiger Freude verdrängt. Das Gefühl der tiefen Verbundenheit mit ihrer Aufgabe nahm Hannah komplett ein und führte sie durch den Abend.

Sie beschrieb es später so: »Es war ein Moment, in dem keine Zweifel bestanden, ob ich dieser Aufgabe gewachsen bin. Ein Moment, in dem ich am ganzen Körper spürte: Hier gehöre ich hin. Das ist die Aufgabe, die ich in meinem Leben erfüllen möchte.«

Ich freute mich für sie und wollte genau wissen, wie sich alles ereignet hatte. Doch als sie von dem Abend und ihrem goldenen Moment erzählte, fiel ihr auf, dass sie sich an Details gar nicht mehr erinnern konnte. Sie muss während ihrer Moderation in einem Zustand vollkommener Hingabe gewesen sein; verschmolzen mit ihrer Aufgabe und ohne viel von ihrer Umgebung wahrzunehmen. Selbstvergessen tat sie das, was wir alle am besten können: Sie setzte ihre Talente ein und lebte authentisch im Sinne ihrer Persönlichkeit ihre Lebensaufgabe.

Moderieren ist etwas, das in vollem Umfang Hannahs Talenten entspricht. Es vereint ihr Gespür für Sprache und ihre besondere Begabung, eine Stimmung einzufangen und damit zu arbeiten. Mit ihrer warmherzigen Ausstrahlung kann sie darüber hinaus eine Atmosphäre schaffen, die andere Menschen aufblühen lässt, Gefühle hervorbringt und Lebensweisheiten lehrt, ohne den Finger zu erheben.

Als Hannah von ihrem Auftritt berichtete, strahlten ihre Augen auf eine Weise, die ich noch nie an ihr gesehen hatte, die ich aber von anderen Menschen kenne, wenn sie ihren ureigenen Weg endlich beschreiten. Hannah hatte nun eine Möglichkeit gefunden, Autorität zu leben, ohne andere zurechtzuweisen oder Macht auszuüben. Sie lebte ihre Autorität in Form von Führung, indem sie das Publikum durch den Abend leitete, Gespräche führte und die Zuschauer fesselte, ohne dass sie das Gefühl gehabt hätten, belehrt zu werden. Sie war ein Vorbild, ein Mensch, der mit seinem Wirken und seinen einzigartigen Talenten den Archetyp des Orakels verkörperte. Ein Orakel, das Zusammenhänge erkennt, Stimmungen erspürt und eloquent aussprechen kann, was eine Situation gerade benötigt, um Menschen zu bewegen.

In unserem Gespräch danach stellte sich heraus, dass sie schon in der Schule gerne Präsentationen vor der Klasse gehalten und kleinere Veranstaltungen moderiert hat. So tief verwurzelt sind ihre Talente für Beobachtung, Kommunikation und die Bühne. Nachdem sie über die Jahre eingeschlafen waren, sind sie in diesem goldenen Moment dort auf der Bühne wiedererwacht.

Auch wenn ich heute sehe, wie sehr das Moderieren zu Hannah und ihrem Archetyp des Orakels passt, würde ich es nicht pauschal anderen Orakeln empfehlen. Um gut zu moderieren, ist es beispielsweise wichtig, dass man auch ein Talent für die Bühne besitzt, was nicht bei jedem Orakel der Fall ist. Dieser Archetyp kann uns zwar als Kompass dienen und die Richtung weisen. doch die Lebensaufgabe ist ein sehr individuelles, komplexes System aus Talenten, Erfahrungen und Persönlichkeit. Es ist daher wichtig zu akzeptieren, dass wir solche einen goldenen Moment, in dem wir unserer Berufung klar vor uns sehen, nicht erzwingen können. Wir können uns nur innerlich darauf ausrichten und durch das Einsetzen unserer Talente in seine Richtung begeben.

Hannah beschrieb es treffend: »Ich habe meine Talente trainiert, habe sie gezeigt und damit Menschen angezogen, die Ideen hatten, wofür sie eingesetzt werden können.«

Ihr Beispiel zeigt auch, dass wir nicht immer selbst die Lösung finden müssen. Wenn wir mit unseren Talenten arbeiten und uns der Welt zeigen, können auch andere uns entdecken und zum goldenen Moment führen.

DIE LEBENSAUFGABE VERLIEREND LEBEN

Inschrift beim Betreten des Apollon-Tempels von Delphi: »Erkenne dich selbst!« Inschrift beim Verlassen des Tempels: »Nichts im Übermaß!«

Viele meinen, wenn sie ihre Lebensaufgabe erst einmal gefunden haben, könne nichts mehr schiefgehen. Dann befänden sie sich auf einer Einbahnstraße Richtung Zufriedenheit, Erfüllung und vielleicht sogar auch Wohlstand.

Doch ganz so einfach ist es leider nicht. Auch wenn wir wissen, wozu wir berufen sind, und eine Aufgabe gefunden haben, die genau unseren Talenten, unserer Persönlichkeit und unserem Archetyp entspricht, kann es dennoch passieren, dass wir kein glückliches, gesundes Leben führen. Etwa wenn wir nicht das rechte Maß in unserem Tun halten und ausbrennen oder wenn wir in die Irre laufen. Gesichtleser nennen das, die Lebensaufgabe verlierend zu leben.

DES GUTEN ZU VIEL

Ein Kunde aus San Francisco, ein erfolgreicher Geschäftsmann, war als CEO eines Venture-Capital-Unternehmens verantwortlich für mehrere Hundert Mitarbeiter. Als er mich vor vielen Jahren engagierte, standen jedoch nicht Themen wie Personalauswahl, Mitarbeiterschulung, Vertragsgespräche oder Persönlichkeitsentwicklung im Fokus. Er hatte mich wegen seiner Ge-

sundheit und seiner Ernährung kontaktiert. Ähnlich wie ich zu meinen »besten« Karrierezeiten stand auch dieser Mann latent vor einem Burn-out, was uns sozusagen zu Gleichgesinnten machte.

Ich besuchte ihn regelmäßig und wir sprachen über seine gesundheitliche Entwicklung. Meinen Hinweis, dass es ihm guttun würde, etwas kürzerzutreten und weniger zu arbeiten, ignorierte er gekonnt. Seine gesundheitliche Situation und der Stress, den sein Lebensstil mit sich brachten, verschlimmerten sich über einen Zeitraum von fünf Jahren mit jedem Besuch.

Flucht als Ausweg

An einem kalten Tag im Februar besuchte ich ihn wieder einmal und war mir sicher, dass wir abermals über die neuesten Ernährungsregeln und über seine Erfolge und Misserfolge sprechen würden. Doch dann überraschte er mich mit einer vollkommen unerwarteten Mitteilung:

»Eric, du kannst dir gratulieren, Ich hab's jetzt kapiert. Ich werde mein Leben verändern. Du hast mich endlich so weit.«

Verwundert und ungläubig entgegnete ich: »Okay. Großartig. Aber da muss ich mir nicht gratulieren, ich freue mich für dich. Woher kommt diese Erkenntnis?«

Er schilderte stolz, wie ihn seine anhaltenden gesundheitlichen Probleme dazu veranlasst hatten, ein neues Leben zu beginnen. »Über Weihnachten hatte ich unerträgliche Schmerzen«, berichtete er. »Als sie im Januar immer noch da waren und kein Ende in Sicht war, sagte ich mir: Das war's. Weißt du, Eric, ich bin mittlerweile Ende 50 und ich muss mir den Stress in diesem Unternehmen nicht mehr geben.«

Ich konnte ihm nur zustimmen und fand es lediglich etwas bedauerlich, dass er für diesen Sinneswandel so viele Schmerzen hatte ertragen müssen. Aber Erkenntnis ist Erkenntnis. Besser spät als nie.

»Was hast du dir nun vorgenommen?«, fragte ich neugierig. Ich sah, dass er es nicht abwarten konnte, mir davon zu berichten.

»Hör zu«, sagte er mit großen Augen. »Ich kündige, verlasse meinen Vorstandsposten und eröffne einen Coffeeshop. Das wird mein neues Wirkungsfeld.«

Ich schüttelte ungläubig den Kopf. War das der CEO, den ich seit vielen Jahren kannte? War das mein Kunde? Ein zahlengetriebener Businessmann, der mir nun erzählte, dass er seinen heiß geliebten Job gegen einen Coffeeshop eintauschen wolle?

Ich sagte ihm offen, dass ich das für keine gute Idee hielt. »Das ist völliger Unsinn. Entschuldige meine harten Worte, aber das ist nichts für dich.«

Er lehnte sich in seinen Ledersessel zurück und atmete schwer. »Jetzt verstehe ich gar nichts mehr. Du wolltest doch, dass ich kürzertrete. Warum ist ein Coffeeshop nichts für mich?«

»Mir ist einfach nicht klar, warum du den betreiben willst. Vielleicht weil du selbst gerne Kaffee trinkst?« Ich erinnerte mich an die noble Kaffeemaschine, die er zu Hause stehen hatte. »Vielleicht machen dir auch Maschinen Spaß?« Ich konnte mir keine anderen Beweggründe vorstellen. Zumal sein Gesicht eindeutige Hinweise lieferte. Der Mann hatte ein stark ausgeprägtes Kinn, tiefe Falten auf den Wangen, dazu fast in Höhlen sitzende Augen. Das sind Merkmale, die einen König, einen Anführer ausmachen. Das Entscheidende an meiner Einschätzung war allerdings, dass ihn Zahlen viel mehr interessierten als Menschen. Das zeigte sein sogenannter »Millionärsmund«. Ein großer Mund, der sich in der Mimik spitz bewegt. In den meisten Fällen sind bei einem Millionärsmund kaum Lippen erkennbar. Es beginnt mit dem Verlust der Oberlippe, im Laufe des Lebens verschwindet auch die Unterlippe. Bei meinem Kunden waren beide nicht mehr erkennbar. Man sah einen großen Mund, eingeparkt zwischen zwei starken Kiefern. Seine Nase war dominant und lang. Auf der Stirn bildete sich eine einzige lange Querfalte oberhalb der Augenbrauen ab: die materielle Falte. Dass er ein Genussmensch war, konnte ich nicht leugnen. Seine Knollennase und die verdickten Ohrläppchen deuteten auf eine Weitung des Magens hin aufgrund von Genuss. Ich wurde deutlicher.

»Ich kann verstehen, dass du Kaffee liebst und vielleicht hast du auch Interesse an Maschinen. Aber ich sehe in deinem Gesicht, dass du absolut kein Interesse an Menschen hast. Sieh doch selbst, wie du hier den Laden führst. Ich soll mit deinen Mitarbeitern sprechen, weil du keine Lust dazu hast. Bin ich nicht in der Nähe, übernimmt das deine Assistentin. Dein Interesse gilt nicht Menschen, sondern Zahlen und Bilanzen. Im Coffeeshop wird dich am meisten der Tages- und Monatsabschluss interessieren. Und der wird dich nicht zufriedenstellen. Denn im Gegensatz zu einem Venture Capital geht es in einem Coffeeshop um kleine Beträge. Da hantierst du nicht mit Millionen.«

Er musterte mich abwägend, als bräuchte er ein weiteres Argument. »Lass es mich anders formulieren«, fuhr ich fort. »Wie viele Coffeeshops gibt es hier um den Block?« »Drei bis vier sagte er unsicher.« »Falsch«, korrigierte ich ihn. »Genau acht. Das weiß ich, weil ich jedes Mal, nachdem ich bei dir war, in einem dieser Läden saß. Ich habe sie alle ausprobiert. Zwei finde ich besonders gut, da geh ich bestimmt wieder hin. Verstehst du? Du weißt das gar nicht. Du gehst eine Etage höher, um euren wässrigen Automatenkaffee zu trinken und machst dir nicht mal die Mühe, dir aus Genussgründen einen hochwertigen Kaffee zu besorgen. Wenn du das selbst nicht tust, wie wirst du es von deinen Kunden erwarten können?«

Das rechte Maß ist die Lösung

Mein Kunde resignierte angesichts meiner Worte, doch es war nicht von der Hand zu weisen: Er hatte Schwierigkeiten mit Small Talk – eine Qualität, die für einen Barista nicht gerade unwichtig ist. Er hatte keinen Spaß daran, mit kleinen Summen zu hantieren und genießen wollte er am liebsten allein. »Ich verstehe die Welt nicht mehr. Ich dachte, das sei meine Berufung. Nachdem ich mehrmals kurz vor dem Burn-out stand, lande ich jetzt bei der Erkenntnis, dass das, was ich für richtig hielt, doch nicht zu mir passt.«

»Mach dir nichts draus«, tröstete ich ihn. »Das ist dein Verstand. Dein Verstand ist stark. Den hast du fast 60 Jahre lang gepflegt. Er hat einen Ausweg gesucht. Aber dein Ausweg gleicht einer Flucht. Er ist keine Lösung. Sieh es mal so: Du bist jemand, der nicht so gut mit Menschen umgehen kann. Dafür umso besser mit Geld. Du kannst führen. Nicht direkt Menschen, aber du kannst ein Business leiten. Du denkst rational und strategisch.«

»Aber dann sitze ich doch am richtigen Platz?«

»Ja, das sehe ich genauso. Du sitzt am richtigen Platz. Aber es geht eben nicht nur um den Platz und um die Art des Tuns, sondern auch um die Frage, in welchem Ausmaß man etwas tut.«

Ich erklärte ihm, dass man die eigene Lebensaufgabe auch übertrieben leben kann. Bei Künstlern, Heilern und Wirtschaftsbossen sieht man das häufig. Sie finden etwas, das sie gerne tun, und ignorieren dabei körperliche und psychische Grenzen. Mein Kunde hatte die Lebensaufgabe eines Königs, die er mit der eines Schatzmeisters vermischte. Und er übertrieb es damit.

»Du kommst sechs Tage die Woche hierher. Am siebten Tag spielst du Golf. Und mit wem? Mit Geschäftskunden. Du bist morgens der Erste, der kommt und abends der Letzte, der geht. Das ist zu viel. Das macht dich müde. Das raubt dir die Freude und noch viel schlimmer: Es macht dich krank. Wie wäre es, wenn du morgens später kämest? Schlaf doch mal aus. Und vor allem: Komm nicht immer. Überrasche deine Mitarbeiter mit Tagen, an denen du nicht da bist. An den Tagen spielst du Golf. Und zwar ohne Menschen, die dich im Business begleiten.«

Er schaute auf. Sein Blick samt Augenbrauen ging nach oben Richtung Sterne. Das Zeichen dafür, dass er etwas verstanden hatte. »Ich bin mir sicher, dass du damit viel für deine Gesundheit tun kannst. Du wirst weniger gestresst sein und entgehst dem Burn-out.«

Als ich schon meine Jacke anzog, fiel mir noch etwas ein: »Du kannst übrigens noch etwas für deine Gesundheit tun. Hör auf, literweise billigen Kaffee zu trinken und trink stattdessen weniger, aber dafür qualitätsvolleren. Weißt du«, fügte ich grinsend hinzu, »In der Nähe gibt es einen ganz hervorragenden Coffeeshop. Da gehe ich jetzt hin, trinke einen Cappuccino und schaue mir Menschen an. Du bist herzlich eingeladen mitzukommen.«

Sein Blick verriet mir, dass er dazu keine Lust hatte, aber er schmunzelte schelmisch. Er hatte die Botschaft verstanden.

»Erkenne dich selbst!« steht über dem Portal des Apollon-Tempels von Delphi geschrieben. »Nichts im Übermaß!« beim

Verlassen. Selbsterkenntnis und Maßhalten gingen schon bei den alten Griechen Hand in Hand. Zum Gelingen des Maßhaltens brauchte es zuerst die Erkenntnis, wer wir sind, das »Erkenne dich selbst!«, damit wir verstehen, was uns »gemäß« ist. Auch in Bezug auf das Leben unserer Lebensaufgabe ist das rechte Maß eine zentrale Erfolgsformel. Die Mitte, der Kompromiss und das Maßvolle sind jedoch aus der Mode gekommen. Mit dem Maßvollen kommen wir anscheinend nicht schnell genug voran. Wir versuchen Abkürzungen zu nehmen, beschleunigen unnötig oder driften in extreme, ungesunde Verhaltensweisen ab.

WHITNEY

Eine Frau, die das schmerzhaft erfahren musste, war eine der erfolgreichsten Sängerinnen aller Zeiten. Am 11. Februar 2012 ging bei der Polizei in Beverly Hills ein Notruf ein. Im Hotel Beverly Hilton war ein lebloser Körper in einer Badewanne gefunden worden. Als die Polizei kurze Zeit später eintraf, kam für die 48-jährige Frau jede Hilfe zu spät. Sie starb noch vor Ort.

Die Rede ist von Whitney Houston. Ihr Tod beendete ein Leben, das sie in weiten Teilen für andere geführt hatte.

Die hochbegabte Whitney wuchs als Kind in Newark, New Jersey, im Ghetto auf und sang schon früh im Gospelchor der lokalen Kirche. Ihre Eltern, allen voran ihre Mutter, die selbst im Chor sang, förderte ihr Talent. Als ein Produzent der jungen Whitney in Aussicht stellte, sie groß rauszubringen, sah die Familie darin eine Chance.

In einem Land, das rassistisch geprägt war, wünschte sich der Produzent eine Musik, die Whitney nicht mit ihrer Hautfarbe in Verbindung bringen sollte. Anstatt »schwarze Musik« zu machen, wie sie es nannte, also mit Einschlägen aus dem R & B und Funkadelic, sollte sie zur Popikone werden, die von der weißen Masse akzeptiert wurde. Aus ihr sollte eine Kopie von Bar-

bara Streisand werden. Wann immer Whitney Musik ablieferte, die »zu schwarz« klang, wurde sie ins Studio zurückgeschickt.

Mit 19 Jahren hatte sie ihren ersten TV-Auftritt, es folgten Grammy-Auszeichnungen und zahlreiche Nummer-eins-Hits. Indem sie ihre Herkunft verdrängte und Musik machte, die bei der weißen Mehrheit des Landes ankam, wurde sie erfolgreich. Dieser Erfolg, den sie durch das Leben ihrer Lebensaufgabe hatte, entsprach zwar ihren Talenten, aber er war nicht authentisch.

Ungesunder Erfolg

Später sagte sie über sich selbst: »Ich wurde konstruiert und geformt, um Erfolg zu haben.« Ihr Erfolg, der nicht mit Erfüllung einherging, trieb sie in eine Drogenabhängigkeit hinein. Als sie später den Sänger Bobby Brown kennenlernte, fühlte sie sich, wie sie sagte, erstmals akzeptiert und angenommen. Bei ihm musste sie niemand anders sein als sie selbst. Dieses Zugehörigkeitsgefühl führte sie in eine Abhängigkeit zu ihm, aus der sie sich – trotz destruktiver Beziehungselemente – erst viele Jahre später befreien konnte.

Die Dokumentation »Can I be me?« zeigt, wie sehr Whitney Houston stets die Sehnsucht hatte, sie selbst zu sein und ihre Lebensaufgabe authentisch zu leben. Am 11. Februar 2012 ertrank sie aufgrund ihres Drogenmissbrauchs in besagter Badewanne. Ihre einzige Tochter starb drei Jahre später, ebenfalls an den Folgen ihres Drogenkonsums.

Whitney Houston lebte den Archetyp »The Voice« und hierfür nutzte sie ihre Talente, ihre wundervollen Werkzeuge, ausgiebig. Doch durch die emotionale Not, die mit ihrem Leben als Star einherging, waren fundamentale Voraussetzungen für ihr persönliches Glück nicht erfüllt. Sie nutzte ihre Talente, aber in für sie verlierender Weise. An der Musik, die sie produzierte, hing ihr Herz nicht. Sie machte sie aus dem Wunsch nach Anerkennung, wollte sich anpassen und die Erwartungen anderer erfüllen. Solche Versuche gehen fast immer auf Kosten der eigenen Gesundheit und des individuellen Lebensglücks.

DROGEN UND VERNACHLÄSSIGUNG

Viele Menschen, die ihre Berufung verlierend leben, begleiten Drogen jeglicher Art. Sie sind häufig geprägt von den Erwartungen anderer Menschen, vom Druck des Erfolges oder von finanziellen Sorgen und Verpflichtungen. Die einzelnen Archetypen können uns auf Gefahrenquellen hinweisen. Wenn wir uns dieser bewusst sind, können wir sie im Auge behalten und ihnen rechtzeitig entgegenwirken.

Die Mother of all, die Mutter von allen, tendiert beispielsweise dazu, sich komplett aufzugeben, um anderen zu helfen. Auch der Road Companion, der Weggefährte, und selbst der Guardian Angel of Life, der Schutzengel des Lebens, sind Archetypen, die in ihren Lebensaufgaben so aufgehen, dass sie zu wenig Rücksicht auf ihre eigene Gesundheit nehmen.

Viele Menschen, die in helfenden und heilenden Berufen arbeiten, tendieren dazu, sich selbst zu vernachlässigen. So hat die indische Landesärztekammer im Rahmen einer sich über zehn Jahre erstreckenden Studie (Indian Medical Association, 2017) die Lebensdauer von Ärzten untersucht. Ein durchschnittlicher Inder lebt demnach 69–72 Jahre, wohingegen ein Arzt nur zwischen 55 und 59 Jahre alt wird. Es ist zu vermuten, dass Ärzte ihre eigene Gesundheit vernachlässigen, weil ihre Energie in den Einsatz für andere Menschen fließt.

Überraschen tun diese Zahlen vermutlich nicht. Vielleicht kennst auch du einen »Heiler«, der selbst stark erkrankt oder früh verstorben ist. Möglicherweise ist dir ein »Unterhalter«, ob Musiker, Schauspieler oder Komiker, bekannt, der an Depressionen litt oder vom Drogenkonsum dahingerafft wurde. Es ist wichtig zu verstehen, dass das Leben der Lebensaufgabe keine

Garantie für Glück darstellt. Es ist eine Voraussetzung, doch wenn wir aber unsere Talente kräfteraubend, ohne Rücksicht auf unsere Physis und Psyche, ausleben, droht ein Kollaps. Wir haben dann nicht wirklich den Sinn unseres Daseins begriffen.

BERUFUNG OHNE GLÜCK

Ein Blick ins Showbusiness zeigt noch weitere Menschen, die mit ihrer Berufung nicht glücklich werden sollten. Der Schauspieler James Dean lebte seine Berufung in einem Tempo, in dem er sich regelrecht selbst davonlief. Amy Winehouse wurde ihr Ruhm zum Verhängnis. Die Sängerin war für ihren exzessiven Drogenkonsum bekannt und ist nur 27 Jahre alt geworden. Der »Nirvana«-Frontman Kurt Cobain brachte sich ebenfalls im Alter von 27 Jahren um. Er war schwer heroinabhängig.

DIE LEBENSAUFGABE GEWINNEND LEBEN

Wunder beginnen immer dann, wenn wir unseren Träumen mehr Kraft geben als unseren Ängsten.

VERFASSER UNBEKANNT

Den Abschluss dieses Buches bilden Menschen, die ihre Lebensaufgabe erkannt und gewinnend gelebt haben. Sie alle kennzeichnet ein Lebensweg, der authentisch, also im Bedeutungssinne des Wortes echt und persönlichkeitsfördernd ist. Sie haben sich in einer Form mit ihrer Lebensaufgabe verbunden, die sie erfüllte. Besonders beeindruckend sind dabei all jene, die auf ihrem Weg mit großem Widerstand zu kämpfen hatten.

DER PRÄSIDENT DER HERZEN

Der südafrikanische Aktivist und Politiker Nelson Mandela ist einer von ihnen. Zeit seines Lebens engagierte er sich für die Gleichberechtigung schwarzer und weißer Menschen und setzte sich dafür ein, dass niemand aufgrund seiner Hautfarbe diskriminiert wird. Um seine Mission politisch zu verfolgen, trat er mit Mitte 20 dem ANC (African National Congress) bei. Gemeinsam mit seinen Mitstreitern proklamierte er die Notwendigkeit des gewaltsamen Widerstands gegen das Apartheidsregime. Er wurde deshalb zu einer lebenslangen Freiheitsstrafe verurteilt. Nach insgesamt 27 Jahren Haft wurde er 1990 entlassen und einige Jahre später zum Präsidenten der Republik Südafrika gewählt.

Im Kapitel »Timing« sprachen wir darüber, dass unser Lebensweg auch vom richtigen Zeitpunkt für etwas beeinflusst wird. Im Falle von Mandela war er das gewiss. Er musste fast drei Jahrzehnte ausharren, um seine Lebensaufgabe umzusetzen. Sein Vermächtnis ist der lebenslange Einsatz für eine Welt, in der alle Menschen gleiche Rechte haben und demokratisch an politischen Entscheidungen teilhaben können.

Berufungen von Alltagshelden

Das Beispiel von Nelson Mandela soll nicht den Anschein erwecken, dass man nur durch öffentliches Heldentum und Verdienste für das Volk seine Lebensaufgabe gewinnend leben könnte. Es gibt unzählige eher alltägliche Lebensläufe, die uns zeigen, auf wie unterschiedliche Weise wir unserer Persönlichkeit entsprechend leben können. Man denke nur an die freundliche Blumenverkäuferin, die liebevoll Gestecke bindet und Erfüllung darin findet, hier ihre Kreativität einzubringen. Oder an den hilfsbereiten Krankenpfleger, der seine dienende, heilende Fähigkeit beruflich auslebt. Wir erkennen diese Menschen an ihrer inneren Ruhe, an einer Gelassenheit und Souveränität, die nicht gespielt ist.

DER STRAHLEMANN

Der Archetyp von Nelson Mandela lautet »Kingpriest«. Gelebt werden kann er auf sehr unterschiedliche Weise, wie das folgende Beispiel zeigt. Als ich diesen Kunden, den Inhaber eines großen Hightech-Unternehmens an der Ostküste der USA, 2013 kennenlernte, war ich sofort von seiner Ausstrahlung und seinem gewinnenden Wesen begeistert. Seine Mitarbeiter bestätigten mir diesen Eindruck. Alle sprachen nur positiv von ihrem Vorstandsvorsitzenden, der, wie er selbst sagte, ein »CEO by accident«, also rein zufällig auf diese Position gekommen war. In langen Gesprächen am Kamin seines Hauses gab er mir ein wenig Einblick in sein Seelenleben. Der »Strahlemann«, der viele seiner Mitarbeiter beim Vornamen kannte, täglich Hände schüttelte, Schultern klopfte und sich wirklich um seine Angestellten sorgte, war nicht immer so offen und zugewandt gewesen.

Vom Warlord zum Kingpriest

»Ich habe dieses Unternehmen 2000 gegründet, aber die ersten neun Jahre war ich völlig fixiert darauf, möglichst schnell zu wachsen, viel zu erreichen und an mich zu reißen.«

Ich nickte zustimmend:« Du warst ein Warlord!«

Er fixierte mich kurz. »So könnte man es nennen. Aber der US Airways Flight 1549 hat mein Leben verändert. Er hat *mich* verändert!«

Ich wusste natürlich sofort, worauf er anspielte. Es war jener berühmte Flug, der mit einer Landung auf dem Hudson River in New York geendet hatte. Alle Passagiere überlebten wie ein Wunder, auch mein Kunde. Er hatte auf dem Platz A1 gesessen. (Der Unfall wurde 2016 im Kinofilm »Sully« mit Tom Hanks in der Hauptrolle verfilmt und war sehr erfolgreich.)

Mein Kunde fuhr fort: »Ich sagte mir kurz vor dem Landeversuch auf dem Hudson: ›Wenn ich das überlebe, will ich ein anderer Mensch werden. Ich will wertschätzen, unterstützen und inspirieren und nicht mehr nur an mich denken!‹«

»Du warst bereits dieser Mensch, denn er ist Teil deiner Lebensaufgabe«, wandte ich ein. »Der Unfall war dein goldener Moment. Er hat dich nur wieder daran erinnert, dass du ein Kingpriest bist, kein Warlord. Und du warst aufmerksam und bist den Zeichen gefolgt.«

Heute beherbergt mein Kunde Studenten in seinem Haus, zahlt ihre Studiengebühren und fördert gemeinnützige Projekte an vielen Orten der Welt. Er kümmert sich auch um kriminell gewordene Jugendliche seiner Heimatstadt und gibt ihnen durch Sport und Ausbildung eine Perspektive. Seine vielen Aktivitäten sind allesamt vorbildlich und lobenswert.

Besonders beeindruckte mich die Tatsache, dass er seit über zehn Jahren einmal wöchentlich mit einem alten Schulfreund telefoniert, der im Drogenrausch einen Verkehrsunfall verursacht hat, bei dem zwei Menschen starben. Er muss dafür mindestens 25 Jahre im Gefängnis absitzen.

»Ja, er hat sehr viel Schuld auf sich geladen«, sagte mein Kunde und Menschenfreund zu mir, »aber auch er benötigt geistige Unterstützung und Austausch. Sollte er jemals wieder rauskommen, werde ich ihm gern die Hand reichen und ihm helfen, wo ich nur kann!«

EPILOG

Sei du selbst, alle anderen gibt es schon.

OSCAR WILDE

Am Ende dieses Buches stellst du dir vielleicht die eine große Frage, die so viele Menschen umtreibt: »Habe auch ich eine besondere Lebensaufgabe?« Ohne dich persönlich zu kennen, kann ich dir völlig überzeugt antworten: »Ja, natürlich hat du die!« Jede Lebensaufgabe ist besonders. So wie auch jeder Mensch etwas Besonderes ja, einzigartig, ist.

Klar ist auch: Diejenigen, die nicht (mehr) auf der Suche nach ihrer Lebensaufgabe sind, stellen sich diese Frage natürlich nicht. Sie haben sie entweder bereits gefunden oder haben sich nie auf die Suche begeben.

Wer jedoch diesen inneren Ruf in sich wahrnimmt, wer nach Authentizität und Selbstverwirklichung strebt, der weiß, dass die Antwort nicht im Alltäglichen, in der Routine und der Komfortzone zu finden ist. Wir finden sie nicht innerhalb unserer verstandesmäßigen Begrenzungen. Wir finden sie in den individuellen Herausforderungen, denen wir uns neugierig und frohen Mutes stellen, und außerhalb dessen, was wir fälschlicherweise als Sicherheit betrachten.

Wer zu sich selbst finden will, der darf nicht andere nach dem Weg fragen. Es sei denn, die Befragten denken nicht in vorgegebenen Kategorien und ausgetretenen mentalen Trampelpfaden, sondern sind wirklich bereit, den anderen in seiner Einzigartigkeit wahrzunehmen. Wie du gelernt hast, sind es nicht die Identitäten, über die wir unsere Lebensaufgabe finden und leben können. Nur eine Rolle anzunehmen macht dich nicht zum Hauptdarsteller deines Lebens. Mein deutscher Lehrmeister sagte mir einst: »Du musst aus deiner Rolle fallen, um aus deiner Falle zu rollen!« Ich fand dieses Bild so lustig wie treffend.

Ich erinnere mich auch an meinen Vater, der mir ein Jahr vor dem Abitur folgende Weisheit mit auf den Weg gab: »Eric, lebe deinen Traum, sonst bezahlt dich irgendwann jemand dafür, dass du ihm hilfst, seinen zu leben!«

Die gute Nachricht: Die eigene Lebensaufgabe muss kein Traum bleiben, sie kann Realität werden! Ob in Beruf oder Privatleben, wir können unsere Lebensaufgabe überall verwirklichen. Dazu gehört oft, dass wir alte Gewohnheiten abstreifen. Gewohnheiten sind gewöhnlich. Die Lebensaufgabe ist es nicht. Sie ist ungewöhnlich, weil sie einen Entwicklungsprozess voraussetzt und viele weitere auslöst.

Vielleicht hilft das folgende Bild, um diesen Prozess zu veranschaulichen. Stell dir ein Dorf vor vielen Hundert Jahren vor. Hier lebten die Menschen zufrieden mit sich und ihrer Tätigkeit. Sie arbeiteten als Bauern, Fischer, Jäger oder Hufschmiede. Sie machten sich keine Gedanken über ihre Berufung, weil es vorrangig darum ging, ihre grundlegenden Bedürfnisse zu stillen.

Nun gab es sicherlich bereits damals einzelne Dorfbewohner, die aus der Reihe tanzten, die sich mit diesem Leben nicht abfinden wollten und die vielleicht ein paar sehr ungewöhnliche Talente hatten, mit denen keiner in ihrer Umgebung etwas anzufangen wusste. Die Wahrscheinlichkeit war hoch, dass sie von den anderen nicht verstanden, dass sie als merkwürdig angesehen wurden. Natürlich haben sich viele von ihnen angepasst und ihre besonderen Talente ignoriert, doch das hatte Frustration und Leere zur Folge. Deshalb machten sich einige Mutige auf den Weg und verließen ihr gewohntes Umfeld. Im Gepäck oft nicht mehr als die Hoffnung auf einen Ort, wo ihre Talente Anwendung und Wertschätzung finden würden.

Das Dorf aus der grauen Vorzeit steht für deine Familie, den Verein, in dem du dich engagierst, deinen Freundeskreis, deine

Heimatstadt oder das Unternehmen, in dem du arbeitest. Auch du musst diesen Kreis, und sei es nur kurzzeitig, verlassen und dich auf einen Weg begeben. Wer diesen Weg hin zur eigenen Lebensaufgabe antritt, wird im chinesischen Gesichtlesen als »Traveling Student«, als reisender Schüler, bezeichnet. Dieser Schüler ist auf einer inneren, teilweise auch äußeren Reise, auf der er lernt, wo und wie er seine Talente gebrauchen und wo er sie einsetzen kann.

Manch einer wird auf diesem Weg begleitet. Früher war es vielleicht ein Mönch, Händler oder eine Karawane, in manchen Fällen sogar eine Armee, dem oder der sich der Schüler anschloss. Heute kann es ein Mentor, ein Buch, ein Seminar oder ein wie auch immer geartetes Vorbild sein.

Doch Vorsicht, der Weg birgt ungeahnte Gefahren. So wird der reisende Schüler, wenn er sich erst einmal auf den Weg begeben hat, von anderen mit seinen Fähigkeiten wahrgenommen. Oft noch bevor er seine Lebensaufgabe gefunden hat. Menschen werden seine besondere Talente bemerken und versuchen, sie für ihre eigenen Zwecke zu nutzen. Früher waren das vor allem Könige, also Autoritäten, die Macht und Mittel hatten, so einen ungewöhnlichen Menschen für sich zu gewinnen. Diese fühlten sich dadurch natürlich ausgezeichnet und genossen ihren neuen Status, ihre Aufgaben und Verantwortlichkeiten und auch die oft großzügige materielle Zuwendung.

Doch diese Entdeckung durch den König hat auch eine Schattenseite: Wenn man als Mensch mit ungewöhnlichen Talenten eine Autorität unterstützt, hilft man ihr meist nur bei der Verwirklichung *ihrer* Ziele. Das ist schön und es befriedigt vielleicht kurzzeitig, aber es kann auch abhängig machen. Es gibt eine Antwort auf das Gefühl, gebraucht zu werden. Doch niemand benötigt dich so dringend wie du dich selbst. Die Herausforderung, sich vom König zu lösen, bedeutet, den Weg des reisenden Schülers wiederaufzunehmen. Die letzte Etappe beginnt. Ein notwendiger, aber häufig auch schmerzhafter Schritt zurück in die Ungewissheit.

»Ich würde ja diesen Berg erklimmen, wenn ich nur wüsste, wie es dahinter, dort unten im Tal, aussieht«, sagte einst ein Kunde zu mir. Der Weg zur Lebensaufgabe ist jedoch kein bekannter Weg, keiner der vorbestimmte Ergebnisse kennt. Erst indem wir ihn beschreiten, werden wir Erlebnisse und Erfahrungen machen, die uns, wenn sie von unseren Interessen und Fähigkeiten geleitet sind, zu unserer Lebensaufgabe führen.

Egal auf welcher Etappe deiner Selbstfindung du bist, vergiss niemals, dass du bereits als reisender Schüler einen Teil deiner Lebensaufgabe vollziehst. Deshalb lass dich bitte nicht aufhalten, sondern geh immer weiter.

Der amerikanische Schriftsteller Mark Twain sagte einmal: »Die beiden wichtigsten Tage deines Lebens sind der Tag, an dem du geboren wurdest, und der Tag, an dem du herausfindest, warum.« Ich wünsche dir, dass dieses Buch dir dabei behilflich ist. Dass es dir Inspiration und Werkzeug ist, um den Raum zu schaffen, den deine Lebensaufgabe benötigt, um sich zu zeigen und in dein Leben treten zu können.

In einer Welt, in der du alles sein kannst – sei du selbst.

Eric Standop

BÜCHER UND LINKS, DIE WEITERHELFEN

Bücher des Autors

Gesichtlesen Face Reading: Charakter und Persönlichkeit. Schirner Verlag 2012

Gesichtlesen Face Reading: Krankheiten sehen und verstehen Schirner Verlag 2013

Gesichtlesen – Lügen: erkennen, entdecken, entlarven, Schirner Verlag 2014

Gesichtlesen – Hände im Gesicht: Ihr Geheimnis – ihre Bedeutung, Schirner Verlag 2014

Gesichtlesen – zeig's mir! Die versteckten Botschaften von Fingern und Händen, Schirner Verlag 2015

Gesichtlesen – haargenau: Was Haare über Gesundheit und Persönlichkeit verraten, Schirner Verlag 2015

Gesichtlesen – Muttermale: Ihr Geheimnis – ihre Bedeutung, Schirner Verlag 2017

Gesichtlesen – Liebeszeichen: Was Mimik und Körpersprache verraten, Schirner Verlag 2018

Read the Face: Face Reading for Success in Your Career, Relationships, and Health. St. Martin's Press 2019

Ich lese dich. Geheimnisse eines Facereaders – was das Gesicht über uns und andere Menschen enthüllt, Gräfe und Unzer Verlag 2020

Weitere Buchempfehlungen

Bridges, Lillian Pearl: Gesichtsdiagnose in der chinesischen Medizin, Urban & Fischer 2014

Ciaramicoli, Arthur: Der Empathie-Faktor. Mitgefühl, Toleranz, Verständnis, dtv 2001 (antiquarisch)

Dee, Jonathan: The complete Guide to Chinese Face Reading, D&S Books 2001

Dickens, Charles: Eine Weihnachtsgeschichte, Garant Verlag 2017

Duhigg, Charles: Die Macht der Gewohnheit. Warum wir tun, was wir tun, Piper 2013

Eilert, Dirk und Weckert, Al: Mimikresonanz. Gefühle sehen. Menschen verstehen, Junferman Verlag 2013

Ekman, Paul: Wie Sie Emotionen erkennen und richtig interpretieren, Springer 2016

Frankl, Viktor E.: Trotzdem Ja zum Leben sagen. Ein Psychologe erlebt das Konzentrationslager, Penguin, 2018

Frankl, Victor E.: Das Leiden am sinnlosen Leben. Psychotherapie heute, Herder Verlag 2021

Jung, C. G.: Archetypen: Urbilder und Wirkkräfte des Kollektiven Bewusstseins, Edition C. G. Jung

Mandela, Nelson: Der lange Weg zur Freiheit, Autobiografie, Fischer Taschenbuch 1997

McCarthy, Patrician: The Face Reader. Discover Anyone's Personality through the Chinese Art of Mien Shiang, Plume 2008

Navarro, Joe: Menschen lesen. Ein FBI-Agent erklärt, wie man Körpersprache entschlüsselt, mvg Verlag 2010

Sinek, Simon: Finde dein Warum. Der praktische Wegweiser zu deiner wahren Bestimmung, Redline Verlag 2018

Sizer, Nelson: Heads and Faces. And How to Study them; A Manual of Phrenology and Physiognomy for the People, Forgotten Books 2012

Stanton Olmstead, Mary: The Encyclopedia of Face and Form Reading Part 1 & Part 2, Kessinger Publishing 2010

Todorov, Alexander: Face Value. The irresistible Influence of first Impressions, Princeton University Press 2017

Wood, Sue: The Art of Oriental Face Reading. Caxton editions 2003 (antiquarisch)

Dokumentarfilm: Whitney – »Can I Be Me«, 2017

Hilfreiche Links

www.ericstandop.com

www.gesicht-lesen.com

www.readtheface.com

MEHR VON ERIC STANDOP

ISBN 978-3-8338-7577-9

Auch als eBook erhältlich.

G|U

Mehr von GU auf **www.gu.de** und **facebook.com/gu.verlag**

LIEBE LESERINNEN UND LESER,

wir wollen Ihnen mit diesem Buch Informationen und Anregungen geben, um Ihnen das Leben zu erleichtern oder Sie zu inspirieren, Neues auszuprobieren. Wir achten bei der Erstellung unserer Bücher auf Aktualität und stellen höchste Ansprüche an Inhalt und Gestaltung. Alle Anleitungen und Rezepte werden von unseren Autoren, jeweils Experten auf ihren Gebieten, gewissenhaft erstellt und von unseren Redakteur*innen mit größter Sorgfalt ausgewählt und geprüft.

Haben wir Ihre Erwartungen erfüllt? Sind Sie mit diesem Buch und seinen Inhalten zufrieden? Wir freuen uns auf Ihre Rückmeldung. Und wir freuen uns, wenn Sie diesen Titel weiterempfehlen, in Ihrem Freundeskreis oder bei Ihrem Online-Kauf.

Sollten wir Ihre Erwartungen so gar nicht erfüllt haben, tauschen wir Ihnen Ihr Buch jederzeit gegen ein gleichwertiges zum gleichen oder ähnlichen Thema um.

KONTAKT ZUM LESERSERVICE

GRÄFE UND UNZER VERLAG
Grillparzerstraße 12
81675 München
www.gu.de

Ein Unternehmen der GANSKE VERLAGSGRUPPE

IMPRESSUM

© 2022 GRÄFE UND UNZER VERLAG GmbH, Postfach 860366, 81630 München

GU ist eine eingetragene Marke der GRÄFE UND UNZER VERLAG GmbH, www.gu.de

ISBN 978-3-8338-8596-9
3. Auflage 2023

Alle Rechte vorbehalten. Nachdruck, auch auszugsweise, sowie Verbreitung durch Bild, Funk, Fernsehen und Internet, durch fotomechanische Wiedergabe, Tonträger und Datenverarbeitungssysteme jeder Art nur mit schriftlicher Genehmigung des Verlages.

Projektleitung: Anja Schmidt
Lektorat: Anne Nordmann
Bildredaktion: Simone Hoffmann
Umschlaggestaltung: ki36 Editorial Design, München, Daniela Hofner
Innenlayout: independent Medien Design, Horst Moser, München
Herstellung: Martina Koralewska
Satz: Uhl + Massopust, Aalen
Reproduktion: LUDWIG:media, Zell am See
Druck und Bindung: Livonia Print, SIA

Umwelthinweis
Nachhaltigkeit ist uns sehr wichtig. Der Rohstoff Papier ist in der Buchproduktion hierfür von entscheidender Bedeutung. Daher ist dieses Buch auf PEFC-zertifiziertem Papier gedruckt. PEFC garantiert, dass ökologische, soziale und ökonomische Aspekte in der Verarbeitungskette unabhängig überwacht werden und lückenlos nachvollziehbar sind.

Bildnachweis
Illustrationen: Claudia Klein
Coverfoto: Michael Pasternack
Autorenfoto hintere Innenklappe: privat

Syndication: www.seasons.agency

Wichtiger Hinweis
Die Gedanken, Methoden und Anregungen in diesem Buch stellen die Meinung bzw. Erfahrung des Verfassers dar. Sie wurden von dem Autor nach bestem Wissen erstellt und mit größtmöglicher Sorgfalt geprüft. Sie bieten jedoch keinen Ersatz für persönlichen kompetenten medizinischen Rat. Jede Leserin, jeder Leser ist für das eigene Tun und Lassen auch weiterhin selbst verantwortlich. Weder Autor noch Verlag können für eventuelle Nachteile oder Schäden, die aus den im Buch gegebenen praktischen Hinweisen resultieren, eine Haftung übernehmen.